Otto Pöggeler
Wege in schwieriger Zeit

Otto Pöggeler

Wege in schwieriger Zeit

Ein Lebensbericht

Wilhelm Fink

Umschlagabbildung:
Zum Umschlag vgl. S. 109

Bibliografische Information der Deutschen Nationalbibliothek

Die Deutsche Nationalbibliothek verzeichnet diese Publikation in der Deutschen Nationalbibliografie; detaillierte bibliografische Daten sind im Internet über http://dnb.d-nb.de abrufbar.

Wilhelm Fink GmbH & Co. Verlags-KG, Jühenplatz 1,
D-33098 Paderborn

Internet: www.fink.de

Einbandgestaltung: Evelyn Ziegler, München
Herstellung: Ferdinand Schöningh GmbH & Co KG, Paderborn

ISBN 978-3-7705-5123-1

Inhalt

Einleitung 7

I. Die einzuholende Jugend 13

II. Luftwaffenhelfer 29

III. Untergang als Befreiung 45

IV. Gefangenenlager am Rhein 61

V. Erste Nachkriegsjahre 73

VI. Studium in Bonn 89

Exkurs 1: Celans Weg-Weisung 118

VII. Orientierung an Paris 129

Exkurs 2: Heidegger und kein Ende 139

VIII. Zwischenspiel Heidelberg 149

Exkurs 3: Erinnerungen an Hans-Georg Gadamer 159

IX. Zauber und Last des Anfangs: vom Siebengebirge nach Bochum 173

X. Neue Weltzugänge 187

XI. Letzte Lehrjahre 203

Exkurs 4: Philosophie und Theologie 232

XII. Der Herbst des Lebens 239

Anmerkungen 255

Bildteil 263

Einleitung

Vom Jahrgang 1928 sagt man, dass er in Deutschland von den Irrwegen der Politik besonders betroffen war. Er stellte die Jüngsten, die in die verschiedenen Formen der politischen Drangsalierung und des Kriegsdienstes hineingezogen wurden. Doch war für diesen Jahrgang die Jugend nicht „verloren"; sie brachte vielmehr die Erfahrungen, die vor weiteren Irrwegen bewahren konnten. In die nötige Einstellung musste man hineinwachsen, als neue Gewitterwolken über die europäische und die ostasiatische Geschichte zogen.

Ich gehörte, am 12. Dezember geboren, zu den Jüngsten dieses Jahrgangs. Verblüfft las ich in den Jahren nach dem Zweiten Weltkrieg in einer amerikanischen Zeitschrift im Zusammenhang mit Erörterungen des Schicksals der deutschen Jugendbewegung, wir hätten die entscheidende Prägung unseres Lebens in der Hitler-Jugend erfahren und seien die schwierigsten Fälle der nötigen Umerziehung der Deutschen. Es war umgekehrt so, dass wir die politische Irreführung konkret erlebt hatten und gegen sie gefeit waren. Es ärgert mich immer, wenn man allgemein von der Flakhelfer-Generation spricht. Unsere offizielle Bezeichnung hieß „Luftwaffenhelfer". Der Einsatz bei der leichten und bei der schweren Flak war etwas sehr Verschiedenes; wir waren überdies nicht nur an den Geschützen tätig, sondern z.B. in den Telefonvermittlungen der Flughäfen. Was oft pauschal charakterisiert wird, hatte seine Unterschiede.

Auch die Deutung des Geschehenen geht verschiedene Wege. Herfried Münkler z.B. ist mit wichtigen Arbeiten zur politischen Ideengeschichte hervorgetreten. In der Philosophischen Fakultät der Humboldt-Universität Berlin promovierte er 2004/05 Jens Hacke mit einer Arbeit *Philosophie der Bürgerlichkeit. Die liberalkonservative Begründung der Bundesrepublik.* Die Arbeit erschien in Göttingen 2007 als Band 3 der Reihe *Bürgertum. Neue Folge. Studien zur Zivilgesellschaft.* Leitend ist die These, der Philosoph Joachim Ritter habe durch seine Schule in Münster die Bundesrepublik Deutschland liberalkonservativ geprägt. Hier interessiert, was Hacke unter Berufung auf den Soziologen Bude zum Schicksal der „Flakhelfer" sagt: „Erst seitdem diese sogenannte ‚Flakhelfer-Generation' sich langsam aufs Altenteil zurückzieht, lässt sich übersehen, wie umfassend die zwischen1926 und 1930 Geborenen (so die Einteilung Budes) in den unterschiedlichen politischen

Lagern gewirkt haben. Sie ist die Aufsteigergeneration, die das ‚Führungspersonal der westdeutschen Gesellschaft' über lange Zeit dominiert hat. Dieser Befund lässt sich verifizieren, wenn man sich einige prominente Intellektuelle dieser Gruppe assoziativ in Erinnerung ruft: Ralf Dahrendorf, Hans Magnus Enzensberger, Joachim Fest, Günther Grass, Jürgen Habermas, Niklas Luhmann, Wolf Jobst Siedler, Theo Sommer, Siegfried Unseld, Martin Walser, Hans-Ulrich Wehler. Leicht ergänzen lässt sich diese Aufzählung um einflussreiche Politiker der Kohl-Ära, wie Ernst Albrecht, Kurt Biedenkopf, Horst Ehmke, Heiner Geißler, Hans-Dietrich Genscher, Otto Graf Lambsdorff, Johannes Rau, Gerhard Stoltenberg, Hans-Jochen und Bernhard Vogel."[1] Man sollte nicht vergessen, dass die meisten der Genannten sich als dennoch Überlebende verstanden und zu ihrem „Aufstieg" die Erinnerung an Freunde gehörte, die früh ins Grab gesunken waren oder als schwer Geschädigte in irgendeinem Heim untergebracht werden mussten.

Joachim Ritter hat durch seine universitätspolitische Tätigkeit und durch seine große Schule in Münster in der Tat die Universitätslandschaft nach dem Zweiten Weltkrieg geprägt. Es kann jedoch nicht davon die Rede sein, dass die Schule Ritters die neue Bundesrepublik liberalkonservativ geprägt habe. Die *Frankfurter Hefte* mit Eugen Kogon und Walter Dirks oder der *Rheinische Merkur* mit Otto Bernhard Roegele z.B. hatten mit ihren gegensätzlichen Tendenzen eine bedeutendere Wirkung. Dazu kam ein politisches Engagement, das – schon bei Konrad Adenauer oder Kurt Schumacher – aus eigenständigen Traditionen heraus operierte. (Verhängnisvoll wurde der frühe Tod von Karl Arnold; dieser Tod schwächte den Arbeitnehmerflügel in der CDU.) Im übrigen stand Münster als Universität in Konkurrenz etwa zu Heidelberg, wo Hans-Georg Gadamer und Karl Löwith wirkten, oder zu Bonn, wo so unterschiedliche Lehrer wie Theodor Litt, Erich Rothacker, Oskar Becker und Johannes Thyssen unter den Studierenden eine Fülle von Impulsen freisetzten. Eine „Schule" wie die Ritter-Schule in Münster hat es in Bonn jedoch nie gegeben. Als ich 1994 im Rückblick auf meine Bonner Studienzeit *Erinnerungen an große Lehrer* formulierte, habe ich dazu gesagt: „Das mochte ein Mangel sein. Doch als Karlfried Gründer 1958 sein schönes Hamann-Buch publizierte und seinem Lehrer Joachim Ritter dankte als dem, der ihn ‚auf Hamann hinwies und dann freiließ', sagte man in Bonn: ‚Wir sind keine Freigelassenen, sondern frei geboren!' Der Mensch, so lässt Hölderlins Ode *Lebenslauf* die Himmlischen sagen, solle alles prüfen, für alles danken lernen und so die Freiheit verstehen, aufzubrechen, wohin er will'.[2] Die Studierenden in Bonn (etwa Karl-Otto Apel, Jürgen Habermas, Hermann Schmitz, Karl-Heinz Ilting, Werner Veauthier, auch ich selbst) brachen auf und prägten andere Universitäten wie Kiel, Saarbrücken, Heidelberg. Durch Martin Heideggers Empfehlung konnte ich mich in München bei Max Müller, in Kiel bei Walter Bröcker habilitieren, doch wählte ich das Heidelberg Gadamers. Wer in Bonn studiert hatte, dachte nicht daran, dort zu bleiben. Es standen ihm – anders als später Studierenden – viele Wege offen. Sieht man auf sein eigenes Leben, dann wird man es nicht in eine vorausgesetzte Zeitdiagnose und eine starre Festlegung von Generation einbringen wollen. Jeder hatte in der schwierigen Zeit seinen Weg zu suchen.

I. Die einzuholende Jugend

Meine älteste Erinnerung geht wohl zurück auf den 30. Januar 1933. Ich war gerade vier Jahre alt und stand abends mit meinem Vater am Fenster einer Stadtwohnung im Dachgeschoss. Unten auf der Straße zog sich (nach der Ernennung Hitlers zum Reichskanzler) ein langer Zug von SA-Männern und anderen Parteigenossen mit Fackeln durch das Dunkel – für mich ein überwältigender Eindruck. Ich verstand gar nicht, warum mein Vater so traurig war. Trotz seines Schweigens spürten wir Kinder diese Traurigkeit unmittelbar. Mein Bruder klemmte sich einen Daumen an der Tür und begann ein großes Geschrei. So zogen meine Eltern die Vorhänge zu und wandten sich mit Essig-saurer-Tonerde der geschwollenen Hand zu. Von unten klangen immer noch dumpf die Marschtritte herauf. In den folgenden Tagen wurde alles noch aufgeregter. Vom Haus gegenüber hatte ein Pimpfenführer meinen Bruder gewinnen wollen. So durften wir gar nicht mehr unbegleitet auf die Straße. (Nach dem Kriege kümmerte sich der Pimpfenführer um die sportliche Ausbildung der Jugend, und so hörte ich eines Tages, er habe das Bundesverdienstkreuz bekommen.)

Meine Eltern waren vom Dorfe und von dessen Bauernhöfen nach Attendorn gezogen, das sich stolz als alte Hansestadt präsentierte. Neben der Stadtverwaltung hatte dort auch die Amtsverwaltung für das Umland (die Arbeitsstätte meines Vaters) ihren Sitz. Meine Familie bekam zuerst nur eine Wohnung etwas abseits auf einem Hügel in einem Sängerheim, das später zur Jugendherberge wurde. Im kalten Winter 1928/29 waren die Wasserleitungen am Berg zugefroren. So musste mein Vater in Eimern das Wasser von unten heraufholen (wie ich später immer wieder erzählt bekam). Natürlich war die Familie froh, als sie in die Stadt selbst ziehen konnte. Als zweites Kind, nur vierzehn Monate nach meinem Bruder geboren, wurde ich immer wieder für viele Wochen auf den Bauernhof des Bruders meiner Mutter gegeben.

Ich konnte mit einem Mädchen vom Nachbarhof spielen. Die Ehe meines Onkels war kinderlos. Ich war fünf Jahre, da rief mein Großvater „die Kinder“, also meine Freundin und mich, zu sich, als die Stunde seines Sterbens gekommen war. Er vertraute uns beiden den Hof an und starb dann friedlich. Doch hatten wir Glück: Mein Onkel bekam doch noch Kinder, und so brauchten wir nicht einzuspringen. Meine Freundin heiratete später meinen Vetter, den Erben eines der größten Bauernhöfe in der weiteren Umgebung. In einer Beratung der Familienväter wurde bei uns im Wohnzimmer die Sache beschlossen. Ich hörte das Gespräch verbotener Weise vom Nebenzimmer aus und dachte: Das kann doch nicht gut gehen. Doch es ging gut; die Liebe kam von selbst.

Wenn ich auf dem Bauernhof lebte, war ich oft erbost, dass mein Onkel lange vor Morgen still aufstand, mich nicht (wie immer wieder erbeten) weckte und in den Wald mitnahm. Noch mehr verurteilte ich es, wenn er bei der Heimkunft ein Reh mitbrachte, das er geschossen hatte. Ich schlug auch meine eigenen Wege ein. Z.B. machte ich mir am offenen Ende einer Runkelmiete mit dem dortigen Stroh eine „Wohnung". Als man mich vergebens gerufen und schon die Jauchegrube nach mir durchsucht hatte, fand man mich schließlich recht fidel im eigenen Haus. Da man überglücklich war, bekam ich nicht einmal Schelte. Beim Pflügen (noch mit dem Pferd) konnte ich zum Erstaunen der Erwachsenen stundenlang mitlaufen. Es gab viel Schönes; die Wiesen waren voll von Fallobst, und in den Teichen sprangen die Fische. Meine Großmutter nahm mich mit in den Garten vor dem Küchenfenster; neben den Blumen, die zur Zierde der Zimmer dienten, wuchsen die verschiedenen Kräuter, die so heftig dufteten.

Im Dorfe gab es zwei, die in die nationalsozialistische Partei eintraten. Das war der größte Bauer, gleich neben dem Hofe meines Onkels, und dann ein Gelegenheitsarbeiter, der ein nie stillstehendes Mundwerk hatte. Der eine hieß einfach „der Hitler", der andere „der Goebbels". Meine Verwandten verboten mir streng zweierlei: Nach der einen Seite des Hofes hin durfte ich nicht in den Wald: Dort sei das Ende der Welt; man stürze da hinunter und käme nie wieder herauf. Nach der anderen Seite durfte ich nicht durch den Zaun, weil da der Hitler wohne. Ich stellte mir unter dem Hitler so etwas vor wie den feuerspeienden Drachen aus meinen Bilderbüchern. Eines Tages fuhren wir mit der Kutsche zu weiter weg wohnenden Verwandten. Natürlich saß ich vorn mit auf dem Kutscherbock. Als wir in den Wald kamen, wartete ich auf das Ende der Welt und sah uns dort schon hinabstürzen. Doch aus dem „daipen daal" (dem tiefen Tal) ging es gemächlich wieder aufwärts. Mir wurde klar: Die haben dich belogen! Als wir zurückwaren, eilte ich sofort an den Zaun hin zum Hitler. Ich kroch hindurch, ging drei Meter die Wiese hoch und sah dann die Dorfstraße vor mir. Ich wusste nun ganz bestimmt: Den Hitler gibt es auch nicht! Wenn ich lange nach dem Krieg an der Universität in Kolloquien etwas über Hitler hören musste, sagte eine Stimme in mir leise, aber unüberhörbar: „Den Hitler gibt es auch nicht."

Schade, dass es ihn doch gegeben hat und dass auch das „Ende der Welt“ sich gelegentlich vor uns auftat. Ein Bruder meines Vaters war Bürgermeister in Lethmate, das später in Iserlohn eingemeindet wurde. Riesige Lastwagen transportierten früher dort ohne Unterlass Steine, doch gibt es in der Kirche schöne alte Bilder. Da mein Onkel sich gegen die Nazis gestellt hatte, wurde er im März 1933 fristlos entlassen; im Frühjahr 1934 musste die ganze Familie die Stadt verlassen. So trafen mein Vetter (Franz Pöggeler), mein Bruder und ich zusammen. Während die Erwachsenen ihre schwierigen Gespräche führten, blieben wir unbeaufsichtigt und konnten hinausstreifen in die Bergwiesen. In den eiskalten Bächen ließen sich gar Forellen fangen. Da sie so erbärmlich zappelten, ließen wir sie wieder los und bewahrten sie vor der Bratpfanne. Die neue Freiheit, die uns gewährt war, blieb mir mein Leben lang als ein unverhofft geschenktes Glück vor Augen. Befremdet war ich freilich, als Carl Friedrich von Weizsäcker erzählte, dass er und seine Freunde auf ihren Fahrradtouren 1934 überall glückliche Menschen getroffen hatten. Natürlich waren viele der Arbeitslosigkeit entkommen, aber die Welt war dadurch verändert, dass politisch Missliebige und viele Juden grausam verjagt worden waren. Doch die Erinnerung an die dreißiger Jahre ging verschiedene Wege. Noch in meiner Studentenzeit kannte ich eine Familie, in der man beim einsetzenden Bonner Dauerregen den Film hervorholte, den man 1936 auf der Olympiade in Berlin gemacht hatte. Diese Erinnerung brachte in die trüben Bonner Tage einstige Glücksgefühle! Als fünf- bis siebenjährige Kinder durften wir 1933/34 der Politik fernstehen. Bestürzt war ich jedoch, als ich mitbekam, wie meine Kollegen in Amerika fasziniert waren von Leni Riefenstahl und ihrem Olympia-Film.

In dem Haus, in dem wir in der ersten Hälfte der dreißiger Jahre innerhalb der Stadt Attendorn wohnten, gab es ebenerdig eine Metzgerei mit einem nicht abreißenden Strom von Käufern. Seitlich gegenüber hatte ein erfolgreicher Ingenieur seine Villa in einem Park. Da er einen mit uns gleichaltrigen Sohn hatte, konnten wir dort herumstöbern. Auf der anderen Seite der Hauptstraße gab es eine Wirtschaft; mein Vater ließ sich dort von uns gelegentlich einen Krug Bier holen (vor allem, wenn es im Büro Schwierigkeiten gegeben hatte). Etwas weiter zurück in einer Seitengasse war ein Haus mit vielen Kindern. Die Mädchen, etwas älter als wir, kümmerten sich um uns. Ein Bruder, der drei Jahre vor mir Abitur machte, wurde Pater in einem Missionsorden. Anfang der fünfziger Jahre übernachtete ich mit den Teilnehmern einer wirtschaftsgeschichtlichen Exkursion im Kloster Steinfeld. Beim Abendessen sprach mich zu meiner Verblüffung einer der bedienenden Patres mit Vornamen an: das einstige Nachbarskind! In den langen Gängen des Klosters mit den vielen leeren Räumen nisteten wir uns mit einem weiteren Pater oder Bruder in einem abgelegenen Zimmer ein. Wir tranken eine große Kanne Rotwein und sprachen über die Kindertage. In den vielen Umbrüchen meines Lebens war die Erinnerung für mich abgebrochen, aber plötzlich war sie wieder ganz lebendig. Immerhin konnte ich noch zwei oder drei Stunden schlafen, ehe die Fahrt nach Bonn weiterging.

Wichtig auch für mich wurde der 9. November 1938, die „Kristallnacht". Ein Mitglied der deutschen Botschaft in Paris, Ernst vom Rath, war von einem irregeleiteten Juden ermordet worden. Mein Vater kam erschreckt zur Mittagspause nach Hause. Ein jüdischer Geschäftsmann, mit dem er sich oft besprach, hatte Schlimmes prophezeit. In der Tat organisierte Goebbels als angebliche Antwort auf den Mord in Paris den Sturm auf die jüdischen Geschäfte und Häuser. Von den älteren Jungen hörte ich in den folgenden Tagen begeistert erzählen, dass sie mit Hämmern die Butzenscheiben der Türen jüdischer Häuser zerschlagen, dann aus den Zimmern und Kellern das „Kristall" und die Einmachgläser in die Bäume vor dem Haus geworfen hatten. Ich war noch auf der „Volksschule". Mein Lehrer dort leitete den Gartenbauverein und war dadurch verbunden mit meinem Vater. Auch die Gegnerschaft gegen die Partei war gemeinsam. Dieser Lehrer wollte nicht, dass ich sah, was der Mob angerichtet hatte. So brachte er mich auf einen abgelegenen Weg, der mich durch ein Wäldchen nach Hause führen sollte. Im Dunkel unter den Bäumen habe ich Todesängste ausgestanden, bis der Wald schließlich endete und ich zu meiner Verblüffung das Dach unseres Hauses sah. Später habe ich zum Erstaunen der Leute diesen Weg zu meinem gewöhnlichen Schulweg gemacht.

Mit den Lehrern, die noch ihre Rohrstöcke benutzten, hatten wir unsere Schwierigkeiten, aber ausnahmsweise auch unseren Spaß. Der Lehrer vom ersten Volksschuljahr lief im Zorn blutrot an und hieß bei uns deshalb „Bluto". Ein anderer gehörte zu den wenigen Nationalsozialisten. Wir hatten eine unglaubliche Freude, wenn er einmal bei uns eine Vertretung (meist der letzten Stunde) übernahm. Dann lief sofort einer der Nahewohnenden nach Hause und holte ein Heiligenbildchen (das es als „Fleißbildchen" im Religionsunterricht gab). Dieses Bildchen legten wir dem Lehrer auf das Pult, und so klagte er, warum wir uns nicht längst von diesen Dingen ab- und den Helden unseres Volkes zugewandt hätten. Wir bogen uns vor Lachen unter den Bänken, aber das bemerkte der Phantasierende gar nicht. (Wie ich nach 1945 hörte, hatte er beim Ende des Krieges auf einem nahen Hügel den Widerstand organisieren wollen, sich ordentlich lächerlich gemacht und dann erschossen mit dem befohlenen Ruf: „Ich sterbe für meinen Führer und meine Idee".)

Mein eigener Lehrer war der genannte fleißige Leiter des Gartenbauvereins, der sich z.B. sehr intensiv für das richtige Anlegen eines Komposthaufens einsetzte. Er wurde von uns „Idi" genannt, und das war eine Abkürzung für Idiot. Dieses wirklich unangemessene Schimpfwort (jedoch eher liebevoll verwandt) wurde dadurch verursacht, dass er immer wieder große Reden führte, auch über politische Dinge, und dabei allzu oft ins Fettnäpfchen trat. Als ich, gerade fünfzehn Jahre alt, Luftwaffenhelfer werden musste und mich auf dem Rathaus abmeldete, kam er zufällig dort vorbei und brüllte durch das Treppenhaus, dass man nun auch Kinder in den Krieg hole. Alle taten einfach so, als hörten sie nichts. Leider inszenierte er 1945 nach zwölf Jahren des Zwanges so etwas wie eine umgekehrte Machtübernahme. Z.B. wollte er verhindern, dass der genannte Nazilehrer auf dem allgemeinen Friedhof begraben wurde. Auf die Klagen von dessen Frau hin hat man dann doch noch ein Grab im Abseits gefunden. (Diese Frage, ob jedem ein Grab gebühre, wurde bekanntlich für SS-Männer breit diskutiert.) Mein Volksschullehrer machte den amerikanischen Gerichten gegenüber Angaben über die Rathausmitglieder aus der Nazizeit und schoss dabei gelegentlich über das Ziel hinaus. Es gab dazu einen Prozess, den er verlor. Wegen dieser Schande erhängte er sich an der Wasserleitung im Keller seines Hauses. Man sollte auch das Gedenken an jene nicht auslassen, die wie er durch die verwickelten Zeitumstände sich in ihrem Tun verirrten und so untergingen.

Meine Schwester und ich waren die beiden mittleren Kinder in einer Vierergruppe und dadurch eng miteinander verbunden. Sie war, gut zwei Jahre jünger als ich, damals recht blass und sollte deshalb an die Nordsee ins Bad. Sie gestand das nur zu, wenn ich mitkomme. So wurde auch ich für krank erklärt (für die damals überall nötige Kontrolle waren Einreibungen an der Brust vorgeschrieben, deren Ergebnis sich aber offensichtlich beeinflussen ließ). Auf Norderney erwartete uns dann ein Mädchen- und ein Jungentrakt, verbunden durch einen Gang mit einer Rotunde zur See hin. Meine Schwester wollte mit mir zusammenbleiben, setzte sich schließlich einfach hin und weinte. So musste ich gerufen werden. Die Betreuerinnen erreichten die Beruhigung dadurch, dass wir uns nach dem Strandaufenthalt in der Pause zwischen achtzehn und neunzehn Uhr vor dem Abendessen in der Rotunde treffen konnten. Ich musste mich bei der Rückkehr vom Strand mit dem Waschen beeilen, um meine Schwester nicht zu enttäuschen, also in der Rotunde zu sein, wenn sie angelaufen kam. Ich versuchte ihr dann zu erklären, welche Kriegsschiffe auf dem Wasser zu sehen waren. Doch wollte sie vom Unterschied zwischen Zerstörern und Kreuzern einfach nichts wissen. Schön war der Sonntag, wenn wir zusammen ein wenig auf der Insel herumstreifen konnten. Beim näher kommenden Krieg gab es den vorzeitigen Aufbruch mit dem Wirrwarr des Kofferpackens (natürlich musste ich einige Sachen von ihr mit in meinen Koffer nehmen). Zuhause versuchte ich vergeblich, zum Gymnasium, d.h. der Deutschen Oberschule, zu gehen. Auch beim zweiten Anlauf schickten mich die Nachbarn wieder zurück: „Es ist Krieg!" Meine Mutter meinte nur (was sie beim Einmarsch der Russen in Ungarn nach dem Aufstand dort wiederholte): „Jetzt müssen sie wieder alles kaputtmachen!" Die Lehrer wurden eingezogen; so hatten wir vor allem Lehrerinnen. Unsere Klassenlehrerin machte gezielt den Versuch, erstmals an unserem alten Gymnasium eine Mischklasse aus Jungen und Mädchen zu unterrichten. Es gab am Ort auf einem Hügel auch eine Mädchenschule, wo Ursulinen unterrichteten. Die meisten Mädchen durchliefen dort den hauswirtschaftlichen Zweig und machten nur das „Puddingabitur". Die Töchter reicherer Eltern gingen dann zu Kursen, die direkt der Ehevorbereitung dienten. Noch nach dem Krieg traf ich sonntagmorgens in München meine spätere Schwägerin, die mir zu meiner Erbauung zeigte, wie man beim Kirchgang das Gesangbuch zu tragen habe. In jedem Fall waren wir noch eine Übergangsgeneration. Mädchen und Jungen waren gleichgestellt, doch machte man viele Unterschiede; z.B. bekamen die Mädchen damals einen besonderen, nämlich leichteren Mathematikunterricht, der (ganz anders als in den heutigen Erklärungen) ihrer spezifischen Begabung angemessen sein sollte.

Unsere Klassenlehrerin war nicht gut zu Fuß; so wohnte sie nah am Gymnasium, aber bei der Leiterin der NS-Frauenschaft. Diese war beliebt, da sie den Eltern nach der Geburt eines Kindes oder in einer Notsituation Hilfe brachte. Doch musste unsere Klassenlehrerin eines Tages vor dieser Frauenschaft bei einer Feier uns Gedichte aufsagen lassen wie „Nichts kann uns rauben / Liebe und Glauben / zu diesem Land. / Es zu erhalten / und zu gestalten / sind wird gesandt." Wir wussten nur zu gut, dass das nicht im Sinne unserer Lehrerin war, die sich auf Romano Guardini und Reinhold Schneider stützte. Doch statt gegen sie zu opponieren, bemitleideten wir sie in diesem Fall. Zu ihrem Glück war sie schwerhörig und hörte im Unterricht unsere Kommentare nicht. Hatte sie vom Inselreich England, von Preußen, von Las Casas gesprochen, pflegte sie zu sagen: „Hier stehen wir mit Reinhold

Schneider im Letzten.“ Die Klasse raunte: „im Hemd“. So wurde mir früh klar, wie schwer es ist, im Unterricht einen Dichter als Maßstab anzusetzen.

Wir hatten einen Zeichenlehrer, der in Dresden in allen Fertigkeiten ausgebildet worden war. Wir sahen dieses Dresden schon halbwegs in Sibirien liegen und nannten den Lehrer deshalb „Iwan“. Zwar konnte es keinen besseren Unterricht als den seinen geben: vom Kartoffelstempel bis zu großen schwarzen Papiervorhängen, auf die wir mit weißen Buchstaben Verse wie die schon angeführten aufzutragen hatten. Die Freude kam immer, wenn es ins Handwerkliche ging. Nach dem Krieg gab dieser Lehrer uns weiterhin Unterricht. Er lieh auch großzügig Bücher aus. In eines dieser Bücher hatte meine Lehrerin vor dem Weg unseres Kunsterziehers zum Kriegseinsatz in Russland mit Rilke geschrieben: „Russland grenzt gerade an den lieben Gott.“ Da hörte jedes Verständnis auf. Ich hatte mich 1945 mit der Verweigerung bei der Ausführung eines Marschbefehls durch die Furcht vor Sibirien bestimmen lassen. Andere (wie Karl-Otto Apel) erzählten, wie sie im Schnee vor Moskau gelegen und die Türme der Stadt gesehen hatten. Der verfilmte Bericht *So weit die Füße tragen* schilderte dann eindrucksvoll das Leben der Gefangenen in Sibirien und die geglückte Flucht, die eher einmalig blieb.

Einmal geriet ich mit unserem Sachsen in einen Konflikt. Wir sollten etwas zeichnen, was uns in unserem Leben besonders nahegekommen war. So zeichnete ich nach einer Abbildung das Holstentor in Lübeck. Attendorn war als Hansestadt über Soest verbunden gewesen mit Lübeck und von dort her auch mit Riga, Bergen und London. Unser Rathaus, damals leider noch überputzt, war Lübecker Vorbildern nachgebildet. Unser Sachse hatte für diese Dinge so wenig Verständnis wie ich für Dresden. Er hatte die Broschüren darüber, die es gab, wohl nie gesehen. Sein eigenes Leben war eher tragisch. Er wollte Künstler sein, musste in den Zeiten der Diktatur und der Besatzung jedoch froh sein, wenn er als Pädagoge wirken konnte. Als er später meiner Frau nicht gerade überwältigende graphische Arbeiten verkaufte, meinte seine eigene Frau: „Du warst immer ein guter Pädagoge.“ Doch diese Einsicht nahm er als Kränkung.

Leider brachte mir mein Bestehen auf der Realität auch sonst Schwierigkeiten. So bekamen wir in der Kriegszeit vom Gymnasium einen Tag frei, um Bucheckern zu sammeln, aus denen man Öl pressen wollte. Doch gab es keine, und so ließ der Direktor ein Donnerwetter über uns los. Ich meldete mich und wies darauf hin, dass im Frühjahr die Ansätze zur Bucheckernbildung erfroren waren. Der Direktor geriet über diese Belehrung durch einen Schüler außer sich vor Zorn. Doch schädigte er nur sich selbst – was er mir dann am wenigsten verzeihen konnte. Um Direktor bleiben zu können, war er in die Partei eingetreten. Nach dem Kriege stellte mein Vater ihm einen „Persilschein" (zum Reinwaschen) aus und verwies dabei auf das Zeugnis seiner Kinder. Da habe ich geschwiegen. Bei den Schulfeiern konnte der Direktor sein Idol, Wilhelm von Humboldt, nicht nennen; so verwies er auf Herder und den Volksgedanken. Als Jugendliche verlangten wir Klarheit und verabscheuten dieses Ausweichen. Die Kritik schlug auf Herder selbst zurück. Bei meiner Arbeit über den jungen Hegel sah ich später die große Bedeutung von Herder. Doch mussten amerikanische Kollegen Herder wieder in den Vordergrund rücken, ehe auch wir Deutsche da mitziehen konnten.

Bei Kriegsbeginn war ich schon auf dem Gymnasium (wie man in meiner Heimatstadt weiterhin statt „Deutsche Oberschule" sagte). Die Primaner gehörten für uns Zehnjährige in eine andere Welt. Sie mussten zum Kriegsdienst, waren nach wenigen Jahren zumeist Oberleutnant und Kompanieführer und dann auch schon gefallen. Zu den Gefallenen gehörte auch der einzige Sohn des Direktors. Als der Direktor den Jahrgang verabschiedete, der unserem Jahrgang vorausging, also durchweg im Krieg gewesen war, sah er plötzlich die Toten auf sich zukommen. Die stärksten unter den Lehrern mussten ihn, der an allen Gliedern zitterte, aus der Aula führen – für immer. Er hatte kleine Bücher über die Geschichte der Kunst in unserer Heimat geschrieben, vor allem über die alten Kirchen – freilich in einem Pathos, das uns unerträglich geworden war.

Für mich gab es im Krieg noch ein anderes Problem. Ich war leidenschaftlich interessiert an den Berliner Sinfonikern. Doch mein Vater duldete vor Kriegsende kein Radio in unserem Haus. So konnte ich meinen Beethoven nur bei Bekannten hören (bis jemand mit dem Befehl kam, den „Rappelkasten" endlich abzustellen). Georg Picht, auf diesem Feld kompetent, hat mir später bestätigt, dass die Konzerte Furtwänglers eine einmalige Ausstrahlung hatten. Ich las auch, dass ein deutscher Soldat in Stalingrad vor dem Tod oder dem Marsch nach Sibirien noch einmal im Radio Beethoven hörte, ein letzter Gruß aus einer anderen Welt.

Damals konnte alles, was geschah, auch eine andere bessere Seite zeigen. Beim Klavierunterricht sagte mir eines Tages mein Lehrer: „Da kam doch der Sohn des Polizeioffiziers (als Nazi stadtbekannt) mit Noten von Mendelssohn. Das aber ist ein Jude, und der wird nicht mehr gespielt. So habe ich die Noten sofort in den Ofen geworfen." Als die Stunde zu Ende war, ging er an den Ofen, der gar nicht an war, und zog die Mendelssohn-Noten heraus: „Spiel das, aber lass es niemand wissen!" So habe ich die *Lieder ohne Worte* Tag für Tag gespielt. Das Gefühl, Verbotenes zu tun, steigerte meine Freude. Dazu kam ein gewisser Hochmut darüber, dass niemand erkannte, was ich tat. Mein Vater sah, wie zerfleddert die Noten waren, und sagte: „Das lass ich dir binden!" Ich antwortete: „Das geht nicht, denn Mendelssohn ist ein Jude." Darin sah mein Vater aber kein Problem. Er ging zu einem alten Buchhändler, der nicht mehr im Geschäft war und schweigen konnte, und ließ den Mendelssohn mit Falzen verbessern und schön einbinden (dazu auch noch die Klaviermusik von Brahms). Ich habe diese Bände heute noch.

Da der Organist unserer Stadtkirche zum Kriegsdienst eingezogen wurde, bestimmte mein Klavierlehrer als sein Vertreter mich auch für das Orgelspiel. Nach einigen wenigen Lehrstunden hatte ich im Musikalischen völlige Freiheit. Es gab auch Pflichten: Ehe ich morgens zur Schule ging, hatte ich schon zwei Stunden Orgel gespielt. Mit dem wenigen Geld, das ich dafür bekam, kaufte ich mir in den Verlagen Bärenreiter und Pustet Noten und Literatur. Auf kurzen Fahrten suchte ich damals und später jede Orgel kennenzulernen, zu der ich Zugang fand. Es rührte mich, wenn mich dabei zwei Theologiestudenten aus Paderborn, die Orgel spielten, unterstützten. Genau durchgearbeitet habe ich das Standard-Werk von Christian Mahrenholz *Orgelregister. Ihre Geschichte und ihr Bau* (in der zweiten Auflage Kassel 1942). Die Orgeln in den drei Kirchen der Stadt Attendorn waren sehr unterschiedlich. Die große Orgel in der Stadtkirche hatte eine elektronische Transmission von den Tasten und Registerzügen zu den Registern, dazu auch Firlefanz wie ein Schwellwerk. Eine andere Orgel hatte eine pneumatische Transmission (das gefiel mir schon besser). Die Orgel, die für mich die schönste war, stand in einer Kirche, die unter einer immer wieder erhöhten Straße versank. Sie hatte noch eine mechanische Transmission. Bei ihr musste ich immer jemanden haben, der mit den Füßen den Blasebalg trat. Doch nach einer Stunde waren meine Finger sowieso erschöpft vom Drücken der Tasten. Indem ich zwischen den drei Kirchen wechselte, konnte ich an den Nachmittagen ohne weiteres fünf Stunden Orgel spielen (dazu kam natürlich zuhause das Klavierspiel). Ich schaffte mir Stöße von Orgelliteratur an (ältere Meister, nicht J. S. Bach, weil man den an jedem Orgeltisch vorfand). Was Bach betraf, so hatte M. Müller-Blattau 1942 bei Bärenreiter von J. N. Forkel neu herausgegeben *Über Johann Sebastian Bachs Leben, Kunst und Kunstwerke.* Das war für mich die historische Untermauerung meines Studiums des Kreises um Bach. Alle diese Bemühungen aus den letzten Kriegsjahren gingen nach dem Krieg bruchlos weiter. So erfuhr ich 1945 nur teilweise als eine große Zäsur.

In unserer kleinen Stadt wurde im Krieg (sicherlich anders als in den Großstädten) die Verpflichtung zuerst noch sehr lässig gehandhabt, mit zehn Jahren im Deutschen Jungvolk und dann mit vierzehn Jahren in der Hitler-Jugend „Dienst" zu tun. Das wurde 1943 anders. Wer nicht da war, konnte von der Polizei geholt werden. Es war mir unerträglich, dass mir so nicht nur am Samstagnachmittag, sondern auch am Mittwochnachmittag die Möglichkeit geraubt wurde, Orgel zu spielen. Wir wurden zusammengepfercht im Kellerraum des großen Volksschulgebäudes; davor lag ein Platz, dessen Name „Feuerteich" auf seine einstige Verwendung hinwies. Als einmal der Pimpfenführer betonte, dass wir gern „dem Führer dienten", verneinte ich das und bezeichnete das Ganze im Zorn über die verlorene Zeit als „Blödsinn" (das war das Wort meines Vaters für Parteiveranstaltungen). Man sagte mir entgegenkommend, meine Kritik könne doch nicht ernst gemeint sein. Aber ich bestand auf ihr. So wurde ich hinausgeworfen. Eine Woche später hatte die männliche Jugend der Stadt auf dem Feuerteich anzutreten. Ich musste vortreten, wurde fast eine halbe Stunde wüst beschimpft und dann weggejagt. Es regte den Standortführer auf, dass ich sofort die Hände in die Taschen tat und mich ungeniert entfernte. Er wollte zu weiteren Repressionen greifen. Doch am Rande des Platzes standen die alten Männer; sie kamen nun mit ihren Stöcken und schrieen: „Lass den Jungen gewähren!" So endete alles in großem Gelächter.

Freilich hatte die Sache einen Haken: Wer nicht im Jungvolk oder in der Hitler-Jugend war, konnte nicht auf dem Gymnasium sein. Er wurde aus dieser Hitler-Jugend aber nicht ganz ausgestoßen, sondern kam in die „Pflicht-HJ". Das war bei uns ein Häuflein von drei oder vier Asozialen. Einer von ihnen begrüßte mich mit großem Hallo. Er hatte noch in der Volksschule einmal die Schläge bekommen, als ich gestört hatte; doch gerade dadurch fühlte er sich mir freundlich verbunden. Er weihte mich gleich in seine Geheimnisse ein. Es war mir neu, dass der Ring der Promenade um unsere Stadt, der auf dem alten Festungswall verlief, unter dem Erdboden voller Gänge und Hohlräume war. Durch diese wurde ich in den Keller einer Villa geführt; dort bot mir mein Führer an, ein Glas Marmelade aus den Regalen mitzunehmen. Da die Hausbesitzer Bekannte meines Vaters waren, wehrte ich ab. So ging mein neuer Gefährte mit mir aus der Stadt heraus zu einem Tunnel, der unter dem breiten Bahnkörper verlief. In seinen

Nischen hatten Bettler sich eingenistet, sogar eine Familie mit einem Kind. Wenn ich nach dem Krieg die *Dreigroschenoper* sah, wurde ich lebhaft an diese frühen Erfahrungen erinnert.

Nach meinem Rauswurf aus dem Jungvolk lag ein „blauer Brief" bei unserer Post. Das war gewöhnlich die Ankündigung, dass die Versetzung in die nächste Schulklasse gefährdet sei. Ich dachte natürlich, der Brief betreffe meinen Ausschluss aus dem Gymnasium. Mein Vater kam zur Mittagspause immer nach Hause; er legte den Brief beiseite und meinte, er werde ihn nach dem Essen lesen. Es fiel mir schwer, das Essen herunterzuwürgen. Dann wurde der Brief geöffnet; mein Vater reichte ihn zu mir herüber und sagte: „Du bist in die Marine-HJ versetzt." Es gab auch unter den Nazis solche, die sozial und überhaupt gerecht sein wollten. Offenbar hatte jemand nicht gewollt, dass da ein dummer Junge mit seinem Dickkopf sein Leben zerstörte. Jedenfalls blieb ich auf dem Gymnasium, musste aber nun zum Wochenende an die nahe Listertalsperre zum „Pullen" (zum Rudern in einem Boot mit vier Rudernden und einem Steuermann). Zugleich konnte ich meiner Leidenschaft frönen, etwas Neues zu lernen: Dutzende von Seemannsknoten, Morsen, auch das Winken mit Signalfahnen, das gut geübt sein muss, weil es natürlich auf schwankendem Boot viel schwieriger ist als auf dem festen Boden. Wir pullten mit nackten Oberkörpern in der prallen Sonne – was heute aus medizinischen Gründen verboten wäre. Ehe wir (mit unseren Fahrrädern oder auch einmal mit der Kleinbahn) nach Hause zurückfuhren, saßen wir in einer Gaststätte unter einem Schild: „Blau ist keine Farbe, Blau ist ein Zustand". Jahrzehnte später konnte ich mit einem Boot über die neue Biggetalsperre fahren und hatte dann die Reste der alten Gastwirtschaft im einstigen Listernohl im Wasser unter mir. Wenn beim Talsperrenbau ganze Ortschaften verlegt werden mussten, bekamen die Umgesiedelten viel schönere Häuser, als sie gehabt hatten. Doch wenigstens die alten Leute verkrafteten es kaum, dass sie ihre „Heimat" verloren hatten. Ich hatte beim geliebten Pullen meine spezifischen Probleme: Wenn ich nach Hause kam, rieb ich mir die Hände mit „Schmierseife" ein, der halbflüssigen bräunlichen Waschseife meiner Mutter. So wollte ich das Sichfestsetzen der Schwielen verhindern, da diese mich beim Orgelspielen behinderten.

Ich war durchaus kein schlechter Schüler, aber ein unzuverlässiger, umgetrieben von eigenen Tendenzen. Im Englischunterricht habe ich mir einmal die Langeweile dadurch vertrieben, dass ich mit gezielter Anstrengung für die Klassenarbeiten die Noten 1, 2, 3, 4, 5 erreichte. Erst bei der sechsten Arbeit, wo ich ein leeres Blatt abgab, bemerkte die

Lehrerin mein Tun. Sie schwor, sofort zum Direktor zu gehen, tat das natürlich doch nicht. Im Rückblick wundert es mich, dass die Lehrer uns pädagogischen Theorien unterwarfen, aber nie mit uns über das redeten, was wir mit unseren Quertreibereien eigentlich wollten. Auch die aktuelle Politik sollte am Anfang der ersten Stunde erörtert werden. Einer der Lehrer, der sich vom Jungen in einer Schmiede zum Studienrat hochgearbeitet hatte, gab realistische Hinweise wie „Mit unserem lieben Afrika ist es auch bald aus". Umstrittener war eine wütende Bemerkung zum Erntedankfest: „Wenn den Bauern der Schweiß vom … runterläuft, haben sie Erntedankfest." Jemand, den dieser Lehrer öfters im Unterricht zwiebelte (nämlich die Haare hinter den Ohren zusammendrehte), meldete die Bemerkungen des Lehrers. So kam der höchste HJ-Führer aus unserer Gegend, wohl der „Bannführer", zur Untersuchung. Keiner wollte die angezeigten Bemerkungen gehört haben; so fragte der Bannführer den höchsten HJ-Führer aus unserer Klasse. Es gab eine atemlose Stille, dann die Antwort „Nein!" Der Bannführer rauschte sofort mit seinem Gefolge ab. Selbst gegenüber verhassten Lehrern lieben die Jugendlichen keine Strafmaßnahmen von außen her. Ich hatte meine besonderen Probleme: Ich liebte nichts mehr als die Mathematik, durfte das aber nicht sagen, denn bei so gut wie allen anderen Schülern war das Fach verhasst.

Von Karl May hatte ich *Durchs wilde Kurdistan* gelesen. So interessierte mich zeitweise der Nahe Osten. Als wirkliche politische Interessen im Alter von vierzehn Jahren hätten erwachen können, neigte der Krieg sich dem Ende zu. In der Erinnerung blieb, dass niemand in meiner Umgebung an den immer neu verheißenen Endsieg glaubte. Dazu sagte mir Jahrzehnte später Hans-Georg Gadamer: Ich hätte nur wenige Jahre älter sein müssen, um über den Fall von Paris mitzujubeln. Doch diesen Fall von Paris habe ich erst nach dem Krieg aus den französischen Quellen näher kennengelernt. Stalingrad kam mir erst nach dem Krieg aus Berichten von Plivier und anderen nahe. In jedem Fall führte ein Altersunterschied von wenigen Jahren zu ganz verschiedenen Lebensläufen und geschichtlichen Erfahrungen. Es ist heute wohl nicht mehr nachvollziehbar, wie man damals in Deutschland mit den Menschen, gerade auch mit jungen Menschen, umging. So wurde ich eines Morgens in der Schule ohne jede Ankündigung von einem HJ-Führer abgeholt (einfach deshalb, weil man mich zu den besseren Schülern rechnete). Wir gingen zum Bahnhof, wo schon jemand stand, den man aus der Volksschule geholt hatte. Wir sollten Adolf-Hitler-Schüler werden und das als eine große Ehre begrüßen. Doch ich wollte nicht; zur Begründung gab ich wahrheitsgemäß an, ich brauche die

Zeit, um das Orgelspielen zu lernen. So wurde ich mit Beschimpfungen weggejagt. Draußen vor dem Bahnhof traf ich auf meinen Vater, der mit schweißüberströmtem Gesicht angelaufen kam. Die Lehrer hatten ihn inzwischen benachrichtigt. Er war heilfroh über die günstige Wendung, ging nicht zurück zum Büro, sondern mit mir zusammen erst einmal nach Hause. Die Eltern des Volksschülers jubelten über die hohe Ehre, doch drei oder vier Tage später kam dieser zurück – wegen Untauglichkeit wieder entlassen. Die Nationalsozialisten hatten die alten „Ordensburgen“ (wie Sonthofen) ausgebaut. Als dort die „Junker“ in den Krieg zogen, wurden die Burgen für die „Adolf-Hitler-Schüler“ frei (Sonthofen etwa für Odo Marquard, der diese Vergangenheit nach dem Krieg durch eine radikale Skepsis abschüttelte).[3]

Eines Tages gab es unter meinen Verwandten eine große Aufregung: Genau jener, der 1933/34 meinen Onkel als Bürgermeister gestürzt und vertrieben hatte, sollte in der Aula unseres Gymnasiums als Kreisleiter oder als etwas Ähnliches in sein Amt eingeführt werden. Er feierte schon vorher in dem Dorf, aus dem wir kamen, seine Einsetzung – nicht wissend, dass der Wirt zu den Verwandten meines Onkels gehörte. Man tat ihm also etwas ins Bier, und als er am anderen Morgen reden sollte, musste er sich übergeben und wurde sofort wieder abgesetzt. Wir Kinder wussten, dass etwas passieren würde, denn als ein Brief meiner Tante gekommen war, hatten wir ihn nicht wie üblich gemeinsam gelesen. Mein Vater ging am Morgen der feierlichen Amtseinführung im Garten hinter dem Haus auf und ab, bis jemand angelaufen kam, um ihm den Vorfall zu melden. Ich lernte: Auch in der Ohnmacht kann man sich immer noch wehren.

II. Luftwaffenhelfer

Der Krieg kam auch auf uns jüngere Schüler zu. Es gab wiederholte Musterungen; einmal fragte der Psychologe mich, was 17 mal 19 sei. Ich sagte sofort: 323. Er fragte verblüfft, wie ich das so schnell gerechnet habe. Ich sagte ihm, ich hätte 17 mal 20 gerechnet und dann 17 abgezogen. Das genügte ihm; er nahm noch meinen Geburtsmonat Dezember wahr und diktierte: „Mit 17 Leutnant zur See; wegen hoher mathematischer Begabung Artillerieoffizier oder Ingenieuroffizier." Ich dachte beim Weggehen nur: „Du Idiot! Wenn ich auf ein Schiff gehe, dann als Seeoffizier, denn nur dann kann ich Kapitän oder wenigstens Erster Offizier werden." Als ich wirklich 17 wurde, war der Krieg schon ein halbes Jahr zu Ende. Beim Studium verblüffte es mich, dass Lehrer wie Erich Rothacker und Siegfried Behn einmal „Heerespsychologen" gewesen waren. Seltsamer Weise nannte man auch jene so, die für die Marine oder die Luftwaffe eingesetzt waren. Ich selbst hatte zuerst einmal Luftwaffenhelfer zu werden. Nur kurz lagen wir in Annen bei Hagen zum Schutz des Ruhrstahl-Werks in Witten mit 2 cm-Vierlingsgeschützen auf schwankenden Plattformen hoch in den Bäumen. Dann waren wir dort überzählig. Nach kurzer Zeit zuhause kam ich wieder zu diesen Vierlingsgeschützen in eine Stellung auf den Feldern zwischen Soest und Bad Sassendorf zum Schutz des Bahnhofs von Soest. Es wunderte mich immer, dass die neutrale Schweiz uns diese Geschütze lieferte – wirklich eine gelungene und ausgereifte Produktion. Noch Jahrzehnte später musste ein Kollege, von Geburt Schweizer, seinen Militärdienst in der Schweiz an diesen Vierlingsgeschützen ableisten. Die Waffe war noch dieselbe, aber auch das, was man heute die Software nennt. Jeder Handgriff, etwa beim Entladen, wurde mit einem kommentierenden Satz begleitet, also „Magazin entnommen. Hebel, Kette, Abzug." Statt „Abzug" schrieen wir natürlich immer „Matzug", denn so hieß unser Obergefreiter, der Geschützführer. Schon sein Name verriet, dass er aus Masuren kam, was von uns immer nur als „Kalte Heimat" angesprochen wurde.

Wir lebten jeweils zu neun in einer kleinen Baracke mit dreimal drei übereinander gestellten Betten. Als es heiß wurde, war es dort nicht auszuhalten. So legten wir uns mit unseren dick wattierten Wachmänteln in den nahen Straßengraben, der völlig ausgetrocknet war, aber vor dem Wind schützte. Eines Tages wurden wir von dort durch ein fahrendes Kommando vertrieben; es stellte sich als Vorauskommando des Duce vor. Als die Kolonne dann kam, wussten wir nicht, in welchem der gepanzerten Wagen Mussolini wirklich saß. Er hatte seine Truppen im Sennelager besucht. Wir bedauerten die italienischen Soldaten, denn sie sollten in Russland eingesetzt werden. Noch war nicht absehbar, in welche Turbulenzen Mussolini geriet, ehe er von den Partisanen gefasst und mit seiner Geliebten kopfunter aufgehängt und in Mailand seinem Volk präsentiert wurde.

Nicht ohne Verblüffung lernte ich unbekannte Lebensmöglichkeiten kennen, z.B. bei einem Gefreiten, der als „Fahnenjunker" einmal Offizier werden sollte. Er war die Liebenswürdigkeit in Person; jeder mochte ihn. Er hatte nach Soest wie nach Sassendorf hin seine Liebschaften. Als ich mit meinem Fernrohr Wache stand, musste ich ihm einmal melden, dass beide Freundinnen zugleich kamen, sich auch argwöhnisch beäugten (was ich mit dem Fernglas genau ausmachen konnte). Unser Fahnenjunker wartete, bis sie weggehend weit genug auseinander waren, und lief dann hinter der her, die noch am nächsten war. Sonntags schrieb er in der dafür vorgesehenen Freizeit nicht nur einen Brief. Vielmehr nahm er aus einem Liebesbriefsteller jeweils ein Muster, schrieb es fünfzehn Male ab und versandte diese „Briefe" dann mit der Feldpost. Auf unsere Frage, welche von den angeschriebenen Damen er nach dem Kriege heiraten werde, antwortete er schlagfertig: „Wenn ich nach Stettin komme, die aus Stettin, wenn nach Stuttgart, die aus Stuttgart." Probleme würde es also nicht geben.

Unter dem Motto „Die Heimat grüßt die Front" bekamen wir ein altes Grammophon. Wir stellten es draußen auf einen wackeligen Tisch; einer musste daneben sitzen und es mit der Kurbel immer neu aufdrehen. Die Schallplatten, die wir bekommen hatten, waren zumeist von Richard Tauber besungen. „Dein ist mein ganzes Herz...", das habe ich in wenigen Wochen hundertmal gehört (aus Lehar: *Das Land des Lächelns*). Wir hielten Tauber für den Protegé von Goebbels, konnten aber nicht von ihm lassen, da wir kaum andere Platten hatten. Später war ich verblüfft, in Chicago zu erfahren, dass Tauber als Halbjude von den Nationalsozialisten sofort vertrieben worden war. In Amerika glaubte er, auch seine Affären haben zu müssen. Doch wurde er auf Karikaturen mit einem riesigen Brustkorb und fast fehlendem Unterleib dargestellt und direkt als impotent beschimpft. Die Damen, denen er den Hof machen wollte, hatten ihn so ausgenommen, dass er als Mittelloser schließlich so etwas wie ein Armenbegräbnis bekommen musste. Wie immer diese Dinge historisch genau zu fixieren sind –

auch auf Englisch waren Taubers Lieder unvergesslich: „You are my heart's delight…"

Die Hoffnung, die uns als Luftwaffenhelfer trug, war ein Urlaubswochenende. Wer Urlaub bekam, musste sich einem Ritual unterziehen, nämlich frei nach Rilkes *Cornet* aufsagen: „Einmal den Kragen offen tragen. Einmal in seidenen Sesseln sitzen, und wieder lernen, wie Frauen sind, und wie die schwarzen tun und wie die blonden. Nicht immer Soldat sein!" Der Waffenrock wurde am Hals durch eine metallene Schließe zusammengehalten, und auch bei uns war es schlicht verboten, den Kragen offen zu tragen. Rilkes *Cornet* war immer noch ein Kultbuch. Einmal hörte ich die Erzählung von einem Feldwebel vortragen, der die Bemerkung vorausschickte: „Ich lese nun zum hundertdritten Male Rilkes *Cornet.*" Paul Celan gegenüber habe ich später mein Erstaunen darüber ausgedrückt, dass der *Cornet* so stark seine frühen Gedichte bestimmt, habe dieser doch jenen Nazis, die sich anderen gegenüber für edler hielten, als Alibi gedient. Celan wehrte ab. Auch für die jüdische Jugend in Czernowitz sei der *Cornet* ein Kultbuch gewesen!

Als Luftwaffenhelfer waren wir zum großen Teil fünfzehn Jahre alt. Die Nachwirkungen der Pubertät bestärkten uns in der Abneigung gegen das andere Geschlecht. Dieses wurde in unserer Batteriebefehlsstelle vertreten durch Nachrichtenhelferinnen, die etwa 23 Jahre alt waren und an Unschuld nichts mehr zu verlieren hatten. Freilich hatten sie nichts gegen die „Bübchen", und so konnte man auch ihnen gegenüber lernen, sich gegen unerwünschte Annäherungen abzuschotten. Die Batteriebefehlsstelle lag im Wald in Richtung Soest in einem alten Café oder einer Gaststätte. Dort musste ich mir einmal morgens in aller Frühe meinen Urlaubsschein stempeln lassen. Die Schreibstubensoldaten lagen mit den Nachrichtenhelferinnen malerisch und kaum noch bekleidet durcheinander. Ich rüttelte den Unteroffizier vom Dienst wach und schleppte ihn zum Schreibtisch, stempelte meinen Schein und führte ihm die Hand bei der Unterschrift. Wenigstens für den Samstagnachmittag und den Sonntagmorgen hatte ich dann unsere alte Familienordnung und mein Klavierspiel. Schwierig wurde es, wenn wir vor Hagen, damals noch ein Eisenbahnknotenpunkt und immer durch Tiefflieger bedroht, ausstiegen, uns mit unserem Gepäck etliche hundert Meter weiter schleppten und auf einem kleinen Bahnhof wieder in Richtung Finnentrop-Siegen einen Zug bekamen. Auf der Rückfahrt mussten wir das Manöver in umgekehrter Reihenfolge machen. Einmal wurde ich abkommandiert, mit zwei alten Obergefreiten und anderen Luftwaffenhelfern ein meterlanges Höhenmessgerät teils mit der Bahn, teils zu Fuß zu einer Stellung südlich von Hagen zu bringen. Ich war der Jüngste und zögerte, frei neben den anderen herzugehen und sie zu kommandieren. Doch nach dem ersten Kommando ging alles von selbst. Ich erkundete die Wege; auch die Obergefreiten folgten ohne jeden Widerspruch (ob sie überhaupt lesen und schreiben konnten, muss dahingestellt bleiben).

Unser Zugführer kam aus Masuren. Wir wussten nicht, ob er einen korrekten deutschen Satz bilden konnte. Er beschränkte sich auf die nötigsten Befehle, dazu auf das Fluchen: „Sie Potschnorrek, Sie Ponoichelkopp, Sie Pusearsch, Sie Vogel Sie dreckiger, Sie ruppiger, Sie rauer Knecht Sie…" Das ging gegebenenfalls eine halbe Stunde so fort. Laut dienstlicher Anweisung mussten auch die Luftwaffenhelfer immer mit Sie angeredet werden und sich untereinander, was sehr ungewohnt war, im Dienst mit Sie anreden. Nach dem Krieg erfuhren wir durch Ernst Wiecherts Roman *Die Jerominkinder* Näheres über die Menschen von den ostpreußischen Dörfern, Wäldern und Seen. Was heute unter dem Namen „Masuren" dargeboten wird, ist schon touristisch aufgearbeitet.

Unvergesslich ist mir jener Tag, der später unter dem Namen des 20. Juli bekannt wurde. Einer von uns, Querkopf und Tüftler, hatte in tagelanger Arbeit über der Tür einer unserer Baracken einen Wasserkübel so installiert, dass er sich beim Öffnen der Tür über den Eintretenden ausgoss. Bei der abendlichen Stubenabnahme kam nicht der Zugführer, sondern sein Vertreter. Die Sache klappte einigermaßen. In einem seltsamen Masochismus erwarteten wir, die halbe Nacht lang durch den Dreck der Felder robben zu müssen. Doch es passierte nichts. Der Zugführer saß am Telefon und ging nicht von ihm weg. Wir selbst hatten kein Radio, kein Telefon, bekamen auch keine Zeitung. Wir durften nun auch beim Essenholen in der Stadt keinen Zivilisten mehr sprechen. Als ich am 8. August zum Kurzurlaub nach Hause kam, war mein Vater außer sich vor Zorn über die Hinrichtung des Generalfeldmarschalls von Witzleben. Zuerst dachte ich: Was für ein seltsamer Name! Dann stieß mich die von Hitler befohlene Grausamkeit der Hinrichtung so ab, dass ich mir selbst das Versprechen abnahm, später einmal etwas zu tun für das Gedenken an den thüringischen Adeligen. Damals dachte ich noch an ein Musikstück. Als sich mein Leben dann dem Ende zuzuneigen begann, habe ich mein nie vergessenes Versprechen eingelöst und ein Buch über Antigone dem Gedächtnis von Witzlebens gewidmet.[4]

Wir wurden von Soest zum Flughafen Werl versetzt. Dort hatten wir es mit dem Geschwader Mölders zu tun. Unvergesslich ist mir der Oberst Galland. War er selbst es oder einer seiner Kameraden, dem bei einem Absturz das Gesicht verbrannt war? Der Abgestürzte hatte nun ein zweites Gesicht, in dem er die Augenbrauen nicht hochziehen, die Lippen nicht bewegen konnte. Ich hatte das Glück, zur Telefonvermittlung abgeordnet zu werden. So konnte ich wieder Neues lernen. Mit Steigeisen und einem Gurt, der um den Bauch und den Telefonmasten geschlungen war, in der einen Hand die Rolle Draht, in der anderen Werkzeuge, so stiegen wir die schwankenden Masten nach vielem Üben in Windeseile hinauf und herunter. Für unsere Telefonvermittlung wurden wir „vergattert", wie der schöne Ausdruck lautet. Wir erfuhren, dass erschossen werde, wer öfters am Feindsender Jazz-Musik höre. Aufgehängt werde, wer Nachrichten höre.

Nach wenigem Hören der „Feind-Nachrichten" kam ich zu dem Schluss, dass dort genauso gelogen wurde wie bei uns. So beschränkte ich mich bald auf die Jazz-Musik. Ich hatte und habe keine Vorliebe für sie, aber ich wollte sie so analysieren, wie ich das für die Form einer Fuge oder einer Sonate gelernt hatte. Dabei bin ich natürlich vollkommen gescheitert. Ich hatte ja keinerlei Anleitung (wie sie heute so breit angeboten wird). Ich wusste nur, dass sie etwas mit den amerikanischen Negern zu tun hatte. Ich saß vor dem Apparat, wo ich mit Stöpseln die Verbindungen herzustellen hatte. Das Radio stand in meinem Rücken, eingestellt auf die Meldungen über die Flugbewegungen in der Luft. Ich stellte es um. Der Soldatensender Calais enttäuschte, denn er setzte auf volkstümliche Schnulzen. So wählte ich BBC; das war gefährlich, weil man das Bumsen des Signals auch draußen hörte. Eines Nachts stand plötzlich unser Batteriechef im Raum. Er wollte wohl nach einem Saufgelage nur kurz einmal hereinsehen. Ich wusste, was mit mir passieren musste, dachte aber nicht an mich, sondern daran, dass meine armen Eltern die Mitteilung bekommen würden: „Wegen Zersetzung der Wehrkraft erschossen." Doch mein Oberleutnant stellte das Radio richtig ein, gab mir dann mit der flachen Hand einen gewaltigen Schlag auf den Rücken und sagte nur: „Heute ist ja nicht viel los. Also noch eine gute Nacht!"

Wegen unserer ständigen Versetzungen hatten wir natürlich keine Schule haben können (wie das für Luftwaffenhelfer vorgeschrieben war). Deshalb wurden wir an eine ruhigere Stelle, an die Sorpe-Talsperre verlegt. Die Talsperren waren im Frühjahr 1944 angegriffen worden. Bis dahin schienen sie eine Idylle zu sein gegenüber den schwer getroffenen Städten. Nach einem schönen Mai-Sonntag, in der Nacht zum 17. 5. 1944, vermochten englische Bomber die Dämme von Eder und Möhne zu zerstören; am Sorpe-Damm scheiterten sie. Die umgebauten Lancaster-Bomber waren nach langem Üben 18 Meter über dem

Wasser angeflogen, hatten Rollbomben über die Wasser und die Fangnetze hüpfen lassen, um so die Dämme zu treffen. Die Wasser der Eder bedrohten Kassel. Bei der Möhne ergoss das Wasser sich in das Möhne- und Ruhr-Tal; zu den Hunderten von toten Menschen und Tieren kamen die großen Verwüstungen. Rundfunk und Presse in England (dann auch im neutralen Ausland) meldeten z.B., die Ruhr habe ganz Dortmund mit Bergwerken, Fabriken und Luftschutzbunkern unter Wasser gesetzt. Mit einem kurzen Blick auf die Landkarte hätte man sehen können, dass die Ruhr weit südlich an Dortmund vorbeifloss, die Stadt also nicht betroffen sein konnte.[5] Zum Schutz des mit Erde ummantelten Sorpedamms wurden wir eingesetzt und sollten dabei zum vorgeschriebenen Schulunterricht kommen.

Seit dem 6. September 1944 schoss man die V 2 auf London. Wir sahen die Raketen aufsteigen und in der Höhe verschwinden; wir wussten, dass sie auf London niedergehen würden. Ich dachte nicht an die Londoner, sondern sagte mir: „Wir werden den Weltraum erobern!" Sobald der eiserne Vorhang fiel, habe ich mir Peenemünde angesehen. Doch war Wernher von Braun mir zu einer problematischen Gestalt geworden, da er ungerührt von seinem politischen Positionswechsel zum amerikanischen Volkshelden aufstieg. Dagegen rechnete ich es Werner Heisenberg und Carl Friedrich von Weizsäcker hoch an, dass sie im Rückblick ihre Wissenschaft in den politischen Zusammenhängen sahen. Das war freilich viele Jahre später.

Am 17. September 1944 setzte Churchill seine Luftlandetruppen bei Arnheim und Enschede ein; doch mussten diese froh sein, dass wenigstens ein Rest sich zu den Truppen durchschlagen konnte, die von Antwerpen her vorrückten. Hitler hatte es vermocht, über den General Student mit Fallschirmjägern Kreta zu erobern. Doch gab es große Verluste, etwa drei Viertel der Eingesetzten. Einige stürzten schon ins Meer, andere verschwanden in irgendeiner Schlucht. Noch Jahrzehnte später konnte dort ein Hirte Knochen finden; er suchte dann die metallene Erkennungsmarke und gab sie ab. Einige Tausend der Toten wurden später gesammelt auf dem großen Soldatenfriedhof in Maleme. Für Hitler (in dem Churchill zuerst einen humanen Österreicher im verhassten preußischen Berlin hatte sehen wollen) waren die Verluste zu hoch; er unterließ weitere Großeinsätze dieser Art. Churchill sah nur, dass Hitler mit seinen Fallschirmjägern gesiegt hatte, und so stellte er in aller Eile eine Fallschirmjägertruppe auf (sie mussten sogar das Fallschirmjägerlied lernen: „Rot steigt die Sonne, fertig gemacht. Wer weiß, ob sie morgen noch einmal uns lacht"). Churchill wollte diese Truppe im Herbst 1944 einsetzen. Es gab zuerst einen

Probeabsprung. So konnten die deutschen Abwehrkräfte zusammengezogen werden. Unsere Geschütze an der Sorpe waren unabkömmlich; doch hörten wir davon, wie dieser unsinnige Einsatz misslang (die alliierten Truppen näherten sich ja sowieso dem Gebiet des Absprungs). Schon hoch in der Luft wurden viele tödlich getroffen. Etliche hingen in den Bäumen. Als die Deutschen sie herabwinken wollten, warfen einige die Handgranaten, die sie am Koppel hatten. So kam der Befehl, alle sofort zu erschießen. Das waren jedenfalls die Erzählungen, die uns zugetragen wurden. Wenn ich Jahrzehnte später mit meiner Familie von Bochum aus zu unserem Wochenendhaus nahe der holländischen Grenze fuhr, musste ich bei den Gehöften und Bäumen an der Autostraße immer an die Engländer denken. Darüber langweilten sich die Kinder bald und sagten schließlich vorweg: „Hör endlich auf mit Deinen Engländern!" In der Kriegszeit marschierten die Fallschirmjäger in der Wochenschau immer vorweg. Wir beneideten sie um ihre Stiefel, die jeweils links und rechts verschließbare Einschnitte hatten. Ich fand es makaber, dass nach dem Krieg für die Damen Stiefeletten in dieser Art angeboten wurden.

An der Sorpe hatten wir in der Tat auch wieder Schule. Zusätzlich zu Flakdienst und Schule sollten wir gelegentlich in Stemel in einer Munitionsfabrik arbeiten. Dort erstaunten mich die Arbeiterinnen. Sie prüften mit einem kleinen Messgerät die Munitionshülsen mechanisch auf die Maße hin und separierten sich zugleich von diesem Tun, indem sie ihren Träumen nachhingen. So waren sie besser einsetzbar als Männer, denn diese glaubten, sich selbst in ihre Arbeit einbringen zu müssen. Als wir einmal an der Sorpe von der großen Schulbaracke zu unseren Stellungen strebten, sah am Brückenkopf ein eisgraues altes Männchen mit tiefliegenden Augen unsere fröhliche Schar und sagte: „Diese Kinder haben ihr Totenhemd schon an." Sieht man heute die Photographien, so denkt man: Kindersoldaten! Dem widerspricht, dass wir durchaus schwierige Aufgaben übernehmen und bald auch kommandieren konnten. Mit dumpfem Kopf strebten wir frühmorgens beim Ende des Alarms zu unseren Baracken. Immer sang dann jemand; das war durchweg eine Parodie, etwa: „Ein schönes Märchen geht zu Ende. / Ich sag' so gern auf Wiedersehn. / Im Abflug sind die Kampfverbände. / Es war ja so schön." Morgens fiel der Unterricht zumeist aus, weil wir erst ein paar Stunden schlafen mussten. Am Spätnachmittag blieb schon einmal eine Stunde oder es blieben auch zwei Stunden für die Schule. Da es mit dem elektrischen Licht nicht klappte, las uns unser Lehrer Lessings *Minna von Barnhelm* mit Hilfe einer Taschenlampe vor. Ich höre noch, wie der Franzose neues Geld fordert:

„Rekruten!" Wahrscheinlich konnte der Studienrat, eigentlich für Englisch und Französisch zuständig, das Lustspiel mehr oder weniger auswendig. Es ist ja sehr schwierig, mit einer Taschenlampe ein Buch zu lesen. Wie man früher beim Kerzenlicht studiert hat, habe ich nie nachvollziehen können. Unsere Augen sind offenbar allzu sehr an das elektrische Licht gewöhnt.

Wie verfehlt es ist, generalisierend von einer Flakhelfergeneration zu sprechen, zeigt sich schon daran, dass die Flak keine Einheit war. Von den schweren Geschützen mit 8,8 cm-Geschossen konnten wir uns nur erzählen lassen. Man prahlte damit, dass man in Russland die Rohre waagerecht gestellt und eine Schneise in ein Dorf für die nachrükkenden Truppen geschossen habe. Die schwere Flak langte aus nach den anfliegenden Bombern in 8000 Metern Höhe, wohin man nicht mehr sehen konnte. Dass die mittlere Flak, 3.7 cm, an der Sorpe gerade beim Angriff am 15. Oktober 1944 fehlte, wurde uns zum Verhängnis. Mit unseren 2 cm-Geschützen kamen wir etwas über 3000 Meter hoch. So flogen die Engländer an in einer Höhe von 4000 Metern.

Man hatte durchaus versucht, uns Nomaden in Hütten, die etwas tiefer am Damm lagen, sesshaft zu machen. Unten am Staudamm war das Kraftwerk; dort wurde mit schönen roten Ziegelsteinen gebaut. So bekamen wir den Befehl, dass jeder in der Dunkelheit etwa ein Dutzend Steine klauen musste. Unter unseren Obergefreiten waren Maurer, die bauten um unsere Öfen schöne Kamine. Natürlich kam eines Tages jemand vom Kraftwerk in eine unserer Hütten. Er stutzte, doch geflissentlich sah er über das entstehende schöne Mauerwerk hinweg. Als alles fertig geworden war, wurde es am Nachmittag des 14. Oktober abgenommen. Die vorgesehene Feier fiel aus, weil es einen Daueralarm gab. Am anderen Morgen, als wir uns nur noch schwer in den Sitzen der Geschütze halten konnten, kam der Angriff. Es blieben von unseren schönen Kaminen nur noch Trümmer.

Nach den *Bomber Command War Diaries* warfen 16 Lancaster-Flugzeuge Spezialbomben vom Typ *Tallboy* ab. Diese hatten teilweise Zeitzünder. Die Bomber waren begleitet von sieben Mustang-Jagdflugzeugen. [6] Tallboy war fünf Tonnen schwer (übertroffen von *Grand Slam* mit zehn Tonnen). Der Damm wurde mehrfach getroffen und schwer beschädigt. Doch hätten zwei Bomben an derselben Stelle platziert werden müssen, um ihn brechen zu lassen. Das gelang nicht. Überhaupt waren die Bomben gestreut im Umkreis von vielleicht 300 x 300 Metern. Als die Amerikaner die Tallboys im Irak-Krieg verwandten, kostete das neue Leitsystem auf den Bomben viele tausend Dollars. Doch waren die Abweichungen vom Ziel nur zwei bis drei cm. Der

Funkbetrieb der Chinesen wurde in einer Zeit getroffen, als niemand dort war. Natürlich unterstellten die Chinesen den Amerikanern, die von einem Irrläufer sprachen, Absicht. Man sieht an diesem Beispiel, dass der Fortschritt in der Waffenentwicklung in den Leitsystemen liegt, die über Kontinente hinweg arbeiten und punktgenau treffen lassen.

Beim Angriff auf die Sorpe gehörte ich zu dem Vierlings-Geschütz, das auf der Mitte des Dammes stand. Da die anfliegenden Engländer für uns zu hoch waren, kamen wir nicht zum Schießen. Unser Geschützstand stürzte (wie die überlieferten Bilder zeigen) zum Teil ins Wasser. Um nicht mitabzurutschen, klammerte ich mich mit den Fingernägeln an der Dammkrone fest und zog mich wieder hoch – die Finger ganz blutig. Von einer Bombendetonation im See spritzte Wasser über uns, und ich dachte, wir schwämmen schon mit der auslaufenden Talsperre. Mir kam der absurde Gedanke, mit einem der hölzernen Ersatzrohr-Behälter besser obenauf zu schwimmen. Dann traf ein Splitter meinen Helm; der hatte eine Beule und einen Riss am Rand. Durch eine leichte Gehirnerschütterung bekam ich den Rest des Angriffs nicht mehr mit; deshalb habe ich immer von 15 angreifenden Bombern gesprochen. Wenn später Künstler wie Lüpertz die Stahlhelme verhöhnten, hat mich das eher verletzt. Ein Stahlhelm hat mir ja das Leben gerettet. Noch befremdlicher war es, dass eine fragwürdige Formation sich „Stahlhelm" genannt hatte. Bei Ernst Jünger ging ich auf Distanz, wenn er seinen Stahlhelm zu einem Kultobjekt machte.

Nach dem Angriff auf die Sorpe waren die Krater dreißig Meter tief und breit. Einer der Luftwaffenhelfer steckte bis zum Hals in der Erde. Ich sah in die Augen des blutüberströmten Kopfes und konnte wahrnehmen, wie sie „brachen". Die Sprache ist hier genau: Plötzlich bleibt der Blick, der uns traf, weg. Mein nächster Freund, mit dem zusammen ich den Ladekanonier an der rechten Seite unseres Geschützes spielte, war gerade austreten und wurde unterhalb der Dammkrone verschüttet. An einem der nächsten Tage stießen wir bei der Suche nach ihm auf etwas Körperliches; sofort wurden wir Luftwaffenhelfer weggerufen und die alten Obergefreiten mussten den Toten bergen.

Als wir nach dem Angriff noch nach Vermissten suchten, ging eine Bombe mit Zeitzünder hoch. Ich sah die roten Flammen mit schwarzem Rand aus der Erde hervorbrechen und warf mich in einen Regengraben, der um eine Baracke lief. Diese Baracke brach zusammen und stürzte über mich, rettete so aber auch mein Leben. Ich sah an einer Seite Licht, kroch durch den Graben dorthin und kam ins Freie. Ich wusste nicht, dass mich der Rauch, der eher von der verdampfenden Feuchtigkeit weiß war, ganz schwarz gemacht hatte. Auch war mein Körper voller blauer Flecken; den rechten Arm konnte ich nicht mehr bewegen. Unser Batteriechef war nicht beliebt, weil er ein hoher HJ-Führer gewesen war. Aber nun war er sofort zur Stelle; er scheute keine Gefahr, um uns zu helfen. Als ich zum Brückenkopf kam, hatten einige Frauen ihre Neugier nicht unterdrücken können und waren herbeigeeilt. Bei der Detonation einer Bombe mit Zeitzünder wurde einer der Frauen ein Bein abgerissen. Gerade kam ein Auto vorbei; wir wollten es zum Abtransport der Schwerverletzten stoppen. Doch darin saß der Erbauer des Damms und scheuchte uns zurück: „Ich muss zu meinem Werk!" Dafür fluchten wir hinter ihm her. Ich wollte gerade tun, was wir so vielfach eingeübt hatten: Den Koppel abschnallen und das Bein abbinden; da kamen zu meinem Glück zwei Sanitäter. Es gab genauso viele Tote unter den Frauen wie unter den Soldaten. Als ich zur Batteriebefehlsstelle kam, trat der Küchenchef heraus (der „Küchenbulle" nach unserer Sprechweise). Er brachte mir eine Schüssel mit Wasser; so sah ich, wie schwarz ich war. Dann brachte er mir zur Stärkung einen Schnaps und noch einen zweiten (obwohl Alkohol für die Luftwaffenhelfer streng verboten war). Wir kamen dann in ein Notlazarett in der Schule hoch auf dem Berg.

Dort lag über mir jemand, der dauernd Blut spuckte. So ging ich nachts ins Freie, wo ein Schüttelfrost mich überfiel. Dann hörte ich einen Anflug. Ich dachte: Jetzt geben sie dem Damm den Rest. Doch erkannte die Maschine offenbar die Gefahr und drehte ab. Der ständige Brechreiz als Folge der Gehirnerschütterung, der Schüttelfrost, die anfliegende Maschine ließen in mir zum ersten Male so etwas wie Angst aufkommen. Am nächsten oder übernächsten Tag sah ich vom Notlazarett aus eine Mustang anfliegen. Die Flak setzte mit einer Sekunde Verspätung ein; die Maschine drehte scharf ab und das Gesicht des Piloten (schmerzhaft verzerrt wegen der Treffer, die man an der Maschine aufblitzen sah) war vielleicht zweihundert Meter vor meinen Augen. Als ich siebzig Jahre alt wurde, kam ein gutes halbes Jahr lang nach drei Stunden Schlaf immer das Gesicht dieses Piloten, der dann auch abgestürzt war, in meine Träume. Ich erwachte und las zur Ablenkdung irgendetwas Langweiliges.

Unser Telefonist war zwar mit seinem leicht erhöhten Podest ein paar Meter in die Tiefe gestürzt. Es war ihm nichts Schlimmes passiert, doch wurde er sofort in das Hauptlazarett gebracht. Genau da kam sein Vater in großer Aufregung (eigentlich hatte er nur einen Sonntagsbesuch machen wollen). Ich konnte ihm erzählen, dass seinem Sohn nichts Schlimmes passiert sei; er könne ihn nach einer halben Stunde Fußmarsch im Lazarett sehen. Doch stellte sich später heraus, dass dieser Luftwaffenhelfer einen Schock bekommen hatte. Diesen konnte er zuerst wegstecken. Aber auch nach vielen Jahren brach der Schock immer wieder auf. Er war inzwischen Kaufmann, doch bei seinen Kunden zitterte er immer wieder plötzlich an allen Gliedern, musste seine Tätigkeit aufgeben und kam schließlich in ein Heim. Als es dann um Wiedergutmachung für verfolgte Juden ging, beanspruchte man den Schock für alle und widersprach Karl Jaspers, der differenzieren wollte. Doch Jaspers hatte Recht: Der eine steckt auch das Schlimmste weg, der andere leidet ein Leben lang daran. Was man nicht sofort sieht (einen Schock), das kann das Schlimmste sein.

Es gab damals wilde Gerüchte. In der internationalen Presse hieß es, ein geflohener Jude habe den Angriff ausgeheckt. Diese Behauptung entbehrte jeder Grundlage.[7] Bei uns selbst wurde erzählt, jemand im Dorfe Langscheid habe den Engländern die Lücke in der Verteidigung durch Funk übermittelt. Beim Gang durch das Dorf sah ich den Leuten ins Gesicht und fragte mich: „Könnte der es gewesen sein?“ Ich hatte dafür Verständnis, dass er den Krieg hatte abkürzen wollen. Nicht fertig wurde ich damit, dass er dafür 3000 oder 4000 Tote in seiner nächsten Umgebung akzeptiert hätte. Auch den Dokumentationen kann man nicht trauen. Sie zeigen z.B. immer wieder einen Luftwaffenhelfer als Richtschützen am Geschütz sitzen. Doch das gab es nicht. Ein Älterer unter uns hatte freilich einen Kurs mitgemacht und war als Richtschütze ausgebildet worden. Es unterlief ihm, dass er die Rohre für entladen hielt und beim Entspannen ein paar Schüsse auslöste. Sie schlugen im Wald in der Nähe des benachbarten vierten Zuges ein. Von dort telephonierte man nach zehn Minuten, es sei nichts passiert. Doch mit unserem Luftwaffenhelfer als Richtschützen war es vorbei. Die Bilder von Luftwaffenhelfern als Richtschützen waren beliebt, weil man damit zuhause, vor allem bei den Freundinnen, angeben konnte. Aus solchem Verhalten ist bekanntlich ein großer Teil der sog. Kriegsliteratur entstanden.

Nach dem Krieg kehrte die alte Kultur des Volksliedes und der Madrigale wieder. Bekannte Philosophen und Theologen bemühten sich um Interpretationen zu Matthias Claudius. Wird aber die Welt dadurch traulich und hold, dass der Mond aufgeht? Wenn über der Sorpe-Talsperre der Mond sich zeigte, standen unsere Geschütze schwarz in den hellen Himmel – ein vortreffliches Angriffsziel. Gerade der Vollmond war unser Feind. Das *Alte Testament* denkt schon richtig, wenn es uns den Wunsch eingibt, dass uns die Sonne nicht steche bei Tage und nicht der Mond bei Nacht.

Selbstverständlich nahm ein Trupp von uns am Begräbnis meines gefallenen Freundes in unserer Heimatstadt teil. Ich wurde vorausgeschickt zum Kondolieren. Ich musste also meine Ausgehuniform anziehen. Wir waren dadurch als Luftwaffenhelfer gekennzeichnet, dass wir am linken Arm eine schwarz-weiß-rote Binde mit dem Hakenkreuz tragen mussten. Wenn wir auch nur ein paar Meter aus der Stellung heraus waren, steckten wir diese Binde in die Tasche. Wir wollten Soldaten sein wie andere auch. Als ich mich zu dem angeordneten Kondolenzbesuch bei meinem Wachtmeister abmeldete, sah er sofort, dass die Binde nicht (wie vorgeschrieben) angenäht war. Doch dieses eine Mal – und das war das einzige Mal einer Erfahrung von Milde, die ich bei ihm gemacht habe – sagte er nur: „Ziehen Sie die Binde wenigstens gerade!" Er tat es dann selbst. Offenbar sah er, dass der Fünfzehnjährige vor ihm etwas überfordert war.

Als ich dann meinen Kondolenzbesuch machte, war mein Freund im Wohnzimmer seiner Familie aufgebahrt. Der Kopf war mit Binden umwunden; die Bestatter hatten das zerdrückte Gesicht wiederhergestellt – offenbar nach einer Photographie. Es erschreckte mich, dass man auch die Toten nicht ruhen ließ, dass man sie noch einmal präsentieren musste. Nach dem Begräbnis gab es ein Kaffeetrinken und Kuchenessen. Der Umschlag vom Trauern zur Freude wird offenbar vom Leben gefordert. Wenn die Feuerwehrkapelle beim Begräbnis Trauermusik gespielt hatte, zog sie anschließend ab mit „Freut Euch des Lebens, solang noch ein Lämpchen glüht". Ich habe das Lied in einem Reisebus mitsingen müssen, als wir auf einer Exkursion von Historikern den großen Soldatenfriedhof bei Luxemburg nicht ausließen. Mein Lehrer (Franz Steinbach) hatte es in zwei Weltkriegen bis zum Oberstleutnant gebracht, dem höchsten Rang für einen Reserveoffizier. Was er eingeübt hatte, konnte er nicht mehr auslassen.

Im letzten Kriegsjahr war das „Organisieren" alles, und zwar durchaus in der Zweideutigkeit dieses Wortes. So fuhr unser Oberleutnant und Talsperrenkommandant eines Tages mit unserem Stabsgefreiten, einem Adeligen, zu dessen Gut und kam zurück mit einem kleinen Pferdewagen voll von Mehl und Fleisch. Der Stabsgefreite, Gustfried von Baumbach, hatte sich jeder Karriere verweigert und war nach langer Dienstzeit notwendiger Weise Stabsgefreiter geworden. Er hielt sich zu uns Luftwaffenhelfern statt zu den Obergefreiten. Deren masurische Heimat konnte damals noch nicht mit einer Gymnasialausbildung konkurrieren.

Gerade die Liebe zur Musik wurde mir vor Weihnachten 1944 zum Verhängnis. Ein Parteigenosse in brauner Uniform (also ein „Goldfasan") kam zu uns, um ein Fest zu organisieren. Da wir aus unseren Drillichen nicht herauskamen, schlug ihm eher Hass entgegen. Ich wurde gerufen: Da ich Orgel spiele, solle ich beim Weihnachtsfest Klavier spielen, vor allem „Hohe Nacht der klaren Sterne“. Ich behauptete dreist, das Lied nicht zu kennen. Er fragte mich verblüfft, was ich denn kenne, und ich sagte sehr unvorsichtig: „Lobt Gott ihr Christen allzugleich.“ In der Tat konnte ich das Pathos von „Hohe Nacht der klaren Sterne“ ebenso wenig ertragen wie das Pathos des gut christlichen Liedes „Heiligste Nacht“. Bei beiden Liedern kann man kaum in der Weise Bachs ein Vorspiel machen (wie zu „Lobt Gott ihr Christen allzugleich“). Der Parteimann jagte mich fort, und ich fürchtete nun, er werde sich rächen. So meldete ich mich vor Weihnachten freiwillig zur Entlassung, d.h. zum weiteren Militärdienst. Das war, als die Ardennenoffensive kläglich scheiterte. Ich hatte zu wenig die politischen Sendungen der BBC gehört, hoffte noch auf einen Friedensschluss, als längst nur noch die bedingungslose Kapitulation anstand. Freilich gab es auch ein gewisses Verlangen (wie einst bei Ernst Jünger) den Krieg in allen seinen verschiedenen Manifestationen kennenzulernen. Während die anderen Luftwaffenhelfer im Frühjahr 1945 zu Fuß von der Sorpe nach Hause eilten, führte mich mein Weg noch bis in die Gefangenenlager am Rhein.

Am 11. Oktober 1944 meldete die Westfälische Landeszeitung *Rote Erde*: „Ein Volk mit solcher Jugend muss siegen. 70 v.H. des Jahrgangs 1928 Kriegsfreiwillige. Anerkennung durch den Führer“[8] Andernorts findet man genauere Angaben: 70 % des Jahrgangs 1928 meldeten sich freiwillig, um der SS zu entkommen. Doch seien in den ersten viereinhalb Monaten des Jahres 1945 ein Drittel der gefallenen Soldaten des Zweiten Weltkriegs gestorben. In der Endphase des Krieges seien aber auch 10.000 versprengte Soldaten, verdächtige Zivilisten und Fremdarbeiter hingerichtet worden. Mein Vater hatte herausgefunden, dass Kriegsfreiwillige nicht zur SS gezogen werden konnten. So veranlasste er meinen Bruder und mich, dass wir uns freiwillig meldeten. Mein etwas älterer Bruder ging seinen Interessen gemäß zur Luftwaffe. Als er mit vielen anderen in Pommern zum Flugzeugführer ausgebildet wurde, ordnete Hermann Göring an, diese Jungen dürften nicht den Russen in die Hände fallen, denn sie müssten Deutschland einmal wieder aufbauen. Zu Fuß marschierten diese Offiziersanwärter über das Eis bei Wollin und dann bis nach Ludwigsburg, wo sie sich den Amerikanern ergaben. Ich selbst hatte als Junge von Gorch Fock *Seefahrt ist not* gelesen und wollte zur Marine. Es schreckte nicht, dass dort die Ein-Mann-Uboote (oder Zwei-Mann-Uboote) Todeskommandos waren. Doch vor dem Weg zur Marine waren verschiedene andere Stationen vorgeschrieben.

III. Untergang als Befreiung

Zuerst musste ich nach Weihnachten für vier Wochen zum „Wehrertüchtigungslager“ auf der Burg Bilstein. Dort kam ich von zuhause her am Nachmittag an. Sofort erspähte mich ein Unteroffizier und wollte mich dafür anstellen, für seinen Ofen Holz zu spalten. Doch hatte ich als Luftwaffenhelfer einiges gelernt: Ich zeigte ihm meinen Einberufungsbefehl, der auf den frühen Abend lautete, stellte mein Gepäck ab und ging hinunter ins Tal, um das Dorf zu besichtigen. Wenn dieser Unteroffizier mich später in einem Trupp sah, jagte er uns durch das Gelände. Dann sollte er uns Maschinengewehre vorführen, darunter das Luftwaffen-MG. Da er dieses nicht beherrschte, hantierte er eine Stunde daran herum, schließlich schweißüberströmt. Da meldete ich mich und sagte, ich sei Luftwaffenhelfer gewesen, ob ich es einmal versuchen dürfe. Ich zerlegte das MG mit gezielten Griffen, wie ich das gelernt hatte, in seine Teile. Der Unteroffizier fragte, ob ich das MG auch wieder zusammensetzen könne. Natürlich konnte ich das in kürzester Zeit. Seitdem ließ dieser Mann mich in Ruhe.

Wir sollten dann sonntags in unserer Freizeit an unseren Drillichen die fehlenden Knöpfe annähen. Auch bei mir fehlte innen eine ganze Reihe, doch nutzte ich die Freizeit für sonstige Dinge. Die anderen waren gespannt, was mir geschehen werde. Der UvD (Unteroffizier vom Dienst) jagte seinen unfähigen Adlaten fort und rief mich, die Namen derer aufzuschreiben, bei denen irgendwo Knöpfe fehlten oder nicht richtig saßen. Das habe ich auch getreulich getan. Viele grimmten sicherlich, aber keiner hat mich verraten. Der Hauptfeldwebel rief mich beim Essen zu sich an seinen Tisch (wo das Essen natürlich viel besser war). Er suchte gute Unterhaltung! Gottseidank ließ der Lager-Leiter, ein hoher HJ-Führer, sich so gut wie nie sehen. Wenn er da war, trainierte er seinen Hund, der mit seinem erbärmlichen Gejaule die Burg erfüllte. Der Feldwebel und die Unteroffiziere sahen sich dann an mit einem unausgesprochenen: „So sind diese Leute.“

Wir mussten im Wald Buchen fällen, die Stämme dann spalten und zu Brennholz zerkleinern. Dafür hatten wir nur eine große Bandsäge, Äxte, Keile und Vorschlaghämmer. Wir standen stundenlang tief im Schnee, so dass es zu Erfrierungen kam, bei mir am linken Fuß. Jemand hatte die Maße eines fallenden Baumes nicht richtig abgeschätzt; eine Astspitze schlug ihm die rechte Augenbraue auf. Das Blut strömte, und er schrie: „Ich kann nicht mehr sehen." Ich glaubte damals, kein Blut sehen zu können, aber nun wischte ich dem Verletzten das Blut aus dem Gesicht und ließ ihn das Tuch auf die Augenbraue drücken. Er musste ins Dorf zum Arzt, damit die Augenbraue genäht wurde. Eines Tages besuchte mich mein Bruder. Meine Eltern hatten ihn auf den Weg geschickt, zweieinhalb Stunden hin und zweieinhalb Stunden zurück. Ich lag im Schnee und musste immer wieder schießen, stillte aber den Heißhunger mit den mitgebrachten Sachen. Dabei schoss ich ausnahmsweise wenige Ringe. Der leitende Soldat entschuldigte mich: „Sonst macht er es besser." Ich wusste nicht, ob ich je meinen Bruder wiedersehen würde. Später prägte sich mir in der Erinnerung an solche Abschiede unauslöschlich ein, was Brutus vor der Schlacht bei Philippi zu Cassius sagt. „Sehn wir uns wieder, nun so lächeln wir. / Wo nicht, so sei dies Scheiden wohlgetan."

Viele Abschiede waren endgültig. So hörte ich, unser Wachtmeister Kießling von der Sorpetalsperre habe sich gegen Kriegsende dort abgesetzt, sei aber noch gefallen. Der freundliche Hauptfeldwebel von der Burg Bilstein sei geradezu sinnlos den alliierten Truppen entgegengegangen und dabei erschossen worden. Ich legte mir das so zurecht: Beide waren Berufssoldaten und glaubten, keine Zukunft mehr zu haben. So wehrten sie die Todesgefahr nicht ab, und das bedeutete im Krieg den Tod. Doch haben sie sich gründlich geirrt. Der eine hätte bei seinen Kenntnissen eine Autoreparaturwerkstatt aufbauen, der andere einen der neu entstehenden Verbände organisieren können. Ein Unteroffizier, der bei uns zuhause im Quartier lag, ließ seine Kriegsfreundin zurück, heiratete in seiner Heimat und gehörte mit seiner Autoreparaturwerkstatt bald zu den Reichen seiner Stadt, Ingolstadt an der Donau. Er stand für viele, auch für jene, die weit Größeres ins Werk setzten.

Vom Wehrertüchtigungslager Bilstein kam ich zum Reichsarbeitsdienst (RAD) in Allendorf, Kreis Marburg / Lahn. Es war hier, dass mir zum erstenmal schlimmstes Nazitum entgegentrat. Einer der Zugführer (nicht der unsrige) hatte nur noch einen Fuß. Auf dem anderen machte er morgens Frühsport, indem er kilometerweit hüpfte. Das war eine größere Askese, als Ignatius von Loyola sie geübt hatte. Die Leute von seinem Zug erzählten, dass er sie am Pfarrhaus vorbeiziehen und singen ließ: „Wenn das Judenblut vom Messer spritzt, dann geht's noch mal so gut." (Der Pfarrer hatte sich für Juden eingesetzt.) Als ich das später auf dem Gymnasium als geschichtliches Faktum wiedergab, war man befremdet: Hatte ich eine perverse Phantasie? Dann las ich bei Georg Picht, wie dieses Lied in Freiburg im Breisgau gesungen worden war.[9] Wir sahen bei Schießübungen, als Schnee fiel, in der Ferne Marokkaner, die (ohne Schuhe) durch den Schnee hüpften, den sie wohl noch nie gesehen hatten. Der genannte Zugführer meinte, wir sollten doch auf sie schießen (statt auf unsere Pappkameraden). Sie waren im wörtlichen Sinn für ihn lebensunwertes Leben. Im Kriegsgefangenenlager Bad Kreuznach traf ich auf Fahnenjunker-Unteroffiziere, die in diesem Teil Hessens das Kriegsende erlebt hatten und vom genannten Zugführer berichten konnten, dass er sich selbst durch Erschießen gerichtet habe. Er stand bei mir für eine deutsche Tendenz, und so glaubte ich bei der Nachricht von seinem Tod: „Jetzt kannst Du in Deutschland wieder leben!" Ich besuchte fortan alle Kurse und Vorträge, die im Gefangenenlager angeboten wurden. Ich wollte mich auf ein neues und anderes Leben vorbereiten.

Nur gelegentlich sahen wir in Allendorf Zivilisten – etwa Mädchen, die sonntags gemäß der Tracht sieben Röcke übereinander trugen, der obere jeweils etwas kürzer als der untere. Bei uns im Lager gab es harte Strafen. Für kleinste Ordnungswidrigkeiten kam man vier Wochen in den „Bau". Man sagte, es sei ein Gefängnis aus Stacheldraht, das offen in der Kälte (von zwanzig Grad und mehr) stand. Es fiel uns auf, dass die dort Bestraften nie zurückkamen. Einer der höheren RAD-Führer sah aus wie Himmler. So hatte ich einigermaßen Furcht vor ihm. Als wir eines Tages das Lager säubern mussten, erkundete ich am Rande eine Fluchtmöglichkeit (für alle Fälle). Genau dieser zweite Himmler stand plötzlich vor mir. Doch gab er mir sehr milde die Anweisung, im Lager selbst zu bleiben und zu kehren.

Das nahende Ende des Krieges warf seine Schatten voraus. Es konnte als Untergang des Reiches genommen werden, aber auch als Befreiung zu einem anderen Anfang. Viele haderten mit ihrem Schicksal. Zwei RAD-Führer unterhielten sich einmal, ohne meine Gegenwart zu beachten. Sie beklagten, dass Anfang der dreißiger Jahre die Arbeitslosigkeit sie zum RAD getrieben habe und sie dann dort festgehalten worden seien. Wenn wir vom Geländedienst zurückkamen, mussten wir immer am Radio eine Propagandarede anhören, wohl von Goebbels. Ich schaltete schon vor dem ersten Wort ab und überließ mich mit offenen Augen einem kurzen Schlaf. Das blieb unbemerkt oder unbeachtet; doch einer der hadernden RAD-Führer bemerkte es einmal, schalt mich und ließ mich aufstehen. Gerade noch hatte er sich empört; jetzt verlangte er wieder Kadavergehorsam. Ohne Aufmerksamkeit auf solche Paradoxien ist das damalige Verhalten nicht zu verstehen.

Eines Tages mussten wir uns alle in einer großen Baracke versammeln. Wir bekamen Besuch von der Waffen-SS. Die SS-Führer forderten uns auf, bei ihnen einzutreten. Ich gehörte natürlich zu den meisten, die sich weigerten. Wir mussten uns auf runde Tische stellen. Mit etwa zwanzig Mann drängten wir uns dort; wer heruntergestoßen wurde, hatte sich damit freiwillig zur Waffen-SS gemeldet. Diese hob ihn freundlich auf und erledigte alle Formalitäten an leeren Tischen. Zwar hatte ich einen schwachen Kreislauf, aber eine gute Stunde lang hielt ich durch. Dann kamen plötzlich Wehrmachtsoffiziere; darunter war ein Marine-Offizier. Ich winkte diesen heran und sagte, ich sei Freiwilliger bei der Kriegsmarine; wieso halte man mich fest? Er ließ mich herunterspringen und ging mit mir aus der Halle. Am Tor sah ich mich nach den anderen um und fand es schofel, dass ich sie so im Stich ließ. Doch der Marine-Offizier befahl „Vorwärts". Er prüfte meine Papiere und ließ mich laufen. Später traf ich einen von denen, die sich auf diese Weise zur Waffen-SS gemeldet hatten. Er hatte ein Bein verloren, doch nun durfte er als ehemaliger SS-Mann keine ordentliche berufliche Stelle bekommen. Die Leute im Dorf sahen das anders und stellten ihn auf der Post an, wo er hinter dem Schalter sitzen konnte. Als ich 1957 Paul Celan in Paris besuchte, forderte er mich auf, auch zu Günther Grass zu gehen. Das sei einer der wirklich aufrichtigen Deutschen! Ich lehnte das ab, weil ich nur zu Leuten gehe, die ich kenne. Wie verwickelt diese Dinge sind, zeigte sich, als Grass dadurch neue Popularität zu gewinnen suchte, dass er bekannt werden ließ, seinen Dienst bei der Waffen-SS verheimlichte zu haben. Nach dem Krieg polemisierte er gegen Staatsmänner, die sich an Soldatengräbern trafen, unter denen ja auch Gräber von SS-Soldaten sein konnten.

Natürlich musste im Krieg beim Marschieren immer gesungen werden. Man sollte meinen, das Singen habe die letzten Kräfte aufgezehrt. Aber es richtete die Erschöpften wieder auf. Dabei gab es kein Lied, das nicht verballhornt oder zum Hohn auf die Verhältnisse umgestaltet wurde. Viele Situationen trugen schon den Grund zum Lachen in sich, etwa wenn auf den Befehl „Zugführer melden" die Meldungen kamen: „Kies, Sand, Schamott". Einmal hieß einer unserer Unteroffiziere Berstermann. Also sangen wir: „Mädel suchst du einen Mann, schau dir die Soldaten an. Fang beim rechten Flügel an, prüfe bis zum Berstermann" (statt: bis zum letzten Mann). Der Name musste deutlich durchklingen, aber er musste so gesungen werden, dass keiner dafür verantwortlich gemacht werden konnte. Die Diktaturen erzeugen den Witz, der sie verhöhnt. So sagten gemäß dem Kölner Humor Tünnes und Schäl, als sie morgens vom Hotelzimmer auf die Straße blickten: „Jetzt haben wir tausend Jahre geschlafen". Denn sie lasen unten an einer Apotheke „Heil-Kräuter" statt „Heil Hitler". Das tausendjährige Reich war für sie vorgreifend über Nacht vergangen. Über solchen Galgenhumor hinaus ließ sich überall auch Schönes finden. Beim RAD in Allendorf gab es nicht nur die Nähe zu einem Konzentrationslager; wir sahen auch, wenn wir zum Geländedienst draußen waren, in der Ferne die Amöneburg.

Nach Hause schreiben durften wir nur unter Aufsicht. Zusätzlich wurden Stichproben aus den Briefen einer Kontrolle unterworfen. Befehl war, mit „Heil Hitler" zu schließen. Das ergab für mich ein Problem: Was würde mein Vater denken, wenn er einen Brief mit dieser Unterschrift bekam? Würde er mich verloren geben oder den Zwang bemerken? Ich machte mir viel Mühe, den Brief so zu schreiben, dass das Letztere der Fall war. Dann hatte ich immer noch tagelang Angst, die Zensurstelle könnte mich rufen. Es gab Schlimmeres. Als wir in einer Gaskammer unsere Gasmasken ausprobieren mussten, fuhr unterwegs ein Lastwagen mit Frauen an uns vorbei. Sofort winkten wir heftig, sahen aber in erstarrte Gesichter, und jemand sagte tonlos: „Das sind Juden." Ich dachte noch: Die sind doch ausgesiedelt worden in den Osten. Mein Leben lang hatte ich dann diese Szene im Gedächtnis. Ich konnte das genaue Bild zu jeder Zeit abrufen.

Als ich die Aufforderung bekam, mich in Stralsund bei der Marine vorzustellen, kam ein sog. Soldatenklau und stempelte das Schreiben als „ungültig". Statt dessen bekam ich einen Einberufungsbefehl zur Infanterie in Fulda. Als Jahrzehnte später der Eiserne Vorhang fiel, sind wir statt an die Nordsee oder ans Mittelmeer gleich nach Stralsund gefahren. Meine Frau ließ sich von älteren Damen dort erzählen, wo und wie die Marinekadetten untergebracht waren. Die Häuser waren nun Hotels, in denen auch wir schliefen – ein merkwürdiges Gefühl. Ich lernte dann in den musealen Einrichtungen, dass noch das dritte Viertel meines Jahrgangs (im Juli, August und September 1928 geboren) zur Probe einberufen worden war. Dann hatten die Einberufenen die grünen Uniformen für den Dienst an Land anziehen müssen, waren bei Berlin eingesetzt und „verheizt" worden – 80 % waren gefallen oder schwer verwundet worden. So war der verhasste „Soldatenklau" für mich ein Glücksfall gewesen. Als ich nach Fulda zur Infanterie umdirigiert wurde, war der Krieg für mich endgültig zu Ende, d.h. ich lebte nur noch aus der Verweigerung. Es verblüffte mich, dass ein Stabsgefreiter mich aufforderte, eine Zukunft zu suchen, nämlich Offiziersbewerber zu werden. Das war ich gewesen, aber das war vorbei. Der Stabsgefreite zeigte ja schon mit seiner Stellung (wie der angeführte Gustfried von Baumbach), dass er selbst nichts hatte werden wollen. So fragte ich ihn, warum das bei mir anders sein solle. Er meinte, sein

Leben sei im Grunde vorüber, ich aber sei jung und müsse etwas erstreben (also noch im Frühjahr 1945 Offizier werden wollen!).

Auf der Eisenbahnfahrt in einem Massentransport nach Fulda hatten wir in Bebra gehalten. Unser Zug wurde auf ein Abstellgleis geschoben, und man sagte uns, es würde zuerst einmal nicht weiter gehen. Wir hatten weder etwas zu essen noch zu trinken; so schloss ich mich einer Gruppe an, die in den Bahnhof zur Gastwirtschaft strebte. Zu unserem Ärger hing dort aber ein Schild „Geregelter Geschlechtsverkehr". Als wir unverrichteter Sache zum Zug zurückgingen, war der gegen die Ankündigung abgefahren. Nicht nur mein Koffer war weg, sondern auch meine Gasmaske (das konnte sechs Wochen Bau geben). Wegen des Verlusts meiner letzten privaten Dinge war ich geradezu verzweifelt. Wir fuhren den anderen nach, konnten in Fulda unser Gepäck aber nicht auffinden. Wir wurden nach oben in die Kaserne dirigiert, ich zu einer Maschinengewehrkompanie. Da gab es dann nur noch Drill; eine Lilly Marleen vor dem Kasernentor war unmöglich. Doch fragte auch niemand nach der Gasmaske; man sah einfach über das Fehlende hinweg.

Die Lufthoheit lag nun ganz bei den Alliierten; auch den Tieffliegern hatte die deutsche Seite nichts mehr entgegenzusetzen. Mit einem Maschinengewehr konnte man nichts ausrichten, wenn es nicht ordnungsgemäß in Stellung gebracht war. Einmal suchte ich bei einer Übung vor den Tieffliegern Deckung in einem Abflussgraben, das Maschinengewehr umgehängt. Mit den Händen klammerte ich mich oben fest, immer gefährdet durch die Querschläger. Unter mir floss die stinkende Brühe. Aber ich überlebte... In einem parkartigen Gelände hatte man kunstvolle Deckungen angebracht; in die bergenden Höhlen konnte man von oben nicht hineinschießen. Dahin flüchtete ich mich einmal, sah dann dem Tiefflieger nach, der wenigstens noch einen Hasen verfolgen konnte, als die Menschen verschwunden waren. Auch der Hase war plötzlich weg; offenbar den Salven entgangen. Es gab mir zu denken, dass die Jagdleidenschaft zur reinen Mordlust wurde, für die das Objekt gleichgültig war. Das aber sind die Mechanismen, in die Kriege führen.

Eines Tages galt der Angriff der Bomber offenbar dem Bahnhof. Dahin marschierten wir durch die brennende Stadt. Rechts stand auf den verbliebenen Ecken zweier Häuser jeweils eine Frau mit Kindern. Die Frauen schrieen. Es gab Unruhe bei uns; man wollte zur Hilfe eilen (was freilich unmöglich war). Um die Unruhe zu dämpfen, wurde ein Lied befohlen, und so marschierten wir singend durch die brennende Stadt. Am Bahnhof wurde das Standrecht verhängt, Unteroffiziere mit entsicherten Maschinenpistolen standen hinter uns, als wir die ganze

Nacht hindurch – müde bis zum Umfallen – den Eisenbahndamm aufschaufelten. Dann kamen die Pioniere mit schwerem Gerät und legten die Schienen auf den Damm. Der erste Güterzug mit seinem kriegswichtigen Material fuhr vorbei.

Unvergesslich bleibt mir, wie der Phosphor grünlich über die Straße floss. Davon durfte man nichts an die Schuhe bekommen. Geschah das dennoch, musste man die Schuhe sofort ausziehen und wegwerfen, denn der Phosphor fraß sich durch das Leder hindurch und zerstörte die Füße. Daran musste ich später denken, wenn ich die Schluss-Strophe von Goethes Divan-Gedicht *Nachklang* las:

> Lass mich nicht so der Nacht, dem Schmerze,
> Du Allerliebstes, du mein Mondgesicht.
> O du mein Phosphor, meine Kerze,
> Du meine Sonne, du mein Licht.

„Mondgesicht" ist bei Hafis, dem Goethe folgt, ein Kosewort. Klopstock und Goethe fanden im Mond den „Gefährten der Nacht". Der Mond lebt vom Widerschein des Sonnenlichts. Der Phosphor leuchtet aus sich selbst heraus. Er ist nach der wörtlichen Übersetzung des griechischen Wortes der Lichtträger. Die Kerze mündet in der Flamme. Die Sonne stellt alles ins Licht und lässt es wachsen. Mit dem Licht beginnt die biblische Schöpfungsgeschichte: „Es werde Licht." Goethes Wortreihe bringt eine Steigerung hin zu einem Letzten und Absoluten. Die Zeit für diese Redeweise war vorbei, als der Mond unsere Geschütze auf dem Sorpedamm schwarz in den Himmel ragen ließ oder einen Autotrupp auf den Straßen Russlands als Angriffsziel sichtbar machte, der Phosphor Häuser und Menschen verbrennen ließ und noch im Fließen auf der Straße den Flüchtenden bedrohte. Es erschreckte, dass die Phosporleichen zu kleinen Puppen schrumpften.

Als ich einmal in die Stadt Fulda musste, ging ich befehlswidrig bei der Rückkehr zum Dom. Er war von Bomben beschädigt worden und abgesperrt. Doch gleich links in einer Art Seitenkapelle gab es Beter. Ich kannte aus meiner Heimat die romanische und die gotische Baukunst; im Barock fand ich mich nur schwer zurecht. So suchte ich im Dom von Fulda Neues. Als ich dann wieder zur Kaserne kam, meldete ich mich nicht zurück. Ich hatte unter meinem Bett ein kleines Heft gefunden: Eichendorffs *Taugenichts.* Den las ich nun. Ständig musste ich horchen, ob nicht eine Kontrolle kam. Für sie blieb ich so angezogen, als ob ich gerade zurückgekehrt sei. Über Eichendorffs Erzählung war ich völlig verblüfft. Sollte diese Phantastik das sein, was man uns als Dichtung gepriesen hatte?

Der Taugenichts bekommt seinen Namen nicht ohne Grund. Er verlässt die Mühle, von der er kommt, wo man ihn aber nicht gebrauchen kann. Er hat Glück und wird Zolleinnehmer. Auf einem herrschaftlichen Anwesen hat der Portier eine „kurfürstliche" Nase; er sagt (gleich im dritten Abschnitt): „Italien ist ein schönes Land, da sorgt der liebe Gott für alles, da kann man sich im Sonnenschein auf den Rücken legen, so wachsen einem die Rosinen ins Maul." Mit einem „nach Italien, nach Italien" macht sich der Taugenichts auf den Weg. Dieses Traumland der Deutschen ist dann in unsere Geschichte eingetreten. Es suchte sich aus seinen Irrwegen herauszumogeln, indem es im Krieg auf die Seite der Alliierten wechselte. Doch muss zugegeben werden: In Italien vermochte es die Opposition, an die Macht zu kommen; die Italiener selbst richteten den Diktator, der sie verführt hatte. Was kann man – das war meine Frage – angesichts der harten Realität noch mit Eichendorff und überhaupt mit der Dichtung anfangen?

Immerhin konnte Eichendorff im Frühjahr 1945 mich darauf verweisen, dass es anderes gab als die Absurditäten des Kriegsendes. Als ich aus der Gefangenschaft wieder nach Hause zurückgekehrt war und das erste halbe Jahr der Rückgewöhnung hinter mir hatte, lieh ich mir eine Eichendorff-Ausgabe und las alles von ihm: Lyrik, Romane, Erzählungen, Lustspiel, historische und theoretische Schriften. In den Episoden von *Ahnung und Gegenwart* fand ich, was mir dann selbst widerfuhr (wenn etwa am Schluss des ersten Kapitels der Graf Friedrich auf dem Balkon des Gasthauses das schöne Mädchen neben sich hat, das er aus der Ferne sah, die Gräfin Rosa). Dieser Roman kam mir viel näher als Goethes *Wilhelm Meister*. Nur der Schluss, der Eintritt des Grafen Friedrich in ein Kloster, schien mir dem bewegten Geschehen aufgestülpt zu sein. Er blieb mir fremd (wie das auch die späten politischen und kirchlichen Ambitionen Eichendorffs taten). Auf den Wanderungen mit der Schule oder mit Freunden und auf Fahrradtouren kam es mir vor, als ob Eichendorff mir in den Tälern und Höhen, an den Bächen und im schönen grünen Wald meiner sauerländischen Heimat begegne. Doch war dies Eigene längst einbezogen in die Vorkehrungen, die der neue „kalte" Krieg erzwang. Aber auch Eichendorff hatte seine Heimat verloren, nicht nur Schloss Lubowitz. Die schlesischen Wälder wurden abgeholzt, weil die oberschlesischen Kohlebergwerke Holz brauchten. Es war nur noch so, *als ob* in der sternklaren Nacht der Himmel die Erde küsse und noch einmal die „heilige Hochzeit" lebendig werden lasse, *als ob* die Seele nach Hause flöge. Neu lernte ich während meines Universitätsstudiums, wie die Erzählung *Das Marmorbild* aus den Grundmotiven unseres Existierens gedeutet werden kann. Ich habe mich dann der Dichtung T. S. Eliots zugewandt, bin auf Paul Celan gestoßen. Doch Eichendorffs Dichtung blieb ein Versprechen von Heimat, die trotz allem bewahrt bleibt.[10]

Selbst kurz vor Kriegsende wurde strikt nach bürokratischen Vorschriften verfahren. So gab es ärztliche Reihenuntersuchungen. Bei einer solchen Untersuchung in Fulda beachtete man weder die Verletzung meiner Ohren noch den angefrorenen Fuß (wegen der einen wie der anderen Sache würde man heute per Hubschrauber nach Koblenz ins große Lazarett geflogen). Man stellte aber die Entzündung einer Oberkieferhöhle fest und schickte mich zu einer recht schmerzhaften Behandlung in ein Lazarett (Cortison kam noch nicht zum Einsatz). Dort übertrug man mir sofort verschiedene Aufgaben. So musste ich jemanden zur Toilette geleiten, der sich hatte erschießen wollen, doch statt der Schläfen nur die Augen und die Nase getroffen hatte. Er fluchte immer nur vor sich hin. Er sollte gesund gepflegt werden, dann wegen Wehrkraftzersetzung verurteilt und erschossen werden. Die Logik einer solchen Anordnung wollte mir nicht aufgehen. Ein jüngerer Patient, bei dem mir nicht klar wurde, ob ihm überhaupt etwas fehlte, nutzte jede Gelegenheit für das „Thema I". Wenn wir morgens ein Stück Brot bekamen, tadelte er es, dass ich es gleich ganz aß. „Verwahr einen Kanten für die Russenweiber!" Ich konnte diese nur bemitleiden, wenn sie für ein Stück Brot hergaben, was einige beim Untergang Deutschlands als ihr persönliches Kriegsziel festhielten. In einem Luftschutzkeller traf ich diesen jungen Mann wieder. Er beglückte gerade mit seinen Schmeicheleien ein Mädchen, dessen erboste Mutter dagegen ohnmächtig war. Manche Luftschutzräume waren gekälkt. Ich erinnere mich gut, wie ich bei einem Angriff in einen geriet, der unter den Bomben hin und her wankte. Der ganze Raum war dann voll von stäubendem Kalk. Dagegen schützte man sich mit einem nassen Handtuch vor dem Mund. Da ich kein Handtuch hatte, spuckte ich mehrmals in mein Taschentuch, und das half mir auch.

Dann gab es ein Problem: Es war kein Trinkwasser da. So freute es mich, als jemand einen Kasten mit kleinen Flaschen brachte. Eine solche Flasche rettete mich vor dem Verdursten, doch war es Schnaps – „Fusel", wie man damals sagte. Als das Zeug zu wirken begann, konnte ich mich noch hinlegen und wachte irgendwann mit einem schweren Kopf auf. Wenn ich heute zurückblicke, kann ich die Erinnerung nicht abwehren, dass etliche deutsche Soldaten und auch Offiziere volltrunken in die Gefangenschaft gingen. Vorher waren noch einige Probleme zu erledigen. So hing in einem Aufenthaltsraum natürlich ein Hitler-Bild. Ein alter Gefreiter nahm einen metallenen Aschenbecher und schleuderte ihn kunstgerecht so gegen das Bild, dass das Glas zersplitterte und das Bild von seinem Nagel fiel. Als ich dem Gefreiten dann sagte: „Jetzt müssen wir die Scherben hinter dem Schrank aufkehren", wehrte er ab: „Das machen die Putzfrauen."

Mein Vater hatte mir die strenge Anweisung mit auf den Weg gegeben: „Sieh zu, dass Du zu den Amerikanern kommst, unter keinen Umständen zu den Russen!" Eine ständige Wendung bei ihm war: „Wenn die Amerikaner kommen, wird alles wieder gut!" Ich wurde in Fulda zu einem korpulenten Oberst befohlen. Ich stand noch vor meinem Wachstumsschub und war klein und schmächtig. Der Oberst befahl mir, sofort nach Eisenach zu marschieren und dort den Anschluss zu suchen an unsere Division, die zur Ostfront gehörte. Er sah es meinem Gesicht an, dass ich nicht gehorchen werde. Er brüllte: „Mit Ihnen können wir den Krieg auch nicht mehr gewinnen!" Links und rechts standen mit ihren Stahlhelmen Leutnants, die nun grinsten. Das machte den Obersten nervös, und er befahl: „Wegtreten!" Ich hatte also keinen Marschbefehl; hätte man mich aufgegriffen, dann hätte man mich erschießen müssen. Trotzdem machte ich mich sofort auf den Weg, natürlich nicht in den Osten, sondern in den Westen.

Ich konnte das weite Vorstoßen der amerikanischen Truppen nicht vorhersehen. So schwor ich mir, niemals in meinem Leben nach Eisenach zu gehen. Als ich nach dem Fall des Eisernen Vorhangs erstmals nach Jena fuhr, wachte ich aus meinem Mittagsschlaf auf, als der Zug plötzlich stehen blieb. Ich las das Ortsschild „Eisenach" und machte schnell die Augen wieder zu. Auf der Rückfahrt blickte ich nur kurz hoch zur Wartburg. Weder Bachs Geburtshaus in Eisenach noch die Wartburg habe ich jemals besucht. Meinen Schwur wollte ich halten, wenn er auch obsolet geworden war. Im übrigen gab es immer wieder hilfreiche Unterstützung. Im Frühjahr 1945 warnten mich nordöstlich von Fulda Leute, die wohl Arbeiter waren, aber einen kleinen Landbesitz hatten: Nicht weit weg sei die Waffen-SS; würde diese mich ergreifen, würde sie mich aufhängen wie schon andere vor mir. Ich fragte mich: Warum machen die Männer der Waffen-SS so etwas; sie sind doch nur sieben oder acht Jahre älter als du? Vor dem Erschossenwerden hatte ich keine Angst; aber aufgehängt werden, das wollte ich unter keinen Umständen. Ich wusste, alles Blut sinkt dann in den Unterleib, mit allen skurrilen Folgen... Die Leute, die mich warnten, riskierten dadurch selbst ihr Leben. Sie zeigten mir einen sicheren, verborgenen Weg. Ich habe ihre Hilfe nie vergessen. Schließlich stand ich am Fuldafluss. Es hatte gefroren. In der Ausbildung hatte ich gelernt, dass ich im eisigen Wasser allenfalls bis zur Mitte des Flusses kommen würde. So suchte ich in den Wochenendhäuschen nach einem Boot. Doch sah ich: Alle Boote lagen gegenüber am anderen Ufer. Längst hatten andere sie für den Weg in den Westen benutzt. Als ich zur Brücke kam, wurde diese gerade gesprengt. Ich suchte mir wieder mein altes Bett im Schlafsaal des Lazaretts. Niemand achtete darauf. Wohl gab es eine große Untersuchung, ob nicht ein alter Mann den Mantel des Sanitätsunteroffiziers entwendet hatte. Diese Dinge hielten sich also in jeder Situation durch! Vor dem Haus traf ich auf einen Unteroffizier, der mit seinem Maschinengewehr auf die anrückenden amerikanischen Panzer schießen wollte. Ich verwies ihm diesen Unsinn und sagte ihm: „Wirf das Ding jetzt weg!" Er sah mich versteinert an, riss das Maschinengewehr an sich und marschierte weiter: Ein deutscher Held! War dessen Zeit aber nicht endgültig vorbei? Diese so nötige Frage konnten viele sich einfach nicht stellen.

Ich sah die amerikanischen Panzer in einer langen Kette ankommen. Ein Glücksgefühl durchströmte mich: Jetzt kommen sie dich holen! Ich wollte ihnen zuwinken, doch ein alter Gefreiter riss mich zurück: „Du Idiot! Du hast doch eine Uniform an, so werden sie schießen." Einige Monate vorher hatte ich auf der Telefonvermittlung in Werl von den „Feindsendern" gehört, wie gut es dem deutschen Afrikakorps in Amerika gehe. Anscheinend machten die Gefangenen nur dieses oder jenes Ballspiel, lernten Englisch, bildeten sich fort. Auf dem Gymnasium hatten wir schlechte Geschichtsbücher gehabt; zum Entsetzen der Lehrerin schrieben wir an den Rand immer wieder „Goebbels". Das hatte sie uns zwar indirekt gelehrt, aber die Dokumentation brachte sie natürlich in Gefahr. Das Ausradieren war jedoch schwierig. Viel besser waren die Erdkundebücher. Daraus lernte ich z.B., wie die Gebirgszüge und die Flüsse sich in Amerika von Norden nach Süden ziehen. Das wollte ich mir ansehen. Ich nahm mir vor, wenn ich erst einmal als Kriegsgefangener in den USA war, zu flüchten und das Land zu bereisen. Ich prägte mir die Landschaften gut ein, denn ich ging davon aus, dass ich eine Landkarte nicht werde mitnehmen können. Später sah ich dann z.B. vom obersten Stock eines Hochhauses in Pittsburgh, wie der Monongahela und der Allegheny von Norden kommen, sich vereinigen und dann als Ohio weiterfließen. Das Traumbild, das mich lange beschäftigt hatte, war großartige Wirklichkeit geworden.

In Fulda saß in einer Übergangszeit von einigen Tagen ein Schwarzer als Wachsoldat an unserer Tür. Wir konnten uns sofort mit ihm verständigen. Er erzählte gern aus seiner Heimat. Es blieb ein bisschen der Eindruck zurück, dass er uns nahe war, weil er eben doch nicht gut integriert war. Dann wurde ich mit einer ersten Gruppe abtransportiert. Der Lastwagen war überfüllt, und so hatte ich mich hinten auf die Ladeklappe gesetzt und ließ ein Bein nach draußen baumeln. Dann kamen wir an schwarzen Soldaten vorbei, die betrunken waren. Einer lief hinter uns her, ein breites Messer zwischen den Zähnen. Ich sah im Weiß seiner Augen den irren Blick. Ich konnte mein Bein gerade noch rechtzeitig in den Wagen ziehen. Man klopfte dem Fahrer, der bemerkte den Vorgang und gab Gas. So entkamen wir Hintenstehenden der Gefahr. Plötzlich ging es ein Ufer hinunter und dann auf einer Pontonbrücke über den Rhein. Ein leiser Gesang kam auf: „Oh, du schöner deutscher Rhein, / du sollst ewig Deutschlands Zierde sein." Nur unklar wusste man, dass der amerikanische General Patton die Ponton-Brücke über den Rhein hatte schlagen lassen.

Georges S. Patton war nicht ein General wie viele andere. Er war humanistisch gebildet und hatte viele Interessen. Patton ließ am 22. / 23. März zwischen Nierstein und Oppenheim, wo auch Napoleon den Rhein überquert hatte, die Ponton-Brücke bauen. Er wollte seinem Rivalen (dem englischen General Montgomery, der im Norden operierte) zuvorkommen. Von der Brücke aus spuckte und urinierte er in den Fluss. Am anderen Ufer verstreute er eine Handvoll Erde, nahm damit das Land so in Besitz, wie einst Scipio Africanus Afrika und Wilhelm der Eroberer England. Nach Kriegsende wurde Patton Militärgouverneur von Bayern. Er schätzte die Deutschen, verachtete die jüdischen Displaced Persons. Als er nach Amerika zurückgerufen werden sollte, starb er am 21. Dezember 1945. Das Gerücht kam auf, man habe ihn beiseite geräumt, weil er der Präsidentschaftskandidatur Eisenhowers im Wege gestanden habe. Bestattet wurde Patton unter seinen Soldaten auf dem Militärfriedhof Hamm bei Luxemburg. Eine Stadtrundfahrt führte meine Familie und mich dorthin an das Grab eines Generals, der wie Rommel, Montgomery und Shukow aus den Generälen des Zweiten Weltkriegs herausragt.

Der Oberbefehlshaber der alliierten Streitkräfte, General Eisenhower, ließ gegen Kriegsende mit Lautsprechern verkünden, Gefangene würden gut behandelt und bald nach Hause entlassen. Ich war immer noch so naiv, dass ich mir nicht vorstellen konnte, ein Offizier oder gar General könne lügen, nämlich irreführende Proklamationen vorbringen. Ich glaubte, was Eisenhower unter seinem Namen verkünden ließ, werde auch eingehalten. Inzwischen wird historisch festgehalten, welche Versprechungen die Amerikaner über den deutschen Stellungen abwarfen. „‚Der deutsche Soldat, der diesen Passierschein vorweist, benutzt ihn als Zeichen seines ehrlichen Willens, sich zu ergeben.', hieß es darin. ‚Er ist zu entwaffnen. Er muss gut behandelt werden. Er hat Anspruch auf Verpflegung und wenn nötig, ärztliche Behandlung.‘ Unterschrieben war das Schreiben von General Dwight D. Eisenhower, dem Oberbefehlshaber der alliierten Streitkräfte. Doch es sollte sich erweisen, dass die Propaganda oft weit entfernt war von der Wirklichkeit.“[11] Als Eisenhower Präsident geworden war und durch das jubelnde Bonn fuhr, blieb ich an meinem Arbeitsplatz, wenige Meter von seiner Route entfernt.

IV. Gefangenenlager am Rhein

Am Kriegsende hatte man bei Bad Kreuznach draußen am Berg eine große Fläche eingezäunt; dorthin wurden wir Gefangene getrieben. Zuerst versuchten wir die Nacht über im Gehen zu schlafen. Ich sah mir die Taumelnden an, bemerkte etwa, wie zwei zusammenstießen und der eine dabei fiel. Man raffte sich wieder auf, und dann ging es weiter. Es wurde leichter, wenn sich eine Reihe zusammentat und sich unterhakte; doch dann stimmte meistens einer irgendein schmutziges Lied an, was einige forttrieb. So taten wir uns zu vieren zusammen (weil wir feststellten, dass wir zufällig alle aus dem Nordwesten Deutschlands kamen). Wir gruben uns ein Loch, in das wir genau hineinpassten, dadurch wenigstens vor dem Wind geschützt waren. Etwa jede Stunde hob sich einer in die Höhe und kommandierte: „Umdrehen!" Wenn wir uns gedreht hatten, klemmte er sich wieder zwischen uns. Eines Nachts untersuchte ich, ob es nicht doch möglich war, durch die breite Absperrung mit dem Stacheldrahtverhau nach draußen zu kommen. Mir war einer schon vorausgekrochen. Der amerikanische Posten sah ihn natürlich in dem hellen Scheinwerferlicht. Er sagte im holprigen Deutsch: „Geh zurück, Kamerad!" Als dieser sich nicht rührte, streckte er ihn mit einer Gewehrsalve endgültig nieder. Ein anderes Mal ging ich mit jenen, die einen Sterbenden zum Tor trugen. Der bekam dort, wie zum Hohn, irgendeine Tablette, und so musste man ihn wieder mit zurücknehmen. Morgens wurden die Gestorbenen dann aufgesammelt und auf Karren abtransportiert.

Ich hatte weder Zeltplane noch Mantel; allein der feldgraue Rock musste mich schützen gegen Regen und Kälte. Bei der Einlieferung ins Lager nahm man uns alles ab, was beweglich war, nicht nur die Taschenmesser oder Schlüssel: „In Amerika alles neu!" Ich behielt nur eine Bürste zum Schuhputzen, die ich mir dann beim Schlafen unter den Kopf legte. Dazu hatte ich zwei kleine Heftchen. Ich glaube, es waren die Gedichte der Anna Luise Karschin und Logaus Sinnsprüche. Doch sehr bald konnte ich auch darin nicht mehr lesen, da vom Papier nur eine festverklebte Masse blieb. Es gab sogar noch Schnee. Ich hatte mich auf lange Holzbalken geflüchtet, die man für irgendeinen Zweck ins Lager gebracht hatte. Dort saß ich ganz eingeschneit und festgefroren. Doch am Morgen, es war der 1. Mai, brach plötzlich die Sonne durch. Das war so überwältigend, dass ich versuchte, wieder in Leben und Bewegung zu kommen. Zuerst hob und senkte ich meine Schultern, dann bewegte ich die Arme und schlug mir die Schenkel warm. So gelang es mir schließlich, doch noch einmal aufzustehen zu ersten Gehversuchen.

An den trockenen und schönen Tagen belebte sich das Lager. Unvergesslich bleibt mir, wie ein Schauspieler Goethes Gedicht *Der du von dem Himmel bist* vortrug. Man hörte nicht nur die Worte, sondern ein Kunstwerk, bei dem jeder Atemzug zählte. Ein blasser junger Mann las eine Novelle vor, wohl eine eigene Erinnerung. In Norwegen war ihm eine Norwegerin nahe gekommen; sie hatten zusammen geschwommen (zu seiner Verwirrung gemäß dem Landesbrauch nackt). Die Erinnerung endete mit Solveigs Lied, das er mit schütterer Stimme sang. Erst später las und hörte ich Ipsens Dichtung in Griegs Vertonung genauer. Dort ist Peer Gynt ein Haudegen, der das treue Warten Solveigs nicht verdient. Doch schließlich liegt er wie bei einer Pieta in Solveigs Armen. Solveigs Lied wurde zu einem Kultlied, in das viele ihre Träume legten. Die Norweger vertrieben die Soldatenliebchen, indem sie ihnen vorher die Köpfe kahl schoren. Als die Mädchen in Deutschland ankamen, wurde etwa ein Drittel von ihren einstigen Liebhabern abgeholt. Bei einem weiteren Drittel waren die deutschen Soldaten gefallen. Bei einem dritten war alles nur Augenblickslaune gewesen. Erst nach vielen Jahrzehnten entschuldigten sich die norwegischen Regierungsstellen wegen ihrer einstigen allzu brutalen Maßnahmen.

Bekanntlich wurden die Bedingungen für die deutschen Kriegsgefangenen sehr verschlechtert, als die Alliierten die Konzentrationslager vor Augen hatten. Man errichtete an einer Lagergrenze eine große Holzwand; dort befestigte man die (mich jedenfalls) erschütternden Bilder aus den Lagern. Als die deutschen Gefangenen vor die Wände befohlen wurden, sahen sie nur, dass es Baracken, Tische, Essgeschirre und vieles anderes gegeben hatte. Sie schrieen im Chor: „Wir wollen auch ins KZ". Erregt wiesen einige darauf hin, dass sie vor der Einlieferung ins Lager riesige deutsche Konservenvorräte durch große Brände hatten vernichten müssen. Davon hätte man wochenlang leben können.

Das Schlimmste in unserem Gefangenenlager war, dass einige im „Lager-Koller" schlicht durchdrehten. Wenn einer bei der Verteilung von Milchpulver (das wir sowieso nicht aufkochen konnten, sondern im Munde verflüssigen mussten) zu gierig zugriff, jagte man ihn in die Kloakengräben. Ob er dann ohne Dusche und Waschgelegenheit wieder zurechtkam, war sehr fraglich. Eher war er etwas für den Totenkarren am anderen Morgen. Neben unserem Erdloch lag ein Einzelgänger; er phantasierte immer nur von seiner Frau und seinen beiden Kindern. Schließlich glaubte er, denen ein Stück Butter mit nach Hause bringen zu müssen, und so stahl er seinem Nachbarn die Mini-Portion. Ein deutscher Kapo von der Lagerleitung, gut genährt und geradezu feist, führte ihn durch das Lager an einer Kette und mit einem großen Schild am Hals: „Ich habe meine Kameraden bestohlen." Man warf mit Steinen nach dem Dieb; das Blut troff aus seiner Nase. Ich wollte die Darstellung der Untat korrigieren, doch waren die beiden schon zum anderen Camp weitergezogen.

Die erschreckendste Erfahrung machte ich, als diejenigen, die nicht älter als sechzehn Jahre waren, und die Alten über 60 in zwei Lagerbezirke nebeneinander gelegt wurden. Kam die Nahrung (von einem Essen konnte man ja nicht sprechen), dann wurde sie bei uns stillschweigend verteilt. Bei den Alten gab es ein fürchterliches Gezeter; offenbar fühlte sich jeder übervorteilt. Bis dahin hatte ich immer geglaubt: Wenn du einmal groß bist, wirst du das Leben verstehen (so, wie dein Vater). Nun lernte ich, dass man durchaus mit dem Älterwerden nicht nur an Wissen und Weisheit zunimmt.

Wir hörten nichts von der deutschen Kapitulation, sahen nur, dass die Amerikaner plötzlich Freudenfeste feierten. Wir mussten aufpassen: Gelegentlich schossen sie dabei nicht nur in die Luft, sondern auch ins Lager. Wir ärgerten die Wachtposten, indem wir ihnen sagten: „Nun kommt ihr nach Japan." Über diese Ankündigung konnten sie alle Beherrschung verlieren und vor uns in Tränen ausbrechen. Erst nach meiner Entlassung lernte ich, dass der Großadmiral Dönitz, einst Chef der U-Boot-Flotte, durchaus mit seinem Einverständnis von Hitler als Nachfolger bestimmt worden war. Nun sollte er Deutschland versenken! Ich war der Überzeugung gewesen, dass bei der Marine alles besser sei als in den anderen Waffengattungen. Auch diese Illusion musste ich aufgeben. Gab es unter den Gefangenen noch Widerstand? Einmal sprach mich ein weitaus Älterer an, der die Herkunft unserer Gruppe erkundet hatte. Er erzählte mir, dass er auf der Burg Schnellenberg nahe meiner Heimatstadt gewesen sei und so mit meinem Vater auf der Stadtverwaltung habe verhandeln müssen. Einen Moment lang war ich misstrauisch, denn auf der Burg war irgendeine Nazi-Organisation gewesen. Doch freute mich die Erinnerung an die Heimat. Als er weg war, legte sich eine Hand auf meine Schulter: „Pass auf! Das ist ein alter Nazi." Der Mahnende war verschwunden, ehe ich nachfragen konnte. Er hatte recht darin, vorsichtig zu sein. Aber vom vielberedeten „Werwolf" habe ich keine Spur bemerkt.

Da ich noch nicht siebzehn Jahre alt war, geriet ich nicht unter jene, die nach Frankreich ausgeliefert wurden. In den Gruben dort wurden sie totgeschunden oder kamen nach Jahren eher halbtot als gesund zurück. Viele konnten durch Dolmetschertätigkeit oder technische Fähigkeiten den Amerikanern Hilfe leisten. Ein Studiengefährte erzählte mir später, wie sie sich in Frankreich bei den Amerikanern recht gut durchgeschlagen hatten. Bei ihren Hilfeleistungen hätten sie sich auch das beste Essen immer wieder sichern können. Einmal habe es eine Kiste mit besonders delikatem Fisch gegeben, und wenigstens diese Kiste hätte ein Wachtposten behalten wollen. So habe er sich einfach auf sie gesetzt. Während zwei oder drei ihn in ein heftiges Gespräch verwickelten, hätte ein anderer von hinten die Kiste unbemerkt geöffnet und den Fisch beiseite geschafft. Als alles fertig gewesen sei, habe man lauthals gelacht. Der verblüffte Posten habe eine Bewegung gemacht, und da sei die Kiste mit ihm zusammengebrochen. Doch auf solche glückliche Dinge konnten die meisten Gefangenen nicht hoffen; aber das Jägerlatein machte ihnen die Erinnerung erträglicher.

Meine Heimatstadt lag in der Britischen Zone. Mit vielen anderen Jugendlichen wurde ich an die Engländer überstellt. Das ging nicht ab ohne Überprüfung. Ein amerikanischer Offizier, dem man sofort die jüdische Herkunft ansah, fragte mich, ob ich ständig an HJ-Veranstaltungen teilgenommen habe. Ich sagte, dass ich das nicht gekonnt hätte; ich hätte das Orgelspielen gelernt und dafür fünf Stunden am Tag üben müssen. Er sah mich traurig an und sagte: „Das hätte ich auch gern einmal getan.“ Er winkte mich durch; ich wollte mich umdrehen, um ihm ein Wort des Trostes mit dem Hinweis auf künftige Möglichkeiten zuzusprechen. Doch er war schon bei der Abfertigung des nächsten Gefangenen. Überstellt wurden wir in offenen Güterwagen, in denen wir dicht gedrängt nebeneinander standen; zum Sitzen gab es keinen Platz. Leider hatte ich keine Feldflasche und somit kein Wasser. Als es einen Regenschauer gab, sammelte ich die Regentropfen in einer Blechdose. Ich hatte nicht gedacht, dass sie so schmutzig sein würden, musste das wenige Wasser aber dennoch trinken. Der Hunger quält einen vor allem an den ersten Tagen. Am fünften Tag bekommt man eine besondere Leichtigkeit, ja Heiterkeit, und findet sich gut zurecht. Dann folgen die Tage, wo man einschläft für immer. Beim Durst ist das ganz anders. Spätestens am zweiten Tag ist der Mund völlig ausgedörrt. Man hört seine Atemzüge sehr laut, wie ein Sägen von Brettern. Dann geht man auf das Irrewerden zu. Als ich in dieser Situation auf meine leere Blechbüchse blickte, hielt neben uns ein Zug, in dem französische Frauen mit ihren Kindern zurück in ihre Heimat fuhren. Eine Mutter, die zwei Kinder an sich drückte, blickte mir direkt ins Gesicht. Dann reichte sie mir ihre Wasserflasche herüber. Vielleicht hatte sie bemerkt, dass ich nicht viel älter als ihre Kinder war; vielleicht meinte sie auch, in der äußersten Not gebe es nicht mehr Freund und Feind. Ihre Hilfe hat mir das Leben gerettet. Sicherlich galt die Französische Besatzungszone als die mit den härtesten Bedingungen. Nicht nur ich selbst rechnete bei Franzosen aber immer auf Verständnis. Schon ein französischer Kriegsgefangener, der nach 1940 gegenüber meinem Elternhaus in einem Sägewerk arbeitete, versammelte in den Pausen uns Kinder immer um sich, um uns einige Worte Französisch beizubringen. Wenigstens seinen Namen sollten wir korrekt aussprechen können (ich habe ihn noch heute im Ohr). Nach dem Krieg kamen französische und deutsche Studenten in Frankreich wie in Deutschland zusammen und erlebten eine neue Gemeinsamkeit (längst bevor De Gaulle und Adenauer sich trafen). Paris war für uns Bonner Studenten die Hauptstadt Europas; sehr bald lernte ich sie gründlich kennen.

Im Frühsommer 1945 führte unsere Fahrt zu den Briten durch Belgien (die Strecke von Köln in den Norden war wegen Brückensprengungen nicht passierbar). Nicht weit vom Bahndamm sah ich einmal durch ein großes Wohnzimmerfenster eine Familie um den Tisch sitzen – genau so, wie einst bei uns zuhause. Wenn wir aber unter Überführungen herfuhren, wurden durch einen johlenden Mob Steine auf uns herabgeworfen. Wer getroffen wurde, lag dann auf dem Boden zwischen unseren eng nebeneinander stehenden Füßen. Man musste zusätzlich aufpassen, dass man nicht auf ihn trat. Schließlich kamen wir zu einem deutschen Bahnhof; von ihm wanderten wir in unser neues Lager Wickrathberg (der Ort wurde wie Wickrath selbst später eingemeindet in Mönchengladbach). Der Bürgermeister von Wickrath hat festgehalten, wie gewaltsam die Amerikaner aus den großen Bauernhöfen das Lager mit seinen vielen Camps formten (das sie dann Mitte Juni den Briten übergaben). „Kaum waren die Camps fertig, da kamen auch schon die Gefangenen. Vom tagelangen Stehen in offenen Eisenbahnwagen zermürbt und vom Hunger gequält, stolperte eine endlose Kolonne vom Bahnhof zum Lager.“[12]

Auch in Wickrathberg blieb uns nichts anderes übrig, als uns in Erdlöcher einzubuddeln. Andere Gefangene haben in Tagebüchern festgehalten, wie das Wetter wechselte: die heiße Sonne, der wir ungeschützt ausgesetzt waren, der Reif der kalten Nacht, Dauerregen, Gewitter und schwere Unwetter. Kulturelle Aktivitäten (sogar mit dem Vortrag von Opernarien) wurden mir bei meinem kurzen Aufenthalt nicht zugänglich. Natürlich ging ich hin, wenn es einen Vortrag gab oder eine Rezitation. Wir saßen dann um den Sprechenden herum auf dem Boden; hinten stand man. Auch die Verpflegung war für uns, die möglichst bald weiter befördert werden sollten, ganz provisorisch. So bekamen wir getrocknete Erbsen. Da wir nicht kochen konnten, kauten wir sie im Munde weich, um sie dann zu essen. Die Möglichkeit, einen Brief oder eine Karte nach Hause zu schicken, habe ich weder in Bad Kreuznach noch in Wickrathberg gehabt.

Bei den Amerikanern musste man Glück haben, an die richtigen (nämlich korrekten) Wachmannschaften zu geraten. Wenn Jahrzehnte später im Irak-Krieg das Verhalten der Soldatin England gerügt werden musste, dann war vor allem neu, dass es eine Frau war, die so ausrutschte. Die Engländer galten 1945 für durchaus korrekt. Wickrathberg war ein „Durchgangslager".[13] Als ich endlich zu den Glücklichen gehörte, die nach Hause durften, wurden wir wieder auf Lastwagen gepackt, die völlig überfüllt waren. Nun aber wurden wir jubelnd von den deutschen Frauen begrüßt, die uns das auf die Lastwagen gaben, was sie hatten: die ersten halbwegs reifen Äpfel. Ich war so klug, nur sehr langsam davon zu essen. So ersparte ich mir die Leibschmerzen jener, die allzu sehr zugelangt hatten. Wir hielten schließlich auf einem Platz; der englische Fahrer öffnete die Ladeklappe, doch wir blieben unschlüssig oben stehen, weil jede Bewegung nur zu oft mit den Schlägen von Gewehrkolben beantwortet worden war. Der Tommy lachte uns zu und rief freundlich: „Aarnsbörg. Come on, you are free!" Ich sprang herab und fühlte wieder als ein freier Mensch heimatlichen Boden unter den Füßen. Wenn ich wenige Male in meinem Leben ganz glücklich war, dann in diesem Augenblick.

Doch was nun? Arnsberg war die „Hauptstadt" unseres Regierungsbezirks, aber weit entfernt von meiner Heimatstadt. Ich ergatterte im Bahnhof einen Zug nach Finnentrop. Dort hatte ich spät abends noch einen Weg von zwei Stunden nach Attendorn. In der Mitte des Weges fragte ich die Bewohner eines Bauernhofes nach dem kürzesten Weg weiter. Sie sagten mir erschrocken, es sei doch Sperrstunde; ich dürfe gar nicht unterwegs sein. Ich sollte bleiben, und es stellte sich heraus, dass ich bei entfernten Verwandten untergekommen war. Sie mussten am anderen Morgen sowieso nach Attendorn; so kam ich in einer Kutsche zuhause an. Meine Mutter hörte beim Einkaufen von meiner Ankunft und kam sofort gelaufen. Zuerst einmal musste ich mich baden, und sie verbrannte hinter dem Hause die Kleidungsstücke oder Lumpen, die ich seit vier Monaten auf dem Leibe trug. Aus meinen alten Kleidern war ich herausgewachsen. Doch meine Verwandten brachten mir einzelne Kleidungsstücke, die mir passten. Es war damals selbstverständlich, dass man einander half. Aber auch der Schwarzhandel mit seinen finsteren Geschäften blühte; oft hatte man dafür am Kriegsende schnell die militärischen Depots ausgeplündert.

Am Ende des Krieges waren elf Millionen deutsche Soldaten in Kriegsgefangenschaft. Dazu kamen Zivilisten, auch Frauen und Kinder, die nach Russland zur Zwangsarbeit verschleppt wurden. Der kanadische Journalist James Bacque veröffentlichte 1981 sein Buch *Other Losses. An Investigation into the Mass Deaths of German Prisoners at the Hands of French and Americans After World War II.* Ebenfalls 1981 erschien bei Ullstein eine deutsche Ausgabe unter dem Titel *Der geplante Tod.* Die leitende These war, es sei der gezielten Politik Eisenhowers geschuldet, dass etwa eine Million deutscher Kriegsgefangener vor und nach Kriegsende in den Lagern am Rhein verhungert seien. Dem widersprach 1990 ein Symposion am Eisenhower Center der Universität New Orleans. Die Ergebnisse erschienen mit dem Untertitel *Against Falsehood* 1992. Der Freiburger Historiker Manfred Messerschmidt, der Leiter des Militärgeschichtlichen Forschungsamtes Freiburg gewesen war, ragt aus den willigen Vollstreckern der *political correctness* heraus, die im Zuge einer neuen atlantischen Orientierung gefordert war. Messerschmidt gab zu, dass die Amerikaner (nicht die Briten) deutsche Verbände der Roten Armee übergeben hatten, was für viele den sicheren Tod in Sibirien bedeutete. (Auch an das Schicksal der Kosacken wäre hier zu erinnern.) Während die Amerikaner 3053 Lagertote anführen, sagt Messerschmidt im Anschluss an genaue Recherchen: „Annäherungsweise lässt sich für die amerikanischen und französischen Lager eine Größenordnung von einigen Zehntausend annehmen." Er weist auch darauf hin, dass von den gut 5,7 Millionen Sowjet-Soldaten in deutscher Gefangenschaft 3,3 Millionen gestorben seien. Das sind 57 %. (Ich erinnere mich gut, was ich als Gymnasiast von Mitschülern hörte, die am Weg vom russischen Gefangenenlager zum Friedhof wohnten: Morgens in aller Frühe fuhr man die Toten zum Friedhof, wo sie in einer Ecke begraben wurden. In der Luft schwebte immer der Gedanke: Das wird sich rächen.) Von den 3 Millionen deutscher Gefangener in der Sowjet-Union seien gut 1 Million gestorben, was 35% ausmache.[14]

Zuschriften zu diesem Artikel von Betroffenen finden bei Messerschmidt „Freiburger Mohrenwäsche". Genau ist der Rückblick auf den Mai und Juni 1945 im Lager von Bad Kreuznach, den ein damals Siebzehnjähriger gibt: „Die Verpflegung bestand aus ein paar Keksen, einigen Löffeln Zucker, Milchpulver und Rosinen und zwei oder drei rohen Kartoffeln, die auch roh gegessen wurden, weil das verfügbare

Holz zum Kochen in dem Weinberg, der als Lager diente, nach wenigen Tagen verbraucht war. Trinkwasser wurde mit einem Tankwagen angefahren, vor dem sich lange Schlangen bildeten; war der Tank leer, hatte man Pech gehabt; der Wagen kam am nächsten Tag wieder." In Bad Kreuznach starben nach Mitteilung der Gemeindeverwaltung von 56 000 Gefangenen 1.953, das sind 3,5%.[15] Das heißt konkret: Die Gefangenen, die wieder einmal eine Nacht überstanden hatten, sahen morgens die zweirädrigen Karren mit einer großen hölzernen Fläche kommen, auf der die Toten einer nach dem anderen abtransportiert wurden. Es war immer eine ganze Reihe im eigenen Camp, dazu viele andere in den anliegenden Camps. Jeder konnte sich ausmalen, dass er an einem der nächsten Tage an der Reihe sein werde. Trotzdem: Wenn ich an Bad Kreuznach zurückdenke, dann finde ich es eher komisch, wie dort jemand mit einem Nagel durch tagelange Arbeit in eine Blechbüchse einritzte: „Nichts zu rauchen, nichts zu essen. / Bad Kreuznach werd' ich nie vergessen." Vorherrschend in der Erinnerung ist das Hören von Vorträgen und Rezitationen, die einen neuen und anderen Anfang für das Leben der Deutschen, der Franzosen und der Engländer versprachen. Wer nach Hause zurückkehrte, schwieg von den schrecklichen Erfahrungen, doch auf die Dauer muss auch an sie erinnert werden.

Das Sterben in den Gefangenenlagern am Rhein trat zu dem Tod unter Bombenteppichen. Jörg Friedrich, als Historiker der Zeitgeschichte zugewandt, publizierte ein Buch, das sofort in vielen Auflagen erschien: *Der Brand. Deutschland im Bombenkrieg* (München 2002). Gezielte Abwürfe einzelner Bomben waren üblich gewesen. Neu waren die Bombenteppiche, die große Flächen zerstörten. Dabei wurden Bomben mit Zeitzündern eingesetzt, die die Löscharbeiten stören sollten. Dazu kam die Unterstützung durch Brandbomben. Bekannt wurden vor allem die Zerstörung Coventrys, der Feuersturm von Hamburg, der späte Angriff auf Dresden. Dresden war mit Flüchtlingen vollgestopft; am 13./14. Februar 1945 wurden gerade die Wohngebiete angegriffen. Eine zurückhaltende Schätzung spricht von 40000, inzwischen von 25000 Toten. Das Ziel, die Bevölkerung durch diese Angriffe zu demoralisieren, wurde nicht erreicht. Eher wurde der Wille zum Durchhalten gestärkt. Ganz abwegig ist es, in den Publikationen über die Kriegsgefangenen oder die Bombardierungen den Versuch zu sehen, die Täter als Opfer zu rehabilitieren oder gar den Holokaust zu relativieren. Erfahrungen, die gemacht worden sind, können Jahrzehnte lang beschwiegen werden. Doch kommt die Zeit, wo sie aufzuarbeiten sind. Mir brachten die wenigen Monate der Kriegsgefangenschaft die Entscheidungen für ein anderes und neues Leben, die mich dann trugen.

Ich selbst verstand als Kind nicht, was 1933 und dann 1938 geschah. Durch die Reaktionen in meiner Umgebung wurde mir das Problematische deutlich. Den Kriegsausbruch erlebte ich als ein Zehnjähriger, der diese Unterbrechung des normalen Lebens nicht wollte. Die Schrekken der Jahre 1944 und 1945 trafen mich als Fünfzehn- und Sechszehnjährigen schon im Militärdienst. Der Rückkehr aus der Kriegsgefangenschaft im Juli 1945 folgten noch fünf Monate des Verstörtseins, ehe eine neue Einbettung in die vorgegebenen Verhältnisse gelang. Der lebenslange Versuch, die eigene Jugend einzuholen, musste sich auf vielfältige historische und dichterische Bemühung um die erfahrene Geschichte beziehen.

V. Erste Nachkriegsjahre

Natürlich war meine Familie erschrocken darüber, dass ich in den ersten fünf Monaten nach meiner Heimkehr kaum mehr als „Ja“ oder „Nein“ sagte. Dafür interessierte mich die Musik, aber nun erst einmal als einsame Zuwendung zum Klavier. Das Orgelspiel geriet immer mehr zurück in professionelle Hände. Dem, der Organist und zugleich Rendant war, musste meine Liebe zu Bach und gar zur vorbachschen und zur modernen Musik etwas Fremdes bleiben. Es war für mich ein Schock, als in der evangelischen Predigerkirche ein Kammerkonzert stattfand und in der Zeit zwischen den einzelnen Stücken ein älterer Mitschüler auf der Orgel spielte. Schon sein Vater, ein städtischer Beamter, hatte einmal Orgel gespielt, und man hatte eine kleine Hausorgel. Als das Orgelspiel begann, dachten die Attendorner: „Aha, nun spielt der Benedikt.“ Man machte ein kleines Nickerchen. Die Musiker hatten sich mit ihren Instrumenten zur Seite gesetzt und wollten sich offenbar ausruhen. Doch als sie die Orgel einige Takte lang gehört hatten, gingen ihre Köpfe hoch und sie hörten dem erstklassigen Spiel zu. Ich lernte: Allenfalls in größeren Städten kann man Hörer für ein solches Spiel finden. Der Orgelspieler konnte natürlich seine Fähigkeiten nirgendwo einbringen; er suchte Lehrer zu werden und wurde bald zu einem komischen Kauz, stand z.B. am Bahnhof und sah den einfahrenden Zügen zu.

Als das Orgelspiel für mich zurücktrat, wurde das Klavierspiel umso wichtiger. Nun erschien mir Mendelssohn als seicht; ich warf mich ganz auf Brahms. Unter den Balladen von Brahms schätzt man vor allem die Ballade in d-moll, op. 10, Nr. 1. Sie ist der düsteren Edward-Ballade nachempfunden, die Herder in den *Stimmen der Völker* mitgeteilt hat: Der Jüngling erschlug auf Anraten der Mutter den Vater! Für mich wurde und ist die Nr. 2 in d-dur mit ihrem schönen Mittelteil der Gipfel der musikalischen Tradition. Als ich dann zur Universität Bonn kam, war das Studium der Musik für mich genauso wichtig wie das Studium meiner Fächer Germanistik, Geschichte und Philosophie. Der Vorsitzende des Prüfungsamtes wollte mich deshalb wegen verfehlter Anlage des Studiums von der Prüfung ausschließen. Doch wies ihm sein Adlat, ein junger Studienassessor, nach, dass ich doppelt so viele Seminarscheine als nötig habe, die durchweg sehr gut benotet waren. So musste der berüchtigte Schnippenkötter mich doch zulassen. Gern hätte ich nach dem Studium ein Buch geschrieben mit Interpretationen zur Klaviermusik von Brahms. Das war für mich eine existenziell bedeutsame Sache. Es hatte nichts zu tun mit dem berühmten Film *Lieben Sie Brahms?*, der ja von den Sinfonien ausgeht. Natürlich hätte ich mich in meinem Buch auf Notenbeispiele stützen müssen. Diese in den Druck einzubringen, war damals noch sehr teuer (heute kann man die Noten zumeist setzen lassen wie Worte). Zwar hatte ich Kontakte zu Musikverlegern, doch die Kosten des Satzes konnte ich nicht aufbringen. Bei Interpretationen zu Heidegger, von dem ich in meiner Gymnasialzeit kaum den Namen gekannt hatte, musste ich mich nur beschränken beim Einbringen griechischer Buchstaben. Von Mendelssohn habe ich später alles gehört, was mir an Darbietungen erreichbar war (die Italienische Sinfonie wurde ja zeitweilig Kult). Ich bin auch dem Weg nachgegangen, der von seiner Musik zur Antigone zu der Vertonung von Hölderlins Antigone-Übertragung durch Orff führt. Mendelssohns Oratorien wurden immer weiter aufgeführt (während das sonstige breite Oratorienschaffen des 19. Jahrhunderts verschwand). Als ich in Berlin einmal über Mendelssohn sprach, griff eine Dame, die selbst aus dem Hause Mendelssohn-Hensel stammte, mich schroff an: Ich hätte auch etwas über Fanny Mendelssohn-Hensel sagen müssen; von ihr habe Felix einfach Stücke in eine Publikation mit seinem Namen aufgenommen. Sie sei genauso begabt gewesen wie ihr Bruder! Das stimmt sicherlich, nur war ihr Lebensweg unter den damaligen Verhältnissen ein ganz anderer als der Weg ihres Bruders. Über Sinfonien von ihr konnte ich nicht sprechen; dieses Argumente wurde aber nicht akzeptiert. Es verletzte mich, als ich später im *Jüdischen Museum* in Berlin sah, dass man dort den Konvertiten Abraham Mendelssohn und seine Kinder nicht weiter beachtete. Meine eigene Liebe zu Mendelssohn blieb fest; durch Richard Wagner ließ ich mich sowieso nicht von ihr abbringen. Auch der Vorwurf des Nazarenertums schreckte mich nicht, denn eine Aufarbeitung der malerischen Leistung der Nazarener, auch durch bedeutende Ausstellungen, wurde längst geleistet. Leider blieb die Nachschrift von Hegels Ästhetik-Vorlesung durch Felix Mendelssohn der Forschung vorenthalten. Oft glaubt man irrigerweise, eine edierte Nachschrift sei preislich weniger wertvoll als eine nichtedierte. Jedenfalls war es für mich wichtig, wie die Familie Mendelssohn zur Geschichte des 18. und 19. Jahrhunderts gehört. Freilich blieb es eine immer neue Aufgabe, den Studierenden die anderen Verhältnisse zur Zeit der Mendelssohns klar zu machen. Als ich einmal darauf hinwies, dass Hegel keine Studentinnen gehabt hatte, war man über den alten Macho empört. Dabei hatte man nicht realisiert, dass es zur Zeit Hegels in Berlin überhaupt keine Studentinnen gab. Ich ging nach dem Kriege zu einer Klavierlehrerin, die sich als Enkelschülerin von Clara Schumann ausgab. Jedenfalls hatte sie eine klare Tendenz: Richard Wagner und gar Franz Liszt waren ihr ein Gräuel. Als ich diese Komponisten wenigstens kennenlernen wollte, beschied sie mich strikt, das bei jemand anderem zu tun. Robert Schumann wurde mir wichtig – nicht mit der *Träumerei*, aber z.B. mit dem *Blumenstück* (op. 19). Schon der Blick auf die Noten erregte in mir ein tiefes Glücksgefühl: Die romantischen Motive sind eingebettet in polyphone Entfaltungen, und so ist J. S. Bach gegenwärtig. Als ich über Philipp Emmanuel Bach auch das Rokoko kennenlernen wollte, war meine Klavierlehrerin geradezu entsetzt. Ihr fehlte der Sinn dafür, dass ich mit der Geschichte der Musik in allen ihren Facetten bekannt werden wollte. (Freilich war ich Jahre später nicht überzeugt, wenn Karsten Harries bei unseren Kolloquien mit der Yale-Universität die abstrakte Kunst aus dem Formenspiel des Rokoko ableiten wollte.) Meine Klavierlehrerin betonte immer, dass sie bald wieder als Konzertpianistin auftreten werde. Jeder wusste, dass das eine Illusion war. Mir wurde deutlich, dass die Menschen allzu oft nur mit Illusionen das Leben ertragen. Bei Brahms ließ ich mich nicht dadurch beirren, dass er in persönlichen Beziehungen (so zum Ehepaar Schumann) auf fragwürdige Wege geraten und ihm Fragwürdigstes zu Unrecht unterstellt worden war. Zur Zeit Schumanns besuchte man Geisteskranke in ihrer Anstalt nicht. Wenn Brahms das bei Robert Schumann in Bonn-Endenich doch tat, konnte das nur schlimmste Verstörungen bringen. (Ein Studiengefährte von mir wollte als Psychiater vergebens in Endenich die Akten einsehen; erst 2006 erschienen die Dokumente, die von einer frühen Syphilisinfektion ausgehen.) Ich habe die Klaviermusik von Brahms unabhängig von einem Bezug auf den Lebensweg von Brahms gesehen. Dann jedoch habe ich Heideggers Denkweg auf seinen Lebensweg und den Weg des abendländischen Denkens bezogen. Es gab immer viele Möglichkeiten des Zugangs zu unserem geistigen Erbe.

Mein Vater hatte natürlich nach Kriegsende gleich ein Radio besorgt. Darin und in den Zeitungen habe ich die Nürnberger Prozesse verfolgen können. Im Oktober 1946 wurden dort die Urteile gefällt. Hermann Göring schaffte es, sich am 15. Oktober durch Selbstmord dem Strang zu entziehen. Für mich war es aufschlussreicher, die Vorgänge in meiner Umgebung zu verfolgen. Die meisten Verwandten blieben nun nicht mehr einfach auf ihren Bauernhöfen; sie übernahmen Funktionen vom Ortsvorsteher bis zum Amtsbürgermeister.

Gelegentlich kamen sie bei uns zusammen, und so konnte ich die Beratungen verfolgen. Mein Vater gehörte zu den wenigen Beamten, die nicht in der Partei gewesen waren. Deshalb musste er, als Beamter zuständig für Formales, im Entnazifierungsausschuss tätig sein.

Meine Heimatstadt hatte ihr eigentümliches Schicksal gehabt. Der Krieg hatte Attendorn einigermaßen verschont. Dann hatte man die herumliegende Munition eingesammelt und ausgerechnet in den Kellern des Rathauses gelagert. Dort war sie explodiert; die Explosion hatte die Beamten und Angestellten getötet. Mein Vater überlebte mit seinem Gehilfen auf einer stehen bleibenden Hausecke. Man holte die beiden herunter; mein Vater wurde in einer ärztlichen Praxis behandelt und dann nach Hause gebracht (eine Kopfverletzung sollte später schlimme Folgen haben). Der Mieter in unserem Haus, ebenfalls ein Beamter, war mit vielen anderen getötet worden. Als ich aus dem Krieg zurückgekehrt war, machte sich die Arbeit meines Vaters im Entnazifierungsausschuss für mich in der Weise geltend, dass ich am Sonntag vor Mittag immer wieder die Haustür aufschließen musste. Dort stand ein Betroffener, der meinen Vater persönlich unterrichten wollte (was eigentlich verboten war).Wenn ich diese Leute die drei oder vier Treppenstufen im Haus zu unserer Etage heraufgeleitet hatte, sagte ich mir: „Dein Vater muss seine Aufgabe erfüllen. Du möchtest niemals Menschen so demütigen müssen.“ Zwölf Jahre später, vor dem eigenen Hausbau, traf ich diese Herren wieder. Sie hatten dort Karriere gemacht, wo Hannah Arendt es ihnen ausdrücklich zugestand: in der Wirtschaft. Durch die Tätigkeit etwa in den Bausparkassen hatten sie mehr Geld angehäuft als ihre einstigen Richter. Damals hörte ich in einem Vortrag, dass Elite Elite bleibe. Wer als Oberleutnant eine Kompanie geführt habe, könne auch im zivilen Leben wieder Führungsaufgaben übernehmen; gelernt sei gelernt. (Von den SS-Offizieren sei hier geschwiegen, die später in hohen Funktionen von der Rote-Armee-Fraktion angegriffen wurden; diese „Fraktion“ bestand nur zu oft aus Kindern der genannten Gruppe.) Heftig umstritten wurde, wie der Kanzler Adenauer sich etwa eines Globke bediente. Er entschuldigte sich damit, dass er eben keine anderen Deutschen habe. Doch hätte man wenigstens Aufrichtigkeit und Klarheit in diesen Dingen verlangen müssen. Es war nicht zu vermeiden, dass heimkehrende Soldaten und Offiziere nach vielen Jahren des Krieges und der Gefangenschaft sich wieder auf die Schulbank setzen mussten, obwohl die lateinischen Deklinationen nur noch schwer in ihre Köpfe gingen. Das Grenzdurchgangslager Friedland wurde für viele bedeutend – vielleicht durch das Wiedersehen mit einem Zurückkehrenden, vielleicht dadurch, dass man monatelang auf einem Schild vergeblich den Namen eines gesuchten Verwandten vorzeigte. Adenauer konnte schließlich durch seine Fahrt nach Moskau auch die letzten Gefangenen aus der Sowjet-Union zurückholen. So brachte er vielen großes Glück. Natürlich musste jener die Probleme in seiner Brust verschweigen, der in der Nazizeit unterdrückt worden war, nun als Bürgermeister den letzten zurückkehrenden Gefangenen begrüßen musste, der ihm in der Nazizeit das Leben so schwer gemacht hatte.

Unser Französischlehrer, der uns bei der Flak *Minna von Barnhelm* vorgelesen hatte, war auch belastet. Er wurde an die Luft gesetzt; eine private Vorsprache bei meinem Vater musste natürlich vergeblich bleiben. Doch schickte mein Vater meinen Bruder und mich zu Privatstunden bei dem Entlassenen, damit dieser wenigstens ein kärgliches Auskommen hatte; durch sein Beispiel wollte er auch andere zu ähnlichem Tun anleiten. Die Logik für ein solches Vorgehen war mir nicht ganz einsichtig. Heute lässt sich überhaupt vieles gegen die konkrete Durchführung der „Entnazifizierung" vorbringen, doch war diese notwendig. Jedenfalls war ich glücklich über den Privatunterricht, weil ich Französisch brauchte, um Pascal lesen zu können. Pascal war damals der Philosoph, der Orientierung versprach, von dem aus man auch den Schritt zu Kierkegaard tun konnte. Unser entnazifizierter Privatlehrer erzählte uns seine Lebensgeschichte: Nach dem Übergreifen der Weltwirtschaftskrise auf Deutschland hatte es ein Studienassessor schwer: Er konnte etwa für acht Monate in Ostpreußen unterrichten, musste aber die Fahrtkosten selbst aufbringen und blieb in den Ferienmonaten ohne Gehalt. So habe er gedacht, es müsse eine radikale Lösung geben; da er nicht zu den Kommunisten habe gehen wollen, habe er sich den Nationalsozialisten angeschlossen. Schließlich hat auch er in den Nachkriegsjahren wieder eine Stelle gefunden. Gemäß meinen Interessen wählte ich auf dem Gymnasium den mathematisch-naturwissenschaftlichen Ausbildungsgang. Doch konnte ich die Französisch-Kurse zusätzlich besuchen. Dabei trat dann zu Pascal Racine als maßgeblicher Autor, aber auch schon Paul Claudel.

Wenn ich auf jene blicke, die unsere Lehrer waren, sehe ich sie durchweg in problematischen Verhältnissen. Einer der ehemaligen Lehrer, als Nazi zurecht verdrängt, ließ seine Frau für den nötigsten Lebensunterhalt sorgen und verschloss sich oben in der Wohnung in seinem Gram. Ein anderer, ein Bekannter meines Vaters, hatte sich den Nazis widersetzt. Er wurde 1945 Rektor seiner Schule; der Nazirektor lebte über ihm in der Amtswohnung und verhungerte mehr oder weniger. Das nahm sich der neue Rektor so zu Herzen, dass er in den Tod ging. Hinzugekommen war, dass sein Sohn verschollen blieb. Als der Rektor tot war, kam dieser Sohn aus der Gefangenschaft zurück; beim Studium in Bonn war er unser Gefährte. Die Schicksale, die damals die Lebenswege prägten, waren vielleicht doch schwieriger als das, was anderen Generationen beschieden war.

Der Schulunterricht hatte in einigen Fächern wenig über das hinaus zu bieten, was ich mir längst angeeignet hatte. Das galt gerade für die Mathematik. (Damals setzten die Eltern noch durch, dass die Mädchen in unserer Mischklasse einen besonderen, nämlich leichteren Mathematik-Unterricht bekamen. Heute findet man in ihrem Fleiß gegenüber den diskreditierten Jungen die besseren Leistungen.) Der „Zeichenunterricht“ hatte, wie schon angeführt, seine besonderen Qualitäten. Auch der Deutsch-Unterricht lag im Niveau hoch über dem Normalen. Romano Guardini musste dabei die Leitfäden geben. Dieser hatte einst die liturgische Bewegung angestoßen, konnte so zusammengesehen werden mit den Reformen des Abtes Ildefons Herwegen im Benediktiner-Kloster Maria Laach. Auch Guardini orientierte sich an Pascal; so konnte er vom „Ende der Neuzeit“ sprechen. Dabei stand Goethe ein für das, was seit der Renaissance gewonnen worden war. Die „Persönlichkeit“ integrierte die Lebensmächte in die Steigerung des Eigenen. Über die Italiensehnsucht führte der Weg hinaus zum *West-östlichen Divan.* Prägend für mich wurde, wie der Frankfurter Betriebspsychologe Ernst Michel (bekannt durch seine *Sozialgeschichte der industriellen* Arbeitswelt) in der Augustnummer 1949 der *Frankfurter Hefte* die Frage *Zurück zu Goethe?* kritisch prüfte in einem „Dank aus nach-goethescher Sicht“. Heißt die Aufgabe nicht, den Anderen als Partner zu haben im Einsatz für eine zukunftsoffene Geschichte? Der Streit um Goethe, wie er damals zwischen Ernst Robert Curtius und Karl Jaspers geführt wurde, gelangte in eine neue Dimension. Ich verdanke Ernst Michel auch (in der Zeit der Begeisterung für Martin Buber) die frühe Begegnung mit Franz Rosenzweig, die bei mir vor der Begegnung mit Martin Heidegger lag.

Es fiel unserer Klassenlehrerin schwer, unsere Lebenswege in den Aufbau des Unterrichts hineinzunehmen. (Nur für eine kurze Zeit hatten wir einen Deutschlehrer. Er begann die erste Stunde mit der Hoffnung, wir würden schon miteinander auskommen: „Wir haben alle in derselben Sch… gelegen.“ Doch fiel er wegen eines Lungendurchschusses bald aus; die Luftzufuhr in seiner Lunge reichte nicht dafür, dass er eine ganze Stunde sprechen konnte.) Eine Klassenfahrt führte zur Wiesenkirche in Soest, sicherlich einem Juwel der gotischen Architektur. Doch störten wir, waren „böse“, wenn wir darauf aus waren, noch einmal die Gaststätte zu sehen, wo wir als Luftwaffenhelfer das Essen geholt hatten, dann das Park-Café, wo die Batteriebefehlsstelle gewesen war, die Felder nach Bad Sassendorf hin, wo wir mit unseren Geschützen gelegen und z.B. Mussolini hatten vorbeifahren sehen. Der Kunsthistoriker Wilhelm Pinder sollte uns die mittelalterliche Plastik und Architektur deuten. So wurde Uta von Naumburg zur Kultfigur. Es blieb ein Misstrauen, und später wurde klar, dass Wilhelm Pinder mit Martin Heidegger unter einem Wall von Hakenkreuzfahnen das Bekenntnis zu Hitler gefordert hatte. Hätte man im Schulunterricht nicht auch unsere anderen Grunderfahrungen, dazu unser Misstrauen respektieren und aufnehmen müssen?

Ich habe nicht wie üblich die großen Geschichtsromane wie *Kampf um Rom* gelesen, in denen der Rechtshistoriker Felix Dahn seine umfangreichen Kenntnisse eingebracht hatte. Doch wurde für mich unvergesslich, wie Gertrud Bäumer in ihrem Romanwerk über Adelheid, die Mutter der Königreiche, die Welt des Mittelalters vorführte. Als ich später im Kreis um Georg Picht Bäumer erwähnte, wollten die Studenten die Frauenrechtlerin den Nazis zurechnen. Picht bemerkte dazu, dass alle fünf Jahre die Leitbilder wechseln. Was Kultbuch gewesen sei, werde zerrissen, das einst Verfemte werde in den Vordergrund gerückt. So werde auch die Diffamierung bald wieder abgetan, die dem Reiter aus dem Bamberger Dom galt, weil er einmal als „nordisch“ ausgegeben worden war. Mit dieser Einsicht hatte Picht Gottseidank recht.

Als in unserer Schulklasse des Kriegstodes meines Freundes gedacht wurde, wollte die Klassenlehrerin wie erwartet ein Gedicht vorlesen, in dem jemand den Heldentod stirbt. Er schaut zuletzt in ein rettendes Licht! Die Lehrerin hatte das Buch in ihrem Bücherstapel vergessen. Ich hatte es in der Erwartung des Kommenden bei mir und konnte es ausleihen. Doch sah ich im Gedicht Literatur, mit der jene sich über die Wirklichkeit hinwegtrösten, die der Härte des Wirklichen nicht ausgesetzt gewesen waren. Wer erfahren hatte, wie jemand neben ihm im Bombenhagel zerquetscht wurde, konnte ein solches Gedicht nicht akzeptieren. In der Klasse über uns hatte jemand beschrieben, wie in Russland sein Freund neben ihm fiel. Er sagte dann: „Ich packte ihn am Kragen und schleppte ihn zurück. Er sollte wenigstens ein ordentliches Grab bekommen.“ Die Lehrerin war entsetzt: „Sie können so nicht reden. Ihr Freund ist doch den Heldentod gestorben.“ Es war einfach nicht möglich, das wirklich Erfahrene in einen Deutschaufsatz einzubringen, wie er verlangt wurde! Doch hatte das Sterben viele Aspekte. Als ich damals (nach einer Oberkieferhöhlenoperation geschwächt) die naheliegende Talsperre durchschwamm, versagten weit vor dem anderen Ufer meine Kräfte. Ich akzeptierte mein Ertrinken und blieb einfach auf dem Wasser liegen. Da erschienen mir das Wasser, die Wolken und das Ufer in einem farbigen Glanz, den ich noch nicht gesehen hatte. Die Erforschung des Sterbens hat dann gezeigt, dass beim nahenden Tod noch einmal alle Kräfte aktiviert und gesteigert werden. Das aber ist wohl etwas anderes als der Kriegstod in einer Gemengelage von vielen Umständen, aus der sich ein entscheidender Augenblick kaum herausheben kann. Einen „Heldentod" konnte es sowieso nicht mehr geben, wenn das „Vaterland" nicht mehr zu bejahen war.

Im Deutschunterricht war neben Romano Guardini Reinhold Schneider der Autor, der bei den abschließenden Wertungen bemüht wurde. Man kann sich heute nur noch schwer vorstellen, wie Schneider durch seine Sonette den Menschen, die nicht konform waren mit den Nazis, die leitenden Formulierungen vorgab: „Allein den Betern kann es noch gelingen, / Das Schwert ob unsern Häuptern aufzuhalten." So unterschiedliche Menschen wie Carl Friedrich von Weizsäcker und Johannes Rau bezeugten diese Rolle Schneiders und zitierten dessen Verse auswendig. Reinhold Schneider selbst hat gesagt, dass seine Verse ihre konkreten Hilfen gaben, aber eben keine Gedichte seien, wie Gottfried Benn sie ohne diesen helfenden Zeitbezug geschaffen habe. Gab Schneider in seinen Romanen jene Deutung der Geschichte, die über die Arbeit der Historiker hinausführt zu den Geschichtsmächten, mit denen wir konfrontiert sind? *Das Leiden des Camoes* zeigt die Abgründe portugiesischer Geschichte, *Die Hohenzollern* Preußen, *Das Inselreich* England. *Las Casas vor Karl V.* problematisiert den Ausgriff Europas auf Amerika. Da Schneiders Freund Jochen Klepper seine jüdischen Familienmitglieder nicht aufgeben wollte, ging er mit diesen freiwillig in den Tod. Nach Schneider muss bedacht werden, ob ein Christ das tun dürfe. Schneider hat seine gültigen Erfahrungen und Fragen. Im Schulunterricht wehrten wir uns aber dagegen, seine Maßstäbe einfach vorgesetzt zu bekommen. Reinhold Schneiders späteste Überlegungen *Winter in Wien* gehen dann auch ein auf die Schrecken, wie schon das tierische Leben sie im Fressen und Gefressenwerden in sich trägt. Erst von diesen Erörterungen und damit auch von der Frage nach dem Bösen her kann man Schneider gerecht werden. *Winter in Wien* ist kein Abfall Schneiders von sich selbst; diese Überlegungen, die ihm durch die Wirklichkeit aufgezwungen wurden, sind der Schluss-Stein seines Werks.

Die vier ersten Nachkriegsjahre, die mich noch einmal auf die Schulbank zwangen, brachten auch die nachgeholten Krisen der jugendlichen Entwicklung. Im Frühjahr 1946 gab ausgerechnet die Burg Bilstein durch eine Veranstaltung den Ausblick auf ein neues und anderes Leben. Es war damals außer aller Regel, wenn ein Junge und ein Mädchen allein durch den Wald liefen, um dann mit anderen an einem Feuer zu stehen. Als ich das tat, erinnerte ich mich an Eichendorffs Gedicht *Elfe*: „Bleib bei uns! Wir haben den Tanzplatz im Tal / Bedeckt mit Mondesglanze…“ Als ich mit meiner Bekannten eine Minute vor dem Schließen des Tores noch in die Burg schlüpfte, hieß es, sich zu trennen und zu den verschiedenen Häusern zu gehen. Mit dieser Freundin geriet ich bald über die Frage in Streit, ob ich es mir leisten könne, fünf Stunden am Tag Orgel zu spielen. Diese fünf Stunden ist ein Organist mit seinen Registern, seinen Manualen und dem Pedal voll beschäftigt und kann seine Aufmerksamkeit nicht auf anderes richten. Meine Bekannte sagte mir, ich wolle doch in den diplomatischen Dienst gehen (in der Tat war dieser nun an die Stelle der Marine getreten, und damals wurde für ihn direkt geworben). Ich meinte: Wenn ich Kulturattaché in Rio de Janeiro sei, gebe es in der Nähe des Konsulats sicherlich eine Kirche, für deren Orgel ich mir die Schlüssel besorgen könne. (Paul Claudel hatte als Konsul im Ausland sogar große Gedichtwerke geschrieben.) Meine Bekannte meinte: „Das wird nicht gehen.“ Ich brauchte vierzehn schwierige Tage, ehe ich mich endgültig für das Orgelspiel entschieden hatte und wir uns trennten.

Im Jahre 1947 brachte der trockene Sommer mir mit drei anderen Schülern eine Ferienfahrt mit dem Zelt in die Fränkische Schweiz. Wir siedelten uns auf einem Berg hoch über Pottenstein an und besuchten ausgiebig das Schwimmbad im Tal. Einmal waren wir auf einen Schäfer mit seiner Herde gestoßen und hatten uns über diese lebendige Romantik nicht genug freuen können. Doch meinten wir auch Töne zu hören. Als wir näher hingingen zu dem Schäfer, hatte der um den Hals einen kleinen Apparat hängen; aus ihm tönte es: „Wenn auf Capri die rote Sonne im Meer versinkt…“ Mit der gelebten Romantik war es also nichts. Anschließend an diese Fahrt besuchte ich noch einen Sprech- und Deklamierkurs auf der Hohen Bracht, einem Aussichtsturm in der Nähe von Bilstein, der kurzzeitig für die Jugendarbeit genutzt wurde. Die neue Freude am Leben war nicht zu überbieten. Doch im folgenden Jahr starb eine der Teilnehmerinnen, die mir nahe gekommen war, plötzlich am Herzschlag. Bei der Trauerfeier in der Stadtkirche, der gotischen Hallenkirche des „Sauerländer Doms“, erklangen auch Verse aus Eichendorffs Zyklus *Der Umkehrende*:

Es wandelt, was wir schauen,
Tag sinkt ins Abendrot,
Die Nacht hat eignes Grauen,
Und alles hat den Tod…

Bei Eichendorff ist noch die Erfahrung der Barockzeit vom allgegenwärtigen Sterben lebendig, der die Hoffnung auf Rettung in Himmlisches nicht versagt wird. Diese Lösung blieb mir fremd, aber sonst war Eichendorff ganz nah. Bei Ernst Jünger fand ich später die Überlegung (beim Kriegstod eines Sohnes), ein einzelner Tod könne für uns wichtiger werden als das Massensterben, das man durchgestanden habe. Genau das glaubte auch ich erfahren zu haben.

Auf der Burg Bilstein tagte in den Sommerferien die Deutsche Volksschaft, eine Zusammenführung von Verbänden der früheren Jugendbewegung. So konnte ich Vorträge von Eugen Kogon, Walter Dirks, Otto Bernhard Roegele hören. Walter Rest hatte in der einen Rocktasche Kierkegaard, in der anderen Marx. Gern machten wir den zweieinhalbstündigen Weg nach Bilstein morgens und abends, mochte von unseren Lehrern am Gymnasium auch niemand von diesen Dingen Kenntnis nehmen. Die Hauptversammlungen waren in der früheren Scheune, die nun zu einer Feierhalle ausgestaltet worden war. Walter Dirks begann seinen Vortrag: „Wenn wir uns in dieser alten Scheune treffen…“ Otto Bernhard Roegele sagte jedoch: „in dieser Feierhalle“. Wir hörten in Bilstein besonders gern den Versuch einer Orientierung in der Zeit nach Nietzsche von Walter Weimann-Weihe. Als wir später eine Stelle für diesen bei den *Frankfurter Heften* reklamierten, wehrte Walter Dirks ab: Man müsse wirken, auch neue Abonnenten gewinnen, und das sei etwas anderes, als schöne Vorträge oder Aufsätze zu verfassen… In jedem Fall wurde uns durch den Gegensatz zwischen den *Frankfurter Heften* von Kogon und Dirks und dem *Rheinischen Merkur* mit Roegele klar, dass in der neu entstehenden Bundesrepublik unterschiedliche politische und geistige Wege möglich waren. Wir ließen keine Gelegenheit aus, uns neue Welten zu erschließen; bei mir ging es vordringlich um Musik, vor allem auch um geistliche Musik. Dieses Interesse wurde oft missverstanden als Liebe zum Klosterleben. Einer der Patres aus dem Kloster Gerleve im Münsterland hatte ein Buch geschrieben zur Frage, ob der Gregorianische Choral zurückhaltend auf der Orgel begleitet werden dürfe.[16] (Das hat man auch in Gerleve inzwischen aufgegeben.) Dieses musikgeschichtliche Problem interessierte mich und andere Freunde geradezu existenziell. So strebte ich nach Gerleve; auf einem nahen Bauernhof in Darup konnte ich bei Bekannten wohnen. Die Bauern waren den Mönchen gegenüber recht hochnäsig. Sie erzählten mir, ein Kaninchen habe sich in den Kreuzgang verirrt, der durch Weibliches nicht verunreinigt werden dürfe. Da die Mönche nicht gewusst hätten, ob das Tier männlich oder weiblich gewesen sei, habe man den Kreuzgang ausgeräuchert und neu geweiht. Die westfälischen Bauern sahen sich auf gleicher Höhe mit dem Adel, der dort landsässig geblieben war. Die sechziger Jahre, als billiges Getreide von Amerika kam, brachten ihnen den Absturz. Die Zusammenlegung der Höfe zu lebensfähigen landwirtschaftlichen Betriebseinheiten mit Monokulturen brach manchem alten Bauern das Herz. Die jüngeren flüchteten sich teilweise in den Alkohol. In diesen Umstrukturierungen begann das, was man später die Globalisierung nannte. Ich habe sie konkret erfahren können, und fand diese Erfahrung dann bei meinem Lehrer Franz Steinbach wieder.

Erst nach dem Kriege merkte ich, dass mir die Bomben an der Sorpe-Talsperre nicht nur einen Riss im linken Trommelfell gebracht hatten. Es fehlten mir auch fünf hohe Töne rechts – „traumatisch" bedingt, wie die Ärzte später sagten, als man mit neuen Geräten die Hörfähigkeit genau festlegen konnte. Das schöne Wort „traumatisch" meint ganz einfach: durch eine Verletzung von außen bedingt. Ich stellte diese Lücke meiner Hörfähigkeit nach dem Kriege an der Orgel fest, glaubte zuerst an einen Schaden am eingestellten Register, fand das gleiche aber bei allen Registern. Ich spielte diese fünf Töne jemandem vor, der gerade vorbeikam, und fragte, wie er das Register finde. Er schilderte genau, was er gehört hatte, und ich wusste, wie es um mein vermeintlich gesundes Ohr stand. Ich verschloss den Spieltisch, und als ich dann unten aus der Tür des Kirchturms trat, war ich ein anderer Mensch. Ich hatte meinen Traum, Organist zu werden, aufgegeben. Als der Eiserne Vorhang Deutschland und Europa auseinander trennte, war ich bedrückt, weil ich nun so leicht nicht mehr nach Leipzig fahren und die Thomaner hören konnte. Was in Leipzig aufgebaut worden war, siedelte aber nach München über und war auch auf Schallplatten und im Radio zu hören. In der Tat war München Deutschlands heimliche Hauptstadt geworden. Karl Richter, Schüler des Thomaskantors Karl Straube, gab der Leipziger Bachtradition in München ihre Stätte. Karl Amadeus Hartmann holte dazu Modernstes in seine Musica-viva-Konzerte...

Ich wollte mir die abendländische Musikgeschichte im ganzen aneignen. Dabei war nicht nur die Tradition der Benediktiner-Klöster bedeutsam; ich wollte mir auch die anderen Wege aneignen, die man in Osteuropa gegangen war. Bei Bad Driburg hatten sich Studiten-Mönche angesiedelt, zwar ostkirchlich, aber mit dem Vatikan verbunden. Zu ihnen ging ich, um den ganz anderen, mehrstimmigen Kirchengesang zu hören. Später wurde mir Erhart Kästner wichtig. Er war mit Hitlers Truppen auf die griechischen Inseln gekommen, hatte aber auch Beziehungen zu den Partisanen aufgenommen. Bei ihm stieß mich die Blindheit ab, in der er Paul Celan mit Heidegger verbinden wollte. Doch seine Bücher über Griechenland hatten wir mit, wenn wir dieses Land, vor allem die Inseln, erkundeten. Schließlich fand Kästner gegen Heidegger und z.B. gegen Gerhard Nebel im Byzantinischen seine zweite Liebe.[17] In Münchener Diskussionen spielte der Grieche Thrasybulos Georgiades als Musikhistoriker eine wichtige Rolle. Doch sollte es noch Jahre dauern, bis sein grundlegendes Buch *Nennen und Erklingen* aus dem Nachlass mit einem Geleitwort von Hans-Georg Gadamer erscheinen konnte (Göttingen 1985).

Als eine Klassenfahrt vor dem Abitur nach Maria Laach führte, interessierte vor allem die einmalige Architektur und der Gesang der Mönche. Über das Erlaubte hinaus wandten wir uns auch dem See zu, wo aus vulkanischem Gestein gelegentlich giftige Gasblasen aufsteigen, die für Schwimmer tödlich sein können In der zweiten Hälfte des neunzehnten Jahrhunderts hatte sich vom Kloster Solesmes her eine Erneuerung der Liturgie vom gregorianischen Choral her durchgesetzt. Es gab Bemühungen, diese Arbeit in Jugendgruppen fortzusetzen (auch mit deutschen Übersetzungen des Chorals). Als ich später in Bonn bei Josef Schmidt-Görg den gregorianischen Choral in seiner ganzen Geschichte (unterstützt von Schallplattenaufnahmen) studierte, konnte sich der Musikhistoriker nur ironisch über die jugendlichen Bemühungen äußern; doch erst die eigene Aufnahme macht Tradition lebendig. Diese Zuwendung zur west- und ostkirchlichen Liturgiegeschichte war jedenfalls etwas ganz anderes als die Aufbereitung für den Tourismus und für Studierende als Gäste, wie sie vier Jahrzehnte später vom Kloster Weltenburg betrieben wurde.

Die plattdeutsche Sprache unserer (sächsisch geprägten) Gegend kam uns in zweifacher Weise nahe. Zum einen sprachen Eltern und Verwandte noch untereinander ihr Platt, verboten aber uns Kindern jedes plattdeutsche Wort. So konnte die plattdeutsche Dichtung uns wie eine herausgehobene besonders kostbare Sprache erscheinen. Das galt selbst für die Lieder der „drei Könige“, mit denen wir in die Häuser geschickt wurden:

Wi hilligen Drei,
met usserm Steern,
wi got op de Töppe
und soiket dern Heern.

Kaspar stand für den schwarzen König (den es ja auch geben musste, seit es die Weltmission gab):

Ik hoite Kaspar,
ik hevve koin Plätzken Witt,
dern schoinen Jungfraun
gefall ik nit.
Doch wenn I mik welt
bi nachte bekieken,
dann bin ich ouk
asse oursglieken…

Ich war (mit meinen zwanzig Jahren) nach dem Abitur noch zu jung dafür, um gleich mit dem Studium beginnen zu dürfen. Vorher hatte ich entweder in Bonn ein Jahr lang die Post an die Universitätsangehörigen auszutragen oder ein halbes Jahr irgendwo in der Schwerindustrie zu arbeiten. (Bei dem Jahrgang 1929 fielen dann diese Verpflichtungen weg.) Um nicht zu viel Zeit zu verlieren, arbeitete ich sieben Monate in einem Walzwerk in meiner Heimatstadt. Das war damals noch (wie man sagte) eine „Knochenarbeit". Mit unseren langen Zangen hatten wir die Bleche durch die Walzen laufen zu lassen oder sie dann in großen Öfen zu glühen. Ich war an dem Stahlwerk im ganzen interessiert, denn ich war mir nicht sicher, ob ich nicht Ingenieur werden wollte. Ich sah aber, dass ich dann kaum einmal das werde tun können, was mir vorschwebte: eigene Konstruktionen in der Arbeitswelt umzusetzen. Später habe ich in Ostasien die automatischen Walzwerke besucht, wo nur noch hier und da ein Ingenieur sich zeigte und irgendwo etwas Öl nachfüllte. Beim Rückflug von Korea saß ich neben einem englischen Ingenieur. Er hatte für seine Firma herausfinden sollen, ob sie noch mit Ostasien konkurrieren könne. Er musste ein klares „Nein" mit nach Hause nehmen. In jedem Fall habe ich mir durch die Arbeit im Walzwerk das Geld für mein Studium verschafft (was mein Vater dafür angespart hatte, war in der Währungsreform 1948 verloren gegangen.) Mein Interesse an Konstruktionen verlagerte sich dann auf die Architektur, so dass ich bald auch die Geschichte des Bauhauses studierte.

Zwischen Abitur und Studium machte ich bei Walter Dirks einen Kurs mit über die *Pariser Manuskripte* des jungen Marx. Wort für Wort wurden die Sätze durchgesprochen, zugleich wurde Marx für die Diagnose der Gegenwart genutzt. So hatte ich um 1968 in Heidelberg gegenüber den opponierenden Studenten eine Überlegenheit Sie trugen Sätze von Herbert Marcuse vor und behaupteten, das sei Marx. Wenn ich sie fragte, wo so etwas denn bei Marx stehe, antwortete mir einer ihrer Wortführer: „Ich habe Marx noch nicht gelesen, aber ich teile seine Position.“ Statt mit Marx diese oder jene Ideologie zu propagieren, habe ich mein Studium in Bonn mit einem Schwerpunkt in der Sozial- und Wirtschaftsgeschichte begonnen. Damit setzte ich nur fort, wie mir schon als Gymnasiast, aber fern vom Gymnasium selbst, die Grundtendenzen und Probleme der Zeit begegnet waren.

VI. Studium in Bonn

Unser Abitur im Frühjahr 1949 fiel noch in die Zeit der Aufteilung Deutschlands in Besatzungszonen. So sangen wir nachher beim Feiern *Wir sind die Eingeborenen von Trizonesien.* Als unsere Klassenlehrerin davon hörte, war sie sprachlos. Sie sah ein, dass ihre Klasse eben doch nicht „ihre" Klasse gewesen war. Im Mai 1949 trat das Grundgesetz für die Bundesrepublik Deutschland in Kraft; es war zugleich gedacht für die sowjetische Besatzungszone oder die „Ostzone", die sich dann Deutsche Demokratische Republik nannte. Die Wiedervereinigung wurde ins Auge gefasst, rückte aber in immer weitere Ferne. In jedem Fall begann ein neuer Abschnitt der deutschen Geschichte und auch meines Lebens. Da wir in der früheren preußischen Provinz Westfalen wohnten, sollten wir nach dem Willen der Eltern auch an der Landesuniversität Münster studieren. Einer von uns folgte der Weisung und fuhr dorthin. Bei der Anmeldung stand er in einer langen Reihe, vor sich Mädchen mit Zöpfen und bestickten Röcken. Als nur noch drei oder vier Studienbewerber vor ihm waren, schied er aus und kam zu uns nach Bonn. Noch war Münster nicht (wie dann in der Philosophie durch das Wirken von Joachim Ritter) eine der beliebtesten Universitäten Deutschlands. Die Universität Marburg war am Rothaargebirge vorbei nur schwer mit der Eisenbahn zu erreichen. An der Universität Köln störte es uns, dass sie allzu sehr in die Großstadt eingebettet war. So setzten wir auf Bonn. Doch hatte auch der Weg dorthin seine Hindernisse. Um den überlasteten Hauptbahnhof Köln zu meiden, fuhren wir mit dem Nahverkehr bis Beuel, dann mit der Straßenbahn zum Rhein; dort trugen wir unsere Koffer (mit möglichst vielen Broten als Inhalt) die Böschung hinunter zur Fähre, dem „Böötchen". Am anderen Ufer schleppten wir unser Gepäck wieder hinauf und zur nächsten Straßenbahnhaltestelle. Dabei war es ausgemacht, dass wir im Süden Bonns wohnten (der Norden war wenig einladend).

In meinem ersten Semester (1949/50) erhielten wir in der Universität noch die „Schwedenspeise" (von der Schule her ein Schrecken). Am Aufgang zum Hörsaal X (der Notaula) bekamen wir die Suppe in unsere alten Kochgeschirre. So war die Treppe vom Verschütteten geradezu lebensgefährlich glitschig. In die Vorlesungen gingen wir eingehüllt in unsere Mäntel, denn es konnte durchaus nicht immer geheizt werden.

Einige hatten ihre alten Militärmäntel an, die nach dem Nasswerden unangenehm rochen (und Russland oder die Gefangenenlager vom Rhein gegenwärtig sein ließen). Wenigstens hin und wieder konnte man im Kolpingverein essen, doch war das Geld dafür recht knapp. Schon im folgenden Semester gab es das Studentenhaus mit den besseren Essensmöglichkeiten der Mensa, mit Zeitungsauslagen und mit Räumen, wo die Gruppen sich trafen, wo dann ab Mitte Januar auch wochenlang Karneval gefeiert wurde.

Der Anglist Walter Schirmer hatte im Herbst 1949 uns „Neue" feierlich begrüßt und gemahnt, auch die alte Kultur nicht zu vergessen – nicht die Gräber auf dem *Alten Friedhof* und nicht das Beethovenhaus. Dieser Mahnung bin ich fleißig gefolgt. Auf dem Alten Friedhof fand ich neben Robert und Clara Schumann August Wilhelm Schlegel, Ernst Moritz Arndt, die Brüder Boisserée, dazu viele bedeutende Historiker. Schillers Frau lag dort zusammen mit ihrem Sohn begraben. An der Münsterkirche war ein Querschiff zerstört worden, aber sonst bildete sie so etwas wie eine heile Mitte in der Stadt. Leider war die evangelische Kreuzkirche nahe dem Hauptgebäude der Universität ein neogotisches Gebäude, das abschreckte. Gern ging ich zum Kreuzberg hoch, wo die Heilige Stiege von Balthasar Neumann zu bewundern war. Doch am Fuß des Berges gedachte man derer, die dort nach Kriegsende durch marodierende Fremdarbeiter ermordet worden waren. Der Krieg und das Kriegsende waren auch in der sonst relativ verschonten Stadt gegenwärtig.

Vom Hauptgebäude der Universität, dem Alten Schloss, war nur ein Viertel stehen geblieben; aber dort war durch die Geisteswissenschaften wieder ein lebendiges Treiben. Zuerst habe ich mich auch nach Poppelsdorf ziehen lassen – zu mathematischen und zu medizinhistorischen Vorlesungen. Vom Schloss dort war nur die Fassade stehengelieben. Über den einstigen Dreiklang der erzbischöflichen und kurfürstlichen Schlösser in Bonn, Poppelsdorf und Brühl musste man sich historisch orientieren lassen. Ausnahmsweise fuhren wir auch nach Brühl, wenn es dort musikalische Darbietungen, Feierlichkeiten irgendwelcher Verbände oder politischer Gliederungen gab.

Dass die Pädagogische Akademie inzwischen zum Sitz des Parlaments geworden war, habe ich zuerst kaum beachtet. Wenn wir einmal eine Sitzung des Bundestags besuchten, waren wir entsetzt darüber, dass die Abgeordneten durchaus nicht dem Redner zuhörten, sondern ganz andere Sachen abmachten. Wenn ich jedoch von Kessenich mit dem Fahrrad zur Universität fuhr, kam von Poppelsdorf her der Arbeitsminister Storch, der auf seinem Fahrrad zum Bundeshaus fuhr.

Einmal ließ ich ihn vor, einmal er mich; schließlich kannten wir uns und grüßten uns.

Gegen Ende meines Studiums kam ich auf Einladung des Philosophen Johannes Thyssen in den von ihm geleiteten Politischen Club. Thyssen war politisch unbelastet gewesen und so für den Wiederaufbau der Universität eingesetzt worden. Die Schwester des Junggesellen konnte sich bei abendlichen Gesprächen in seiner Wohnung nicht genug darüber wundern, dass ihr „unpraktischer" Bruder überhaupt solche Arbeit hatte tun können. Aber nun meinte Thyssen, auch die Universitätsprofessoren müssten die Politik konkret kennenlernen, damit das Fiasko der dreißiger Jahre nicht noch einmal geschehe. So ließ er z.B. den Theologen Helmut Gollwitzer sprechen (der wie Karl Barth von der Theologie zu politischen Einstellungen führte). Ein Studienrat aus Bad Godesberg konnte seine neomarxistischen Thesen in die Diskussion einbringen: Ernst Nolte. Im Krieg hatte Heidegger in Freiburg außer den Studentinnen längerfristig wenigstens drei Studenten gehabt: Walter Jens war wegen Asthma vom Kriegsdienst freigestellt, Walter Biemel wegen eines steifen Fußes, Ernst Nolte wegen einer Verstümmelung jener Finger, mit denen man schießt. Nach dem Krieg wurde Nolte durch Eugen Finks Aktivitäten auf den Weg des Sozialismus verwiesen. In Bad Godesberg arbeitete er in durchwachten Nächten sein Buch *Der Faschismus in seiner Epoche* aus. Es stand 1963 unter jenen Büchern, mit denen die junge Generation nicht nur durch Vorträge und Aufsätze, sondern durch größere Werke einen neuen Anfang markierte. Nolte stellte die Action française, den italienischen Faschismus und den Nationalsozialismus als epochebestimmenden europäischen Faschismus zusammen. Es fiel mir sofort auf, dass Mussolini und Hitler (von Franco nicht zu reden) nicht vorschnell nebeneinander gestellt werden dürfen. Vor allem fehlte England, das eben nicht von einer kleinen faschistischen Gruppe her gesehen werden kann. Der Historiker Theodor Schieder hatte erkannt, dass den Historikern die Leitideen der Philosophen zu wenig bekannt waren; so holte er Ernst Nolte als Historiker in die Universität. Nolte war auf jähe Wendungen, Wandlungen und auf die Lust an Provokationen abonniert. So haben seine späteren Thesen über den Bolschewismus als Vorbild des Nationalsozialismus mich nicht überrascht. Dass er und sein Haus schließlich Polizeischutz brauchten, verwies auf die Bedeutsamkeit des versuchten Denkens. In jedem Fall war zu recht eine Unruhe in die Geschichtswissenschaft eingedrungen, die von dieser nun auszutragen und zu bestehen war. Philosophische und wissenschaftliche Bemühungen konnten davon nicht unbeeinflusst bleiben.

Auf einem Umweg blieb ich in Kontakt mit dem, was die maßgebenden Politiker wollten. Neben dem gregorianischen Choral suchte ich auch die Madrigalkunst kennenzulernen. So ging ich in einen Madrigalchor, wo uns die Tendenzen von Hugo Distler leiteten. Dieser hatte das Archaische in der Musik mit Modernstem verknüpft (war aber, als die Nazizeit ihm keinerlei Wirkungsmöglichkeiten gewährte, freiwillig aus dem Leben geschieden). In diesem Madrigalchor waren auch Töchter Adenauers. Im ersten oder zweiten Semester wollten wir der Älteren zur Hochzeit gratulieren; das versuchten wir durch Verse in Küchenlatein: „Nostra puella lege lectum vult fenum consulere" – unser Fräulein Lisbeth will heuraten. Nicht das „Heuraten", aber das „lege lectum" fand heftigen Widerspruch. Der Name sei Libeth, nicht Liesbett! „Quisgallus" für den Namen Wehrhahn fand man schon passender. Doch es gab viele Träger dieses Namens, und manche wollten durchaus nicht in verwandtschaftlichen Beziehungen zu den Berühmtesten unter ihnen stehen.

Als ich zur Jurisprudenz überging, kam ich dort mit dem jüngsten Sohn Adenauers, Georg, in Beziehung. Wir hatten uns im Öffentlichen Recht zu entscheiden zwischen Friesenhahn und Schätzel. Im Sommer 1952 gab schon der Titel ihrer Vorlesungen den Unterschied zwischen ihnen an (Friesenhahn: Staatsrecht, Schätzel: Allgemeine Staatslehre). Friesenhahn war durchaus der Auffassung, dass ein Jurist nach durchzechter Nacht morgens wieder voll auf dem Damm sein müsse. Als er uns in der Nacht auf einem Fest begegnet war und wir uns am anderen Morgen in seine Übungen schleppten, fuhr der kleine schwarzhaarige Mann wie ein Teufel durch unsere Reihen und legte uns herein mit Fragen nach dem Verhältnis zwischen Westzonen und Ostzone oder Bundesrepublik und DDR. Doch ließ sich bei ihm etwas lernen, während Schätzel wie ein Wasserfall vortrug, was er auch hatte drucken lassen. Also blieb ich bei Friesenhahn. Nach zwei oder drei anstrengenden Stunden kam der junge Adenauer und sagte mir: „Ich bin doch nicht blöd, ich gehe zu Schätzel." Auch später zeichnete sich sein Familienzweig durch Abweichungen aus, etwa durch eine in diesem Clan eigentlich unmögliche Scheidung.

Zu irgendeinem Geburtstag hatten wir uns etwas Besonderes ausgedacht und probten es in einem Dachzimmer über der Wohnung des Prälaten Neuß bei dessen Neffen. Der Prälat war mir von den Büchern meines Vaters her bekannt, weil er Alfred Rosenbergs nazistischer Ideologie widersprochen hatte. Es erstaunt mich immer noch, dass er unsere Eskapaden duldete. In längerem Üben brachten wir es fertig, etwas so zu singen, dass wir die zweite Stimme einen Ton tiefer als vorgeschrieben setzten, mit der dritten und vierten Stimme noch einmal dasselbe machten. Wir mussten erfahren, wie schwer es ist, nicht in die Konsonanz zurückzufallen. Als wir dann das Ständchen abends vor dem Haus unseres Freundes sangen, öffneten die erstaunten Nachbarn die Fenster und warfen uns Groschen herunter. Eine der Töchter Adenauers sagte schließlich: „Hört doch auf, sonst meinen die Leute noch, wir seien Kommunisten." Ihre Tochter war später Schülerin meiner Frau, ein wenig gestört in ihrem Verhalten, weil sie immer wieder unbetreut am Rande der Familientreffen hatte stehen müssen. Als wir später ein Wochenendhaus bei Mönchengladbach gegenüber den Reiners hatten, ließen wir uns nicht sehen: Wir suchten die Ruhe, während gegenüber immer neue Gäste eintrafen. Alles hat seinen Preis: der Rückzug in die Stille ebenso wie die vielen gesellschaftlichen Verbindungen.

Selbstverständlich hörte ich gleich in meinem ersten Semester Josef Schmidt-Görg, den Musikhistoriker, mit seiner Vorlesung *Meister der Sinfonie*. In den folgenden Semestern entfaltete Schmidt-Görg die abendländische Musikgeschichte mit Vorlesungen wie *Die Musik des griechischen Altertums, Musik des Mittelalters.* Schon als Gymnasiast hatte ich mir das Bändchen *Der gregorianische Choral im Wandel der Jahrhunderte* von Karl Gustav Fellerer (Regensburg 1936) eingeprägt. In meiner Studienzeit kamen aus Fellerers Kölner Kreis manche Anregungen. Vom zweiten Semester an ging ich regelmäßig am Samstagmorgen zu dem Kölner Organisten und Komponisten Hermann Schroeder; ich hatte vorher schon ein Stück für Orgel von ihm eingeübt und genau analysiert. So lernte ich bei Schroeder den Kontrapunkt, aber auch grundsätzlich Komposition. Er diktierte uns ein Thema und gab uns auf, daraus eine Fuge zu machen. Mit einem dicken Stift ging er dann durch unsere Reihen und korrigierte auf unseren Notenblättern herum. Zuerst war ich empört. Aber dann sah ich zuhause die Noten durch, spielte sie auch auf dem Klavier und sah, dass Schroeder recht hatte. Umso eifriger bemühte ich mich, bei ihm zu lernen. Jahrzehnte später führte man in Köln zum hundertsten Geburtstag Schroeders einige seiner Kompositionen auf; wenigstens das eine oder andere Stück konnte ich am Radio hören. Dann war ich mir sicher: Die Stunden oder Tage, die ich bei Schroeder oder mit seinen Hinweisen gearbeitet hatte, waren nicht eine verlorene Zeit. Damals fragte man oft, was man in einem zweiten Leben tun würde. Ich war mir sicher, dass dann die Bomben mir nicht die Ohren verletzen, ich in Ruhe den Weg des Musikstudiums und des Komponierens gehen würde.

Schroeder hatte einen Bund mit zwanzig oder dreißig Schlüsseln. Natürlich fand er den einen Schlüssel nicht, der das Klavier in unserem

Hörsaal öffnete. Er sang dann etwa von einer Fuge Bachs die obere Stimme, gab mit den Händen den Gang der Mittelstimmen an, stellte sich auf ein Bein, um mit dem anderen den Bass anzuzeigen. Der Hausmeister hatte vom Flur aus offenbar seltsame Töne gehört; er öffnete die Tür und glaubte wohl, einen Verrückten vor sich zu haben. Da er uns aber so andächtig da sitzen und zuhören sah, schüttelte er schließlich den Kopf und zog wieder ab. Mir ging auf, dass Hermann Schroeder jeden Ton der Fuge klar vor Augen oder in den Ohren hatte. Da konnte ich nicht konkurrieren. Angesichts dieser Erfahrung überlegener Kompetenz gab ich das aktive Musikstudium auf. Doch sah ich auch, dass es Hermann Schroeder ganz fremd war, die leitenden Grundbegriffe des abendländischen Denkens (mit Hegels Logik) aufzuarbeiten und von ihnen her darzulegen, was Musik überhaupt sei.

Es war für mich selbst überraschend, dass ich meine eigenen Kompositionsbemühungen z.B. auf Storms Gedicht *Am Meer* richtete. Eine Woche, die ich zuhause an meinem Klavier verbrachte, nutzte ich dafür, ausgerechnet ein Gedicht von Georg Trakl (*Verklärter Herbst*) zu komponieren:

> Gewaltig endet so das Jahr
> Mit goldnem Wein und Frucht der Gärten.
> Rings schweigen Wälder wunderbar
> Und sind des Einsamen Gefährten.

Die aufsteigende Melodie fiel hinab in Schweigen und Einsamkeit, doch blieben diese umstellt von der Ruhe der heimatlichen Wälder. Ich arbeitete meinen Versuch mit immer neuen Korrekturen vierstimmig aus. Doch sah ich auch, wie weit ich im Stil von Hugo Distler und Hermann Schroeder abgekommen war. Aber nur so war ich bei dem, was mir das Leben zugetragen hatte.

Das Studium meiner Fächer verlangte von mir ganz andere Dinge. Ich hatte Latein als Fach gewählt, um eine Grundlage zu haben für die Lektüre der Literatur in den romanischen Sprachen, aber auch im Englischen. Doch war ich in der Latinistik überfordert, wenn wir in den „Stilübungen" z.B. Zeitungstexte ins Lateinische übersetzen mussten. In meinem zweiten Semester konnte ich mit dem emeritierten Latinisten Bickel und dem Direktor des Römisch-germanischen Landesmuseums Oelmann im Landesmuseum an einer Übung *Römisch-germanische Epigraphik* teilnehmen. Bickel, bekannt durch seine Geschichte der römischen Literatur, galt schon als etwas sonderlich. Er sammelte uns am Hauptgebäude auf und führte uns durch heftigen Regen zum Landesmuseum. Wir entzifferten eine Inschrift; er ging abseits an eine Fensterbank und kam dann mit einer glänzenden Übersetzung der Hexameter zurück; das überzeugte. Herter, für die griechische Literatur zuständig, zog auch in seinen Vorlesungen an den Hebeln der Zitate, die dann kombiniert wurden. Schmid mit seinem mächtigen Kopf war selbst so etwas wie eine Büste. Ich fand das nicht, was Bruno Snell in seinen „Studien zur Entstehung des europäischen Denkens" unter dem Titel *Die Entwicklung des Geistes* (Hamburg 1948) als repräsentativen Ansatz vermittelt hatte. So gab ich das Fach Latein auf. Wenn Ernst Robert Curtius in seinen Vorlesungen sagte: „Das weiß außer mir an dieser Universität nur Prof. Hübinger", so machte das hellhörig. Bei Paul Egon Hübinger studierte ich *Lateinische Paleographie des Mittelalters.* Wir waren nur wenige, hatten aber einen der besten Lehrer, der uns auch persönlich ansprach. Später ging er in die Politik und bemühte sich vergeblich, so etwas wie ein Bundeskultusministerium zu etablieren. Im persönlichen Leben geriet er schließlich auf Abwege, die zu einem traurigen Ende führten – ganz unverständlich für seine einstigen Schüler.

Gleich in meinem ersten Semester führten meine Interessen mich zu einem Privatdozenten, dem Direktor des Beethoven-Gymnasiums Wilhelm Grenzmann. Er behandelte die Dichtung der Gegenwart und ging in meinem zweiten Semester über zu Ernst Jünger. Er arbeitete über literarische Gattungen, die damals wenig anerkannt waren – den Aphorismus, das Tagebuch, den Brief. Auch hatte er Lichtenberg herausgegeben. Leider kam er immer in der letzten Minute angelaufen, schweißüberströmt. Sein soziales Engagement verleitete ihn, zusätzlich Vorträge in den Borromäus-Vereinen verschiedener Städte und Kleinstädte zu halten. Jene, die an der Universität die Germanistik dominierten, konnten ihn natürlich nicht anerkennen. Wenn Paul Celan die Lichtenberg-Ausgabe von Wilhelm Grenzmann benutzte, setzte man in der Celan-Forschung dafür einen Verweis auf eine Ausgabe ein, die von Göttingen aus besorgt wurde. Schon Grenzmanns Buchtitel *Glaube und Dichtung* führte im Kreis um Günther Müller dazu, Grenzmann überhaupt abzulehnen wegen angeblicher theologischer Übergriffe auf die Literaturwissenschaft. (Hans-Egon Haß, selbst wenig überzeugend, tat sich dabei hervor.)

Ich beteiligte mich bei Grenzmann mit einer Arbeit *Traum, Rausch und Glück bei Ernst Jünger.* Was für Jünger typisch sein sollte (die „Stahlgewitter"), wurde beiseite geschoben. Ich geriet an *Das abenteuerliche Herz* mit seinen beiden Auflagen, also an die „schwarze Romantik" mit allen ihren Schrecken. Das Abseitsgehen in den *Marmorklippen* beeindruckte mich. Ich wollte wissen, wie jene, die ein paar Jahrzehnte älter waren als ich, während der deutschen Besatzung in

Paris gelebt hatten, stürzte mich also auf die *Strahlungen.* Dann wurde *Heliopolis* für mich der Roman, in dem ich eigene Lebenswege vorgezeichnet fand – die Abwendung von der Zeit, den Weg mit der Freundin aus fremden Bezirken zu anderen Sternen. Freilich meinte ich, dass Jünger das ebenso Historische wie Utopische einer Stadt wie Heliopolis wählte, weil er sich zu wenig auf die konkrete Geschichte bezog. Das Dreigestirn Martin Heidegger, Ernst Jünger, Werner Heisenberg konnte mich schließlich hinführen zu einer „Hermeneutik der technischen Welt".[18] Jedenfalls war ich nicht allzu betroffen, als Ernst Jünger – zur großen Überraschung vieler einstiger Gefährten – katholisch geworden war, um in geweihter Erde begraben zu werden.

An Lebenswegen wie dem von Wilhelm Grenzmann lernte ich, dass man an der Universität nur Erfolg haben kann, wenn man auf zu viele zusätzliche Beschäftigungen verzichtet, sich also nicht wie Grenzmann von allen möglichen Verbänden verpflichten lässt. Natürlich studierte ich auch bei Günther Müller. Er war einen weiten Weg von der katholischen Universität Freiburg in der Schweiz und Ausführungen zu „Schicksal und Saelde" über Münster nach Bonn gegangen. Er suchte nun mit Goethe zu leben und zu arbeiten. (Heinrich Lützeler spottete, Müller brauche doch nur die persönlichen und gesundheitlichen Katastrophen bei sich und in seiner Nähe zu beachten, um diese allzu einseitige Goetheverehrung aufgeben zu können.) Ich habe mir Müllers „Morphologie" angeeignet, welche Erzählweisen herauskristallisiert, um Dichtung als Gestalt zu erfassen. Er duldete eine Promotionsfabrik, in der man in wenigen Monaten fertig wurde: Man brauchte dann in irgendeinem Roman nur Phasen und Phäschen zu unterscheiden und auf Erzählzeit und erzählte Zeit zu beziehen. Oft saß ich zusammen mit ihm in der Straßenbahn, die aus dem Bonner Süden kam. Er war völlig abwesend, zündete sich zeremoniös eine Zigarette an, um genießerisch zu rauchen und den kleinen Qualmwolken nachzusehen. Doch war etwas zu lernen, wenn er dann z.B. einen Aphorismus Goethes auslegte. Auch seine Barockvorlesung blieb im Gedächtnis. Er sprach von Flemings Gedicht „Ein getreues Herze wissen…" Ganz am Schluss machte er eine zusätzliche Bemerkung: Das Biographische solle ja beiseite bleiben, doch wolle er kurz sagen, dass bei Flemings Rückkehr seine Braut mit einem anderen verheiratet gewesen sei. Genau in diesem Augenblick hörte man das Schellen zum Stundenschluss – das Privattheater des Günther Müller war zu Ende.

Im Sommersemester 1952, meinem vierten Semester, geriet ich an jemanden, der in der Germanistik als Außenseiter allenfalls geduldet war, an Johannes Hoffmeister. In seinem motivgeschichtlichen

Arbeitskreis wollte er mich gleich für eine Promotion engagieren. Es interessierte ihn nicht, dass ich noch in meinen ersten Semestern war. Ernst Robert Curtius hatte damals die „Toposforschung" durchgesetzt. Nach seinem großen Werk *Europäische Literatur und lateinisches Mittelalter* haben Leitbegriffe und Leitformeln der Antike über viele Verwandlungen, vor allem im lateinische Mittelalter, die europäische Literatur strukturiert. Die „topoi" sollten nach Hoffmeister ihren Klischeecharakter dadurch verlieren, dass sie auf „Motive", die bewegenden Ursachen unseres Handelns und Denkens, zurückgeführt wurden. So ließ Hoffmeister Arbeiten über das himmlische Feuer der Dichter, Kunst als andere Natur, Dichtung als *medicina mentis*, Dichtung als verborgene Theologie anfertigen.[19] Hoffmeister erzählte, dass er wegen des gemeinsamen Interesses Curtius aufgesucht habe. Dieser habe nur gefragt: „Sie waren PG (Parteigenosse)?" Auf das ehrliche „Ja" hin habe Curtius die Tür geöffnet und den viel jüngeren Dozenten hinausgewiesen. Trotzdem blieb Hoffmeister bei der Sache. Ich z.B. sollte arbeiten über die Bestimmung des Verhältnisses von Dichtung und Geschichtsschreibung, in dem die klassische Formulierung von Aristoteles (die Dichtung sei philosophischer als die Geschichtsschreibung) zuerst durch den Ausgang von Dichtung als Fiktion verdrängt worden war, aber seit Opitz wieder herrschte. Die Fakultät, vertreten durch den Kunsthistoriker Herbert von Einem, eröffnete Hoffmeister (nach dem Weggang von Curtius), dass für solche Themen ein Altphilologe, ein Mediävist, verschiedene Neuphilologen zusammenarbeiten müssten. Dass es zu einer solchen Zusammenarbeit je gekommen ist, habe ich nicht bemerkt (aber später mit Freude zur Kenntnis genommen, wie Friedrich Ohly in Münster vergleichbare Forschungen durchführte).

Wichtig in meiner Studienzeit wurde der schon genannte Philosoph Johannes Thyssen. Er machte Semester für Semester Seminare über gerade aktuelle Philosophen. Der Weg führte also von Max Scheler zu Husserl, Heidegger und Sartre, ja auch noch zu Wittgenstein. Thyssen bemerkte immer, dass er selbst kritisch zu den Interpretierten stehe, doch wich diese Distanz bei den Studierenden, die sich durchaus von Scheler oder von Jaspers her verstanden. Sie fanden umgekehrt nicht viel an dem kritischen Realismus, den Thyssen vertrat. Was konnte es besagen, wenn man einem Ding Realität, das unabhängige Existieren von unserem Bewusstsein (wohl ein Dass-Sein im Unterschied zu einem Was-Sein) zusprach? Musste man dann den Gegensatz zwischen Bewusstsein und Realität sowie zwischen Dass-Sein und Was-Sein nicht in eine umfassende Einheit und Ganzheit der Begriffe einfügen?

Ich ließ mich in meinem fünften Semester, dem Wintersemester 1951/52, in der Juristischen Fakultät zweiteinschreiben (diese Fakultät war vorher aus dem Hauptgebäude der Universität ausgelagert gewesen). Im Sommer 1952 entschied ich mich, wie schon gesagt, für Friesenhahns *Staatsrecht* und gegen Schätzels *Allgemeine Staatslehre*. Friesenhahn trat als Jurist auf, Schätzel hatte auch philosophische Absichten. Gerade weil ich mich inzwischen der Philosophie zugewandt hatte, optierte ich für Friesenhahn. Meine Frage war: Was für eine Aufgabe und welche Methode sollen der Praktischen oder Politischen Philosophie zugesprochen werden? In diesem Semester nahm ich auch an einem privatissime-et-gratis-Seminar teil, das der Rechtshistoriker Conrad zusammen mit dem Philosophen Jakob Barion über Staatstheorien des Mittelalters gab. Als Conrad sich wegen anderer Verpflichtungen durch seinen Assistenten vertreten ließ, hielt ich ein Referat über die Bedeutung des Aristoteles in den Jahrhunderten nach Thomas von Aquin. Der Wiener Historiker Otto Brunner hatte in seinem Buch *Adeliges Landleben und europäischer Geist* (Salzburg 1949) gezeigt, dass die *Politik* des Aristoteles zumeist in den Adelsbibliotheken vertreten war. Von ihr her habe man den Unterschied zwischen dem adeligen „Haus" und der staatlichen Sphäre gesehen. An diesem Buch orientierte ich mich. (Otto Brunner wurde dann mit *Neue Wege der Verfassungs- und Sozialgeschichte* maßgeblich für Tendenzen, die mir von meinem Lehrer Franz Steinbach her vertraut waren.)

Ich hatte Barions kleine Schriften, z.B. über Dialoge Platons, genau studiert und hoffte auf sein Einverständnis. Als ich jedoch auf die Zuwendung zu Aristoteles verwies, die nicht im Banne des Thomas gestanden hatte, vermutete Barion einen Angriff gegen sich. Er schleuderte mir entgegen, sein Lehrer Dyroff habe sich immer mit Aristoteles und dessen Poetik beschäftigt. Ich kannte Dyroff recht gut (ich habe auch immer sein Grab auf der Fraueninsel im Chiemsee besucht, wenn ich dorthin kam). Barion donnerte, er gehe doch auch nicht zum Katalog der Universitätsbibliothek, wenn es um philosophische Entwicklungen gehe. Er wurde vor Zorn ganz rot, dann grün, und so mahnte mich der juristische Assistent, vorsichtig zu sein, denn Barion habe offenbar ein Gallenleiden. Im Hintergrund stand für mich auch die These von Ernst Robert Curtius, es sei nicht die Scholastik gewesen, die einen neuen Zugang zur Dichtung ermöglicht habe. Später wurde ich mitten in der Nacht aus Bonn angerufen, weil man dort in der Fakultät bei der Frage einer Neubesetzung meinen Namen genannt und Barion geschworen hatte, dieser Mann werde die Bonner Universität nicht wieder betreten. Man habe die Sitzung abbrechen müssen.

Jahre später, bei einer kleinen philosophischen Tagung in Heidelberg, kam ich etwas zu früh und traf erst einen einzelnen anderen an: Barion. Ich sprach einfach von der modernen Klaviermusik, die wir am Abend hören sollten, und fand in Barion dafür völlig unvermutet einen Experten, der sofort in ein lebhaftes Gespräch eintrat. Wieder einmal machte ich die Erfahrung, dass Musik über viele Gegensätze hinweg tragen kann. Als Barion sich auf Hegel einließ, untersuchten wir in der Hegel-Edition die Nähe des jungen Hegel zu Hölderlin und seinen Jenaer Weg mit und gegen Schelling. So bekam Barions Hegel-Interpretation für uns etwas Abgestandenes. In der Philosophie kann man sich fern bleiben auch und gerade dann, wenn man sich auf dieselben Autoren und Themen bezieht. Doch hat es mich gefreut, als man dann die Gegenwart des Aristoteles im europäischen Denken auch fern von den scholastischen Traditionen in umfangreichen Forschungen untersuchte. Es ist selbstverständlich geworden, nach dem Aristoteles-Bezug in der Renaissance und im Barock zu fragen.

Man konnte mit dem jungen Heidegger den Akzent auf das sechste Buch der *Nikomachischen Ethik* mit seiner Betonung der *phronesis* oder *prudentia* legen. Dann wurde die Frage nötig, wie schon Platon die Kunst des Gespräches und des Findens von Argumenten ins Spiel brachte. Neben Curtius trat der Jurist Theodor Viehweg mit seiner bahnbrechenden Arbeit *Jurisprudenz und Topik* von 1953. Als 1973 eine Dokumentation *Toposforschung* (von Max L. Baeumer) erschien, stand dort neben dem Ansatz von Curtius der Ansatz von Viehweg (in meiner ausführlichen Darstellung).[20] Merkwürdiger Weise hat Curtius sich nie auf Vico bezogen. Das tat in bahnbrechenden Übersetzungen und Artikeln sein Konkurrent in der Begründung einer universalen Literaturwissenschaft von der Romanistik aus: Erich Auerbach. So konnte das Neapel Vicos, das im mittelmeerischen Raum unterschiedliche Welten miteinander verbunden hatte, für mich eine zweite Heimat werden. Das bedeutete auch, dass Martin Heidegger nicht recht bekam, wenn er Vico schon deshalb ablehnte, weil dieser lateinisch und italienisch geschrieben hatte, die Deutschen aber ohne diese Vermittlung zu den Griechen finden sollten.

Ich habe Auerbachs Buch *Mimesis* über „Dargestellte Wirklichkeit in der abendländischen Literatur", 1946 in Bern erschienen, im Fieber einer Halsentzündung in einem Zug durchgelesen. So konnte ich einen Blick werfen auf die griechisch-jüdisch- christliche Literatur im ganzen. In der griechischen Tragödie müssen Krieger und Helden, als Fürsten herausgehoben, zeigen, was Tragik ist. Die Leidensgeschichte Christi gehört in den Alltag der Menschen, verweist aber auf anderes, was dem Leben (im Augenblick der Entscheidung) Sinn gibt. Hier konnten christliche Theologen wie Friedrich Gogarten und Rudolf Bultmann anknüpfen, wenn sie von Auerbachs existenziellem Realismus her den christlichen Glauben verständlich machten (etwa in Bultmanns schottischen Vorlesungen *Geschichte und Eschatologie* von 1955, auf deutsch Tübingen 1958).

Durch meinen Bonner Lehrer Oskar Becker wurde ich mit Heideggers frühen Freiburger Vorlesungen bekannt. Mich interessierte die formal anzeigende Hermeneutik. Nach ihr zeigt die Philosophie die Motive unseres Existierens auf, von denen her dann Theologie und Jurisprudenz die Glaubensentscheidung und Rechtssprechung verständlich machen. Dabei kann die hermeneutische Erörterung auch zu Korrekturen führen, also etwa die Naherwartung des Weltendes im Urchristentum von der existenziellen Annahme der eigenen Endlichkeit her verstehen. Als Hans-Georg Gadamer 1960 sein Buch *Wahrheit und Methode* vorlegte, stellte er zu Hegel, Droysen und Dilthey Vicos frühen Hinweis auf den Gemeinsinn. Doch waren wir Bonner Studenten auf anderen Wegen, indem wir die Topik in den Vordergrund rückten. Als ich diese Dinge 1960 auf einem Münchener Philosophiekongress vortrug, bekam ich die Zustimmung etwa von Apel und Habermas. Gadamer dagegen meinte: „Die jungen Leute wollen heute alle so patent sein", nämlich aus einem interessanten Gedanken eine ganze Wissenschaft machen. Doch wurde er dann gezwungen, seinen hermeneutischen Ansatz in die umfassende Reflexion auf die rhetorische Tradition hineinzustellen, von der her er auch kritisiert wurde. Noch im hohen Alter konnte er seine Plato-Studien zusammenfassen und vom späten Plato her seine eigenen Grundbegriffe formulieren. Dabei hielt er, anders als sein Lehrer Heidegger, den Bezug auf Augustinus fest.[21]

Die nationalsozialistische Diktatur hatte sensibel gemacht für die politischen Implikationen im Denken und Forschen. Diese Sensibilität konnte auch zu Kurzschlüssen führen. So hörte ich gleich am Anfang meines Studiums Erich Rothacker sagen, wenn er in der Nazizeit seinen Ruf nach München angenommen hätte, wäre er in den Kreis der Geschwister Scholl geraten und lebte nicht mehr. Ich ging dann nicht zum Philosophischen, sondern zum Historischen Seminar und fand dort Rothackers *Geschichtsphilosophie* von 1934. In einem sonst entfernten Text begrüßte er den „Führer" mit den Worten eines Jüngers von Stefan George: Aus der tief aufgerissenen Erde steige jung und schön ein neuer Halbgott auf. Ich schwor mir: Zu Rothacker gehst du nie wieder hin! Dann sah ich, dass bei Rothacker alle waren, die Bedeutendes erstrebten (und später auch vorlegten). So ging ich im Sommer 1952/53 in Rothackers Seminar *Hegels Geschichtsphilosophie* (Habermas referierte gerade über den späten Fichte und die Junghegelianer). Rothacker ging nach dem Seminar gern ins Weinhaus Streng, wo man bis in die Nacht hinein weiter diskutieren konnte. Auch diesen Weg ging ich schließlich mit und kam so in einen persönlichen Kontakt zu Rothacker.

Die Toposgeschichte wurde dann in Bonn nicht mehr erlaubt (darauf habe ich schon hingewiesen). So suchte Johannes Hoffmeister mich zu gewinnen für eine Darstellung der Weise, wie der junge Hegel mit Hölderlin zu einem neuen philosophischen Ansatz gefunden hatte. Als ich zufällig durch Tübingen kam, stand am Hölderlin-Turm eine alte Frau im Fenster und blickte geradezu gespenstisch auf mich herab. Es wurde mir klar, dass dieses Verhältnis Hölderlin-Hegel trotz vieler Arbeiten ganz neu aufzuarbeiten war. Einen Außenseiter der Goethe-Zeit, Heinrich von Kleist, verfolgte Hoffmeister mit seiner Kritik geradezu. Doch sah jeder seiner Schüler, dass er dabei seine eigenen Einseitigkeiten und jähen Umwendungen bekämpfte. Mir wurde klar, dass die Lebensprobleme dieser jungen Generation, die sich von Goethe und Schiller, aber auch von Jacobi und Herder abgehoben hatte, auf unsere Lebensfragen verwies.[22] Eine einzelne Frage rückte in wenig angemessener Weise dann in den Vordergrund: Indem ich das berühmte älteste Systemprogramm des deutschen Idealismus von Hegel nicht nur abgeschrieben, sondern geschrieben sein ließ, wurde eine alte Diskussion neu entfesselt. Sie führte zu einer ganzen Reihe von Büchern und Sammelbänden.[23]

Im Sommer 1952 besuchte ich bei Oskar Becker eine Vorlesung über Ästhetik, dazu ein Seminar über spekulative deutsche Ästhetik (Schelling, Solger, Hegel). Auf Grund meines Interesses an der deutschen Romantik konnte ich über Solger referieren, dessen Ironie-Begriff eine Wendung in den Diskussionen der Romantiker hin zur Endlichkeit und Tragik bedeutete. Im Winter 1953/54 nahm ich bei Becker an einem Seminar über griechische Philosophie teil. Für Becker war es selbstverständlich, dass wir die Logos-Fragmente Heraklits auswendig konnten. Bei der Interpretation schlug er auch eine Brücke hin zur angelsächsischen Forschung. So konnte ich später nur aus der Distanz heraus referieren, wie Martin Heidegger in seiner Sprache Heraklit wiedergab und in Heraklit einen älteren Bruder zu finden glaubte. Als 1954 in der Sammlung *Orbis academicus* Beckers Buch über die Grundlagen und die Geschichte der Mathematik erschien, habe ich nach Fertigstellung meiner Dissertation sieben Monate damit verbracht, die behandelten Texte mir anzueignen. Ich ahnte nicht, dass das so etwas wie der Abschied von den Interessen meiner Jugend war, die auf Mathematik und Musik konzentriert waren. Als von Frankreich her Hegel mit seiner *Phänomenologie des Geistes* neu aktualisiert wurde, wollte Johannes Thyssen auch diesen Gegenspieler kritisch diskutieren. Ich hielt ein Referat über die Kritik der sinnlichen Gewissheit und das Seinsproblem. Thyssen wehrte meine Tendenz mit dem Satz ab: „Sie mit ihrem Heideggerianismus..." Ich war verblüfft über die Zuordnung, sah aber nun die Notwendigkeit, diesen überall gegenwärtigen Heidegger aufzuarbeiten. Bald brachten mich Tagungen der Hegel-Vereinigung Gadamers in persönlichen Kontakt mit Jean Wahl, Jean Hyppolite, dann auch mit Emmanuel Levinas. Was „in der Luft lag", musste genau aufgefasst und unterschieden werden.

In Bonn gab es einen eigenständigen Bezug zu dem, was Heidegger versuchte. Beim Verlag Schwann in Düsseldorf waren 1950 Schellings *Philosophische Untersuchungen über das Wesen der menschlichen Freiheit und die damit zusammenhängenden Gegenstände* von 1809 erschienen („Eingeleitet und mit Anmerkungen versehen von Dr. Horst Fuhrmans"). Dieser Text wurde zu jenem Grundtext, von dem her sich die studentische Gruppe, zu der ich gehörte, philosophisch verstand. Darin konnte eingebracht werden, was der späte Scheler versucht, aber nicht wirklich ausgeführt hatte. Der andere große Autor, auf den man sich allgemein bezog, war Augustinus. Hatte er aber das Problem des Bösen nicht verfehlt, wenn er es vom Mangel des Guten her verstand? Musste man Phänomene wie die Krankheit, dann das Böse nicht positiv von ihnen selbst her fassen? Dann kann Goethe nicht als Leitfaden dienen, der in der Natur das Göttliche sucht. Die Natur führt die Tendenz zur Selbstbehauptung ein; versteift diese sich auf sich, dann ist sie das Böse. Sie muss mit der Tendenz der Ausrichtung auf das bleibende Wesen vereinigt werden (durch die Liebe, in der das erste vom zweiten angenommen wird). Hat der viel kritisierte Manichäismus nicht auch sein Recht? Mani konnte die Natur nicht akzeptieren (weil es in ihr z.B. so viele Mücken gibt). Hatte er nicht darin recht, die Ambivalenz in der Natur zu sehen? Dieser Ambivalenz war Schelling, Augustinus überbietend, gerecht geworden. In der damals beginnenden kritischen Schelling-Edition war die Freiheitsschrift in zukünftige Planungen und Arbeiten verschoben worden. Doch die Zuwendung von Fuhrmans zu Schellings Weltalterentwürfen und zum späten Schelling brachte neue Impulse in die Bonner philosophischen Diskussionen. Horst Fuhrmans, katholischer Geistlicher, hatte bei Heinz Heimsoeth studiert. Er fuhr im offenen Volkswagen mit gefährlich wehendem Schal umher, auch zum Nordkap hoch, leitete einen Claudel-Kreis und wandte sich weiteren Novitäten zu. Doch im Alter kam die Schwermut, die nach Schelling im Grund der Dinge ist. Bei der Arbeit mit Friedhelm Nicolin in Röttgen bei Bonn konnte ich durch das Fenster im gegenüber liegenden Pfarrhaus Horst Fuhrmans sitzen sehen, der still vor sich hin weinte. Meine Auffassung blieb, dass man der Natur nicht vertrauen könne. Die Liebe muss nach Schellings Freiheitsschrift das, was bloß Grund in Gott ist und zum Bösen führen kann, verbinden mit dem, was Gott als er selbst ist. Doch mit Bultmann und seinem Kreis ging ich davon aus, dass solche Liebe sich nur geschichtlich aufnehmen lasse. Keine Gottesbeweise erbrächten das, was allein in einer Entscheidung ergriffen und dann geschichtlich durchgehalten werden könne.

Der Bezug auf Dichtung war etwas Selbstverständliches; dabei trat die Lyrik (neben dem Roman) in den Vordergrund. Eichendorff war für mich zum Dichter der Heimat geworden; gab es Vergleichbares auch in der Gegenwart? Zu Weihnachten 1952 verschenkte ich ein Bändchen *80 Ausgewählte Gedichte* von Rudolf Alexander Schröder. Schröder war mit dem dichterischen Aufbruch von George, Hofmannsthal und Rilke aufgewachsen. Er verband das Wirken als Architekt in seiner Heimatstadt Bremen mit der bahnbrechenden Zeitschrift *Die Insel* (die ja bis heute ihr Fortwirken hat). Durch Übersetzungen holte er die große Tradition ein, beginnend mit Homer. In eigenen Gedichten konnte er selbst ausführen, was an Schönheit, Klarheit und Süße des Tons in der Lyrik gewonnen worden war.

Die Studentin, der ich Schröders Gedichte schenkte, hatte immer neue Abschiedserfahrungen gemacht. Schon als Kind war sie von Mönchengladbach mit der Schule nach Franzensbad ins Sudetenland verschickt worden. Schließlich hatte sie in Westfalen auf einem Schloss Privat-Unterricht gehabt zusammen mit den Söhnen einer Adelsfamilie. Sie drängte gegen alle Versuche, sie familiär einzubinden, zum Studium. Das akzeptierte ich, und so blieb uns ein Verbindendes: Welt zu gewinnen! In dem Geschenkbändchen verwies ich mit der Widmung „Von Ufer zu Ufer“ auf jene Gedichtreihe, in der ein See zum Strom wird und Ufer von Ufer trennt.

Begehr ich dein?
O nein, o nie;
Und doch, und ja,
Und heut, und hie![24]

Zu einem *Nachklang* gehört das Gedicht *Traum im Traum*. Nach ihm fehlt „über Tag“ nichts, doch:

Ist nur im Traum eine leere Stätte,
Ist nur ein Schatte: dort war Licht.

Nicht, dass mich's ängstige, dass mich's quäle:

Und doch, ich sinn, und ersinn es nicht,
Dass mir dein Gruß und dein Lächeln fehle,
Süße Seele, süßes Gesicht.

Schröders *Die Ballade vom Wandersmann* beginnt:

Rührt mich nicht an – ich bin's nicht mehr...

Konnte diese Absage an zu viele Verflechtungen ins Leben auch Jugendliche zu Wandlungen und jähen Wendungen führen? War diese Weise des Dichtens repräsentativ? Bei Rudolf Alexander Schröder bestellte Theodor Heuß, der erste Präsident der Bundesrepublik Deutschland, eine Nationalhymne; doch hörte man in ihr zu viel Orgelton und Konvention. Diese Nationalhymne sei keine! „Sie heußt nur so." Der Bundeskanzler Konrad Adenauer griff lieber zurück auf eine aktuelle Strophe des Deutschlandliedes: „Einigkeit und Recht und Freiheit..."

Ich selbst wandte mich zur Lyrik von T. S. Eliot, der für Ernst Robert Curtius ein Weggefährte gewesen war. Da ein Bonner Anglist (Schmid-Hidding) über Eliots *Vier Quartette* Seminar machen wollte, schickte der Dichter, zugleich Verlagsdirektor, eine Reihe von Exemplaren nach Bonn. So konnte auch ich darauf zurückgreifen. Nicht nur *The Waste Land* konnte ich lesen, sondern auch aus den Quartetten *East Coker* mit dem abschließenden Teil:

So here I am, in the middle way,
having had twenty years –
Twenty years largely wastet,
the years of *l'entre deux guerres* –

Das war etwas Neues: mit Dante im lyrischen Gedicht auf die Mitte des Lebensweges reflektieren! Diese Mitte sind nun die verschwendeten zwanzig Jahre zwischen den beiden Weltkriegen. (Eliot wurde 1888 geboren, war also nach dem Ersten Weltkrieg in seinen dreißiger Jahren.) Eliot schuf so etwas wie Musterdramen; weithin bekannt wurde sein Weihespiel *Mord im Dom.* Doch seine Lyrik schien das eigentlich Moderne zu sein. Als in Bonn die Rheinbrücke eingeweiht wurde, konnte der Rektor Klauser (Theologe und Benediktiner) ihn mit großem Pathos als Brückenbauer Europas begrüßen. Zu meiner Enttäuschung stellte Eliot sich als ein durch und durch konservativer Denker dar. Ich sah, dass andere andere Wege mit Eliot gegangen waren. Joachim Ritter stellte 1945 im Kriegsgefangenenlager Eliot gegen den Nietzscheanismus, für den Religion und Metaphysik keine lebendige Tradition mehr waren. Eliot nehme dagegen die alten Bilder und Symbole in der alltäglichen Sprache unserer Zeit auf und zeige so die Aufgaben, die uns gestellt seien. Schüler Ritters wie Ernst-Wolfgang Böckenförde und Hermann Lübbe führten Ritters Ansätze in unterschiedlicher Weise fort.[25] Doch meine Wege verliefen anders.

Damals wurde (auch im Kreis um Ernst Robert Curtius) Gottfried Benn hochgeschätzt. Mit seiner Verabsolutierung des Ästhetischen stand Benn durchaus im Gegensatz zu Eliot. Zu diesem grundlegend verschiedenen Dichtungsweisen kam eine Naturlyrik, die dem Wechsel vom Krieg zur Besatzungszeit den Rückgriff auf das Unscheinbare, aber Bleibende der Natur entgegenstellte und es auch im Mythos wiederfand. Im Sommersemester 1954 stellte Johannes Hoffmeister es in einem Kolloquium jedem Teilnehmer frei, eine Thematik einzubringen. So verglich ich in den heißen Sommertagen zwei Gedichte aus der Sammlung *Ergriffenes Dasein*. Das war einmal von Wilhelm Lehmann das Gedicht *Daphne*. Es stand für die damalige Zuwendung der Lyrik zur Natur. In der strahlenden Sonne kommt der Gott Apoll zu Daphne als dem gesuchten irdischen Widerpart.

Die Quitte schwillt. Wie heiß die Lüfte,
Sie kühlt die Hand, die sie umspannt.
So tasteten Apollons Finger,
Von Daphnes kühler Brust entbrannt.

Daphne entzieht sich als kühler Lorbeer. Mit dem kann Apoll dann aber jene schmücken, die ihm zum Gesang folgen.

Dieser „Naturlyrik“, die formal durchaus im Herkömmlichen bleibt, stellte ich ein Gedicht Paul Celans gegenüber, das „allegorisch“ ausgreift:

Ein Knirschen von eisernen Schuhn ist im Kirschbaum.
Aus Helmen schäumt dir der Sommer.

Zum Sommer, der als geharnischter Reiter auftritt, tritt ein Luftgeist, der eiserne Schuhe an seine schmächtigen Hände geschnallt hat und den Sommer verschläft. Die Kirsche „blutet für ihn“, bringt als frühe Frucht Leben und Sterben der Natur ein.[26]

Entgegen den damaligen Einschätzungen fand ich in Celan keinen Magier aus den Hinterhöfen von Paris, sondern einen Dichter, der durchaus realistisch die Abwehr eines zu heißen Sommers schildert. Ich schrieb 1954/55 eine Miszelle über Celan; diese wurde für die Zeitschrift *Texte und Zeichen* auch gesetzt. Doch das Heft der Zeitschrift erschien dann verkürzt, nämlich ohne meinen kleinen Aufsatz. Der Luchterhand-Verlag wollte damals zum führenden Literatur-Verlag werden; dabei setzte er auf Ivan Goll und eine zentrale Goll-Ausgabe. Die überlebende Witwe Claire Goll wollte am Ruhm Celans partizipieren und erklärte ihn in einer absurden Aktion für einen Plagiator ihres Mannes. Paul Celan konnte nicht akzeptieren, dass Alfred Andersch sich als Zeitschriften-Herausgeber den Machenschaften des Luchterhand-Verlages beugen musste, mir aber die Möglichkeit verschaffte, mich an anderer Stelle zu Celan zu äußern. Mein Aufsatz wurde später zum ersten Teil einer Arbeit *Zur Lyrik Paul Celans.*

Turbulent wurde es 1960, als Celan bei seiner Suche nach Hilfe auch zu uns ins Siebengebirge kam. Der Journalist Hühnerfeld, schon berüchtigt durch seine Attacke gegen Heidegger, fuhr nach Paris, um den angeblichen Plagiator Celan zu stellen. Da die Celans schon in Ferien waren, raste er mit dem Auto zurück zur Redaktion der Wochenzeitung *Die Zeit* und fuhr sich dabei zu Tode.[27] Celan bekam 1958 den Bremer Literaturpreis. Schröder hatte sich bis zuletzt dagegen gewehrt, weil er in den befremdlichen Wortreihen Celans keine Dichtung finden konnte. Wenn auf den Photos von der Preisverleihung der alte Rudolf Alexander Schröder und der junge Paul Celan nebeneinander standen, konnte man das auch verstehen als das Aufbrechen eines neuen Anfangs gegenüber dem Altgewordenen. Doch lagen diese Ereignisse schon jenseits der Zeit meines Studiums, das ich 1955 abschloss.

Der Bonner Altgermanist Werner Betz hatte mich ins Althochdeutsche eingeführt. Bei ihm besuchte ich im Winter 1952/53 ein Seminar über *Minnesangs Frühling.* Betz hatte gerade geheiratet, und so gingen wir davon aus, dass er durch die historische Arbeit seinen Sprachschatz für das neue Lebensverhältnis erweitern wollte. Jedenfalls versuchte ich das für mich selbst zu tun. In meiner Umgebung gab es kaum einen Studenten, der seine persönlichen Erfahrungen nicht in Verse fasste. Wichtig wurde auch, dass der Historiker Carl A. Willemsen über die Staufer und ihre Dichter arbeitete. Er zeigte im Bild, wie man auf dem Handschuh zur Beizjagd den Falken trägt. Er gab wieder, wie Konradin dichtete: „Ich fröve mich maniger bluomen rôt.“[28] König Enzio hielt fest: „Tempo venne chi sale e chi discende“; nach Willemsen:

Zeiten kommen, die führen zu Sternen.
Zeiten, die sich in Abgründe senken…

Wenn ich dieses Büchlein der genannten Studentin schenkte (die später meine Frau wurde), dann war deutlich, dass es darum ging, im einst Gedichteten das Eigene zu finden und umgekehrt das Eigene aus einer langen Geschichte zu erfassen:

Mit einem Buche

Denke: Auf Pferden reiten, hundeumbellt,
Auf dem Handschuh zur Beizjagd die Falken,
Konradin, Herrin, mein Name!
Ich fröve mich maniger bluomen rôt.
Puer Gemaniae, Südtraum im Herzen.

In Neapel: zum Schafott. Vielleicht als Enzio auch
Bolognas Schmach, mit Apuliensehnsucht
Und Fragen, bitteren Fragen; im Tod noch
Der Romanzenhefte gedenkend:
Tempo venne, chi sale e chi discende.

700 Jahre tot nun,
Tot –, und Du noch hier im Gedicht
Vielleicht zusammen wir auch im Falkenjagdbild.
Er sang vil wol von minnen,
Ihr Lächeln schwieg …

Das Studium der Philologie und der Musikwissenschaft erlaubte es mir, mich genauer mit der Geschichte der Troubadours und der Trouvères zu befassen. Voraussetzung für die provenzalischen und südfranzösischen Bewegungen war die Geschichte der Waldenser. Diese mussten mit ihrer Ablehnung der Weltlichkeit und der Hierarchie Verfolgungen auf sich ziehen. Die Tempelritter schützten dann die Pilger auf den Reisen nach Jerusalem. Sie gruben auch am Tempelberg in Jerusalem nach Schätzen und sammelten ungeheure Reichtümer. Hatten sie auch ein geheimes Wissen (wie es dann in Bezug auf den Heiligen Gral verbreitet wurde)? Die Burgen der Templer standen auch in Südfrankreich. Doch vernichtete der französische König die Templer wohl weniger wegen ihrer häretischen Gnosis als aus dem Willen, an ihren Reichtum zu kommen. Es kam dann die Macht der Hugenotten, die 1572 im Blutbad der Bartholomäusnacht auf schreckliche Weise gebrochen wurde und schließlich zur Vertreibung der Hugenotten führte, von der Preußen profitieren konnte.

Man verband damals allem historischen Wissen zuwider die lesbischen Lieder der Sappho mit der Liebe zwischen dem männlichen und weiblichen Geschlecht. Führte nicht von der Antike über das Mittelalter trotz aller Verschiedenheiten eine Linie, die man im eigenen Leben mit Gedichten und Kompositionen aufnehmen konnte? Erst Jahrzehnte später kam ich nach Palermo. Zur Schönheit des Golfes, der „goldenen Muschel", kamen die Gedenkstätten der Stauferkönige, aber auch das Arabische und Byzantinische, ja als Voraussetzung das Phönizische und Karthagische. Es blieb schwer, alle die Tendenzen auseinander zu halten, die den mittelmeerischen Raum geprägt hatten, sie aber auch zu verflechten. Ich konnte über viele Besuche dann in Neapel so etwas wie eine zweite Heimat finden.

Im Sommer 1953 ließ ich mich beurlauben. Die Prüfungsanforderungen wechselten damals ständig; ich war mir dessen bewusst, dass ich zur Lehre an Gymnasien nicht taugte. Mein Blick ging nicht zu den Kindern, die ich fördern sollte für ihre Lebensrollen; ich suchte Wegweiser für mich selbst. Ich wollte in die Welt und hoffte, an irgendeiner deutschen Botschaft im Ausland vielleicht eine Archivarstelle zu finden. Doch auch dafür war das Praktikum an einem Gymnasium vorgeschrieben. Die Wochen, die ich am neu aufgebauten Gymnasium in Olpe verbrachte, gehörten zu den trübseligsten Zeiten meines Lebens. Doch wurden sie bald vergessen, als ich auf der Burg Gemen an einem Treffen von Jugendgruppen teilnahm. Dort führten die einzelnen Nationen ihre Gesänge und Gebräuche vor. Hier kam ich wieder zusammen mit meiner Freundin, die sich mir inzwischen stärker zugewandt hatte. So konnte ich ihr das Bändchen von Karl Buchheim *Suleika. Vom Ewigen in der Liebe* (München 1948) schenken. Die Widmung waren nun Verse Goethes:

Ich gedachte in der Nacht,
dass ich den Mond sähe im Schlaf;
als ich aber erwachte,
ging unvermutet die Sonne auf.

War nicht in der Tat, wie Goethe dichtete, der Orient übers Mittelmeer gedrungen, um sich mit dem Okzident zu vereinigen? Der Aufbruch Herders und des jungen Goethe, dann die romantischen Bestrebungen, denen Goethe nicht fern blieb, ließen unterschiedliche Epochen der Geschichte in ihrem Einklang sehen. Durch diese Geschichte war auch das eigene Leben geprägt.

Ich studierte wie meine Freundin Deutsch und Geschichte. Seltsamer Weise waren wir nie, nicht einmal bei Wilhelm Grenzmann, in derselben Lehrveranstaltung. Sie hatte eine Freundin, die Kierkegaard liebte, die blauen Bände über Kierkegaard von Emanuel Hirsch las, sich auch an Ernst Käsemann orientierte. Das waren auch meine Interessen, die aber von meiner Freundin nicht geteilt wurden. Mich beschäftigte die Theologie nur indirekt von der Philosophie her. Ich habe nur einmal eine theologische Vorlesung belegt (weil ich dort meine Freundin treffen konnte). Das war Heinrich Schliers Vorlesung *Exegese des Epheserbriefes* vom Wintersemester 1953/54. Da ich oft durch andere Aufgaben verhindert war, las ich das Vorgetragene in der Nachschrift meiner Freundin nach.

Die Vorlesung Schliers fiel zusammen mit seiner Konversion zur katholischen Kirche; sie wurde deshalb weder bei den evangelischen noch bei den katholischen Theologen gehalten, sondern bei den Philologen in der Sektion für Altchristliche Literatur. Gerade so nahm ich sie auf. Dass in dem kleinen Hörsaal, in dem Schlier las, auch andere gesessen haben, die mir dann nahe kamen, erfuhr ich erst später. Das war einmal der evangelische Theologe Hans Hübner, der später eine biblische Theologie vorlegte, ferner Heinz Kimmerle, mit dem ich in der Hegel-Forschung zusammenarbeiten konnte. Unabhängig von der Theologie, die Schlier vortrug, beeindruckte es mich, wie hier jemand in der Vorlesung Detail auf Detail häufte, aber am Schluss daraus eine Einsicht gewann, der die Überzeugungskraft nicht fehlte. Diese Weise des Umgangs mit Texten suchte ich auch im germanistischen Bereich anzuwenden.

Natürlich fiel es Schlier schwer, über den Anfang des Epheserbriefes hinauszukommen. Der zweite Satz des Briefes sagte von dem Vater Jesu Christi, dass er uns vor der Erschaffung der Welt auserwählt habe, nämlich als sein heiliges Volk! Das war nach Schlier wie nach Käsemann die wandernde Kirche. Damit hatte ich es nicht, sondern fügte „füreinander" ein. In dieser Umdeutung stimmte ich der Angabe zu. Natürlich konnte Schlier das „vor der Erschaffung der Welt" mit Bultmann entmythologisieren; es blieb keine chronologische Vorstellung. So galt auch das Zueinander nicht für die zerstreuende Zeit, sondern von Ewigkeit zu Ewigkeit.

Von dieser Erfahrung aus konnte ich, wie schon angegeben, eine Brücke schlagen zum Heliopolis-Roman Ernst Jüngers. Doch folgte ich überhaupt Grundgedanken von Jünger: Können die Lebenskeime nicht aufeinander treffen und sich vereinigen, so aber an den Grund des Lebens rühren, der auf Gott verweist? Das waren jedenfalls unsere Erfahrungen: In der Liebe konnten wir uns „in die Augen stürzen"; wenn alles nur Persönliche hinschwand, trat das Gemeinsame hervor und rührte an den Grund des Lebens. Als die beruflichen Wege uns zu verschiedenen Orten führten, war immer die Stunde bestimmt, wo wir aneinander dachten und uns vom Ruf des Ewigen her eins wussten. Ich selbst musste meinen beruflichen Weg erst noch finden.

Ich hatte im Direktor des Bonner *Instituts für geschichtliche Landeskunde der Rheinlande*, Franz Steinbach, so etwas wie einen väterlichen Betreuer gefunden. Das Institut an der Poppelsdorfer Allee, fern von den sonstigen Universitätsinstituten, wurde in Bonn meine Heimat. Ich besuchte Semester für Semester Steinbachs Lehrveranstaltungen über Wirtschafts- und Sozialgeschichte sowie über Verfassungsgeschichte. Es ist mir unvergesslich, wie Steinbach in Luxemburg (das durch eine Professur in Bonn vertreten war) ein Chanson variierte:

J'ai deux amours:
C'est ma patrie
Et Luxembourg.

Ich konnte mir Luxemburg mit seinen alten Kasematten, seinem Bergwerk, seinen Kirchen und Klöstern, seinen ländlichen Gebieten im Detail aneignen. Während einer Exkursion durch die Schweiz feierten wir auf dem Großen St. Bernhard das Schweizer Nationalfest mit. Unvergesslich jene Gestalten, in deren Gesichtern die Durchreisenden verschiedenster Nationalität sichtbar blieben! Natürlich stand ich mit einer kleinen Gruppe noch vor dem Wecken auf, um auf die Berge zu klettern. Im Bus wachten wir aus unserm Schlaf jäh auf, als Steinbach begeistert die ersten Dachziegelformen sichtete, die aus dem Rhonetal hochgekommen waren.

Wenn ich später andere Steinbachschüler wiedertraf, waren sie verblüfft, dass ich nicht bei Steinbach promoviert oder mich mit ihm habilitiert hatte. In der Tat hatte mich neben der Geschichte der Städte vor allem die europäische Agrargeschichte interessiert. (Dem Bauernsohn Steinbach war klar, dass das alte Bauerntum in Europa nach der Einfuhr des amerikanischen Weizens ausgedient hatte.) Zusammen mit jemandem, der Russisch konnte, habe ich die russische Agrargeschichte aufgearbeitet. In der Mitte des 19. Jahrhunderts hatte ein Baron von Haxthausen den russischen Mir entdeckt, eine Feldgemeinschaft russischer Bauern. Doch Georg von Below konnte zeigen, dass das keine urtümliche Form des Gemeineigentums gewesen war, sondern eine neuzeitliche Bildung auf Grund der Besteuerungsverhältnisse. Schon beim Dichter Immermann hatte ich gelesen, wie erstaunt er war, als er die ostdeutschen Grundherrschaften bei der Fahrt durch die Westfälische Pforte hinter sich ließ und auf freie Bauern und selbstverwaltete Städte traf. Zumal in den Rheinlanden hatte die Realteilung die alten Bauernschaften jedoch teilweise aufgesplittert. In Süditalien waren die Bauern früh zu Landarbeitern geworden, die dann in Quasi-Städten angesiedelt wurden und keine Ausbildung bekamen. Christus kam nur bis Eboli, so formulierte es ein bekannter Roman von Carlo Levi.

Ich hatte das Glück, dem Institut Steinbachs anzugehören, als es seine große Zeit hatte. Bei Steinbach störte mich aber (wie schon angegeben), dass er bei der Abfahrt von Soldatengräbern gemäß dem üblichen Verfahren „Freut euch des Lebens" anstimmte. Auf diese Weise konnte ich nicht mit meinen Kriegserfahrungen fertig werden. Deshalb ging ich zu dem Germanisten und Hegelforscher Johannes Hoffmeister, dann zu dem Mathematiker und Ästhetiker Oskar Becker. Als ich nach meiner Arbeit über Hegels Kritik der Romantik von Steinbach in Geschichte geprüft wurde, machte er mir indirekt klar, dass er diesen Abfall von meinen ursprünglichen Interessen geradezu moralisch verurteilte. Der Reserveoffizier konnte bei Hoffmeister, der dem Trinken und anderen Unregelmäßigkeiten nicht widerstehen konnte, und bei Becker, der in Abstraktionen flüchtete und zeitweilig auch in einem Keller hausen konnte, keine besseren Lehrer für mich sehen. Ich hatte meine Motive, doch war mir diese Trennung von meinem eigentlichen Lehrer sehr schmerzlich. Wenn ich später das Hegel-Archiv an der neuen Ruhr-Universität zu einem weltweit wirkenden Institut ausbaute, war Steinbach für mich immer noch das eigentliche Vorbild.

Doch war die Zeit großer Historiker und Forschungsorganisatoren wie Steinbach abgelaufen, als ich von ihm schied. Das Seminar für Landesgeschichte und Siedlungskunde in Leipzig war 1906 gegründet worden aus der Nähe zu dem Methodenstreit, den Karl Lamprecht entfacht hatte. Zu ihm gesellte sich 1920 das *Institut für geschichtliche Landeskunde der Rheinlande* in Bonn, auf Initiative von Hermann Aubin und Aloys Schulte gegründet. Aus dem Institut gingen 130 Dissertationen hervor; über die Lehre der rheinischen Landesgeschichte wurde der Nachwuchs für rheinische Archive und Museen geschult. Das war durchaus eine Parallele (geschichtlich sogar früher) zu dem, was Lucien Febvre und Marc Bloch 1929 mit den *Annales d'histoire économique et sociale* ins Werk setzten, eine ganze Forschungsrichtung prägend. Das Land Nordrhein-Westfalen trägt einen Namen, der von der britischen Besatzungsmacht stammt (in der deutschen Sprache spricht man nicht vom Nordrhein und vom Südrhein, sondern vom Niederrhein und vom Oberrhein). Konnte das Land seine Geschichte in eine Einheit zusammenfassen? Im Jahre 2005 wurde jedoch das

Institut für geschichtliche Landeskunde der Rheinlande ganz aufgelöst; es passte nicht mehr in die Bachelor-Ausbildung, die nunmehr wichtig schien. Offen ist noch, ob die neue „Kulturraumforschung" an die alten Traditionen anknüpfen wird. Mein Studiengefährte Georg Droege, so lange für die Anliegen des Instituts für geschichtliche Landeskunde der Rheinlande einstehend, fand seinen Lehrstuhl schließlich im abgelegenen Trier.[29]

Mein eigener Lebensweg blieb bezogen auf die Aufgaben, die der Germanist und Hegelforscher Johannes Hoffmeister hinterließ. Meine Dissertation über Hegels Kritik der Romantik war noch nicht gedruckt, als er am 19. Oktober 1955 in der Klinik starb (dabei blieb unklar, wieweit eine Überdosis Schlaftabletten zum Tod beigetragen hatte). Hoffmeister meinte, auch einmal drei Tage und Nächte durcharbeiten zu können. Allbekannt war, wie er dem zuständigen Bibliothekar gegenüber seine Sonderwünsche rechtfertigte: „Ich lebe aus meinen Zusammenbrüchen." Der Bibliothekar hielt dagegen, er müsse seine Gesundheit dem Staat erhalten. Vor seinen Problemen flüchtete Hoffmeister sich in überstürzte Reisen, selbst nach Italien. Dabei sah er sich in der Nachfolge Nietzsches, von dem man berichtete, er habe dort trockene Zypressen angezündet und sich selbst als „Flamme" verstanden (gemäß dem „Vorspiel in deutschen Reimen" aus *Die Fröhliche Wissenschaft*):

> Ecce homo
>
> Ja! Ich weiß, woher ich stamme!
> Ungesättigt gleich der Flamme
> Glühe und verzehr ich mich.
> Licht wird alles, was ich fasse,
> Kohle alles, was ich lasse:
> Flamme bin ich sicherlich.

Hoffmeister suchte schließlich für seine Aufgaben – die Hegel-Edition, ein Lexikon der Begriffe, die Geschichte der Poetik, die Deutung des Denkens und Dichtens der Goethezeit – weniger Mitarbeiter, als Mitverschworene. Seine Wohnung bestand aus zwei Teilen, die durch das Treppenhaus getrennt waren. Er hatte mit seinen Büchern den einen Teil besetzt. Als Friedhelm Nicolin, von ihm durch Vermittlung Theodor Litts für die Hegel-Edition angestellt, und ich selbst diesen Teil nach seinem Tode aufräumten, fanden wir im Schreibtisch und hinter den Büchern leere Bier- und Schnapsflaschen in Massen. Deren starker Geruch gab Hoffmeister wohl die Anregung zur Arbeit (wie für Schiller zum Entsetzen Goethes der faule Apfel in der Schublade seines Schreibtisches).

Nach dem Tode Hoffmeisters suchte die Deutsche Forschungsgemeinschaft sofort einen Nachfolger für die Leitung der Hegel-Ausgabe. Durch Heinz Heimsoeth und Joachim Ritter kam Erwin Metzke ins Spiel. Dieser hatte (wegen seiner Aktivitäten in nationalsozialistischer Zeit) kaum mit einer angemessenen Stellung in der Universität zu rechnen; so wollte man ihn ausstatten mit der Hegel-Edition. Am 3. Juli 1956, am Morgen seines 50. Geburtstages, konnte er der Kurrende der Tübinger Studentengemeinde für das Geburtstagsständchen vor seinem Haus danken, verstarb aber unerwartet bei der Rückkehr in sein Zimmer. Seine Arbeiten versuchen, Nikolaus von Kues und Paracelsus, aber auch Luther, Jakob Böhme und Hamann als Voraussetzungen für unseren Bezug zu Hegel zu erweisen. Von da aus hatte Metzkes Weg zum Vorsitz der Marxismus-Kommission der Evangelischen Akademien in Deutschland geführt.[30]

Wir konnten für Hoffmeister auch eine Gedenkschrift publizieren. Darin sagt Karl Jaspers (in den Passagen eines Kondolenzbriefes) von Hoffmeisters Leistungen: „Seine unermüdliche Arbeit, Gründlichkeit und sein Spürsinn haben, zumal in der Hegel-Welt, die neuen, für immer gültigen Ausgaben geschaffen."[31] Jaspers gibt die damals allgemein herrschende Auffassung wieder. Doch zum Schrecken derer, die Hoffmeisters Arbeit fortführten, zeigte sich, dass die Grundlagen für eine gültige Hegel-Ausgabe erst noch erarbeitet werden mussten. War nicht auch Hoffmeisters Leben ein Weg zum Abgrund gewesen? Eine große geistige Leidenschaft sprach aus den Briefen an die „Urfreundin" Bettina, die sich in Leipzig mit ihrem „Johannesbruder" vom frühen Aufbruch Paul Tillichs leiten ließ. Wir übergaben die Briefe an Frau Hoffmeister, als diese uns bei den Aufräumarbeiten begrüßte. Gerade da fielen mir Gedichte ihres Mannes in die Hand, die von seiner Frau sprachen: „Ich wag mich nicht an Inge ran, / Sie kommt gleich mit dem Ringe an." Das Resumé lautete: „Verliebt ich um die Inge schlich, / Nun sitze in der Schlinge ich." Hoffmeister blieb der letzte Schüler Friedrich Gundolfs und verband wie dieser die Literaturgeschichte mit eigenem Dichten. So beginnt ein Gedicht vom 29. V. 47:

> Du hast uns auferlegt, Dich zu bekennen,
> Und lange rüttelten wir blind daran.
> O lass uns, Deine Söhne, nun aus eigenem Willen streben
> Und sei's wie gegen Dich, nach Deiner Art

Hoffmeisters Weg führte von Leipzig zu Richard Kroner nach Kiel, schließlich zur Habilitation in Bonn mit Rothackers Hilfe und unter dem Ordinariat des wendungsreichen K. J. Obenauer. Eine kurze Zeit verbrachte Hoffmeister im besetzten Paris; in der Kriegsgefangenschaft hielt er Vorträge, die dann als Buch erschienen und die Studenten auf ihn aufmerksam machten: *Die Heimkehr des Geistes. Studien zur Dichtung und Philosophie der Goethezeit.* Hameln o. J. (Das Vorwort führt in die Heimat von Frau Hoffmeister durch die Unterzeichnung „Malente, Januar1946.") Vor die Goethezeit wird Meister Eckhart oder *Der Weg nach Innen* gestellt. Eckhart wird von der Abgeschiedenheit her verstanden. Doch wird auch an den Herrn erinnert, der nach Eckhart jenen Knecht besonders liebt, der ihn im Zweikampf fast überwunden hätte (S. 16). Offenbar nimmt Hoffmeister im angeführten Gedicht diesen Bezug auf Eckhart auf.

Einer der Söhne von Johannes Hoffmeister wurde wieder Germanist. Doch nicht mit ihm, sondern mit einem anderen Sohn, der zur See gegangen war, habe ich mich des öfteren getroffen. Ich hatte nach Gorch Focks *Seefahrt ist not* zu den Romanen von Josef Conrad gegriffen. Ich konnte mir nicht vorstellen, dass ich nicht wenigstens einmal eine kurze Zeit zur See fahren würde. Das wusste dieser Sohn Hoffmeisters. Ihm gegenüber meinte ich, es müsse doch ein großes Erlebnis sein, den Äquator zu überqueren und den nördlichen mit dem südlichen Sternenhimmel zu vergleichen. Der Seemann wies mich darauf hin, dass es draußen meist niesele und man überhaupt keine Sterne sehe. Man überstehe die Fahrt, indem man in der Kajüte sitze und sich Videos ansehe. Da war mein Traum vom Leben auf der See verflogen. Später habe ich in Rotterdam und Hamburg zur Kenntnis genommen, wie man die transportierte Ware in Container verpackt und diese dann leicht und schnell verladen, damit 90% des Hafenpersonals sparen kann. Vor allem am Mittelmeer geriet ich mit meiner Familie in lebensgefährliche Situationen. Dann ging es z.B. nördlich von Ibiza in einem plötzlich aufkommenden Sturm nur noch darum, dass meine Frau und ich jeder eins der beiden Kinder sicherten, die ihrerseits ihren Spaß an den Wellen hatten, die in unser Boot hereinschlugen. Der Fischer, der uns fuhr, stand hoch im Boot mit dem Ruder in der Hand; seine Frau betete unaufhörlich vor sich hin. Doch hatten wir Glück und erreichten den Hafen.

Als ich den Traum aufgegeben hatte, selbst zur See zu gehen, wollte ich mir im diplomatischen Dienst die Welt erobern. Deshalb lernte ich früh holländisch; im Oktober 1952 gehörte ich zu der ersten deutschen Studentengruppe, die nach Holland eingeladen wurde. Damals suchte man noch junge Leute mit den nötigen Vorkenntnissen für den diplomatischen Dienst, und so hatte ich eine Chance. In der deutschen Botschaft im Haag bekam ich die Erlaubnis, mir alles anzusehen, auch die Küche, in der man auf das heftigste über die Verschwendungen bei den Empfängen schimpfte. Als der niederländische Kulturattaché in Bonn über die flämische Malerei und die alte Musik sprach, projektierte ich die nötigen Bilder an die Wand. Wenn ein neues Bild aufschien, musste man den Leuten Zeit lassen, es sich anzusehen. In einer dieser Pausen bückte der Kulturattaché sich zu mir herab und flüsterte: „Was ich gleich vortrage, sage ich zum einundsiebzigsten Male." In dem Augenblick wusste ich: Kulturattaché wirst du nie. Was ich vortrug, wollte ich mir jeweils neu erarbeiten. Ich verstand jetzt auch Werner Betz, der die Stellung eines Kulturattachés in Schweden nach einem halben Jahr aufgab und in Bonn wieder seine Lehrveranstaltungen hielt.

Zum Studium in Bonn gehörte selbstverständlich die Fahrt in die anderen europäischen Länder. Unsere Gedanken und Träume aber gingen viel weiter. Der Schiffsjunge Johnny wird schwer drangsaliert – der Kapitän spuckt ihm den Pfriem ins Genick, der Steuermann wirft ihm einen Klotz ans Bein. Doch er weiß, worauf er sich freuen darf:

Einmal noch nach Bombay, einmal noch Shanghai,
Einmal noch nach Rio, einmal noch Hawai,
Und dann durch den Suez, oder den Panama,
Wieder nach St. Pauli, Hamburg-Altona.

Weder nach Bombay und Shanghai, noch nach Rio und Hawai bin ich je gekommen. Das Ziel der Sehnsucht waren die westeuropäischen, zum Teil auch die osteuropäischen Länder, vor allem aber das Mittelmeer. Dann traten die USA und Ostasien in den Vordergrund. Claudel und Camus, Saint-Exupéry und Graham Greene erschlossen, was die Lehre an der Universität ausließ. Darüber hinaus war die fernste Ferne nah, und sie sollte uns bald nicht fremd bleiben.

Exkurs 1: Celans Weg-Weisung

Die Herausgeber der Anthologie *Ergriffenes Dasein* (1953) sagen von der Lyrik der Zeit nach dem Zweiten Weltkrieg, dass sie neue Themen (wie Krieg und Gefangenschaft) eingebracht habe, doch den Ausdrucksmöglichkeiten des Jahrhundertanfangs folge. Ein ganz neues Muster sei nirgendwo zu erkennen; „auch wo die surrealistische Manier mit Glück gemeistert wird, wie bei dem jungen Paul Celan, da werden poetische Möglichkeiten genutzt, die schon vor dreißig Jahren gestiftet worden sind".[32] Holthusen vertrat als maßgeblicher Kritiker der Zeitschrift *Merkur* und als Lyriker so etwas wie einen christlich getönten Humanismus (dass er bei der SS gewesen war, wusste man damals nicht). Als Holthusen seine Charakteristik der Lyrik Celans in einem Essay *Fünf junge Lyriker* weiter ausbaute, formulierte ich meinen Widerspruch: Celans Gedicht *Ein Knirschen von eisernen Schuhn* gestalte durchaus realistisch die Abwehr der Sommerhitze. Celan bestätigte mir später, so sei das damals gewesen (in Bukarest 1946).

Als ich 1957 während eines Arbeitsaufenthaltes in Paris Paul Celans Wohnung aufsuchte, begrüßte mich Frau Celan wie einen alten Bekannten: Alfred Andersch hatte Celan meinen Aufsatz gegeben. Celan hatte mich in Bonn vergeblich (in der Ferienzeit) aufzusuchen versucht. Mit Paul Celan hatte ich dann einen großartigen Tag, als er mir die Gedichte vorlas, die 1959 im Band *Sprachgitter* erschienen. So war ich endgültig überzeugt, dass er der maßgebliche Dichter unserer Zeit sei, der eine andere Zukunft möglich mache. Bei Karl Krolow fand ich dagegen das vorgegebene Zeitgenössische (unterstützt durch Übersetzungen aus der hispanischen Lyrik, die Celan fremd blieb). Krolow war meines Erachtens ernst zu nehmen, weil er in eigenen Gedichten, in Übersetzungen und in theoretischen Reflexionen die literarischen Tendenzen zum Verstummen vor dem Nichts führte. Die Annahme dieses Verstummens sollte auf die anderen Wege führen, wie Celan sie suchte.

Es war ein Ereignis, als Celan 1958 in Bonn die genannten Gedichte las. Entscheidend war, dass er die *Engführung* einbezog (die dann den Band *Sprachgitter* beschloss). In ihr ist die *Todesfuge* verwandelt aufgenommen. Der Dichter sieht die Juden aus Czernowitz „verbracht ins Gelände", also zu den Stätten der Vernichtung. In dieser „jüngsten Verwerfung", am „Kugelfang an der verschütteten Mauer", werden die

Rillen der Schüsse vernehmbar, nämlich mit jenen Chören, die zu neuen Tempeln gehören. Die Weg-Weisung Celans bestand also darin, die Schrecken und die Schuld unserer Zeit aufzunehmen, aber als Weg zu einer Umkehr, die in neuer Weise Zukunft gewinnt.

Leider flüchtete Celan zu Vorstellungen, man wolle ihn und sein Wort eliminieren. Auch war er nur konzentriert auf seine eigene Aufgabe. Ich konnte nicht mitvollziehen, wenn er in unseren Gesprächen meine Bemühung, seine Gedichte von der Lyrik Krolows abzugrenzen, nur als ein Ausweichen sah. Wohl fragte er auch danach, welche Gedichte ich lese. Doch war er eher befremdet, als ich ihm eine mir wichtige Anthologie zeigte: *De profundis. Deutsche Lyrik in dieser Zeit.* Sie endete mit der Verzweiflung Ernst Wiecherts, berührte mit dem Emigranten Friedrich Umbran aber auch schon die Begegnung mit den „surrealistischen" Bestrebungen von Eluard und Breton. Ich verwies auf Oskar Loerkes *Zwiegespräch im Dunkel.* Es beginnt:

Ich will allein sein, geh! – ‚Du bist beherzt.'
Wir fallen. Sage mir, wohin wir fallen?
‚Aus den Verzweiflungen.' – Aus allen?
‚Aus allen. – Schmerzt es dich so sehr?' Es schmerzt.

Angekommen ist der Sprechende nach Auskunft seines Partners, wenn er die Zeit wie ein verfolgtes Reh in die Knie brechen und zu Gott zurückschwimmen sieht. Loerke (gestorben 1941) war für mich ein Beleg dafür, dass es in Deutschland selbst einen Widerstand gegeben habe.[33] Celan blätterte in der Anthologie, doch kaum mit Zustimmung.

Auch gegenüber Holthusen wollte ich nicht einseitig ablehnen. Ich hielt Celan Holthusens Gedicht *Karsamstag* entgegen, das Karfreitag und Ostern verbinden will:

Sei wie die bebende Waage,
Die Gleiches mit Gleichem verhält,
Geh, meine Seele, und trage
Auf beiden Schultern die Welt.

Sei wie die stille, gerechte,
Die wassertragende Magd.
Fühl die gemarterten Nächte
Und fühle die Gnade, die tagt.

Celan fand das Gedicht nicht gelungen (auch die Anthologie *Ergriffenes Dasein* blieb ihm fremd). Offenbar störte ihn bei Holthusen der unvermittelte Rückgriff auf Festtage wie Karfreitag und Ostern, dazu auf den theologischen Begriff „Gnade".

Im Frühjahr 1957 in Paris breitete Celan an einem zweiten Tag sein „Goll-Archiv" vor mir aus. Mir schien, dass ich es mit einem Kranken zu tun habe, der hoffnungslos in seinen Verfolgungswahn verstrickt sei. Doch alles war wieder gut, als wir uns zum Abschied noch einmal an der Sorbonne trafen und wegen des starken Windes in ein Café flüchteten. Von Paris heißt es: *fluctuat nec mergitur.* Die Stadt der Schiffer, selbst ein Schifflein in der Seine, besteht in den Fluten der Geschichte. Die Frage, wie Paris als Stadt der Dichter und Künstler überdauert, verband sich bei mir mit dem Leben und Dichten Paul Celans. So kam ich zu immer neuen Erfahrungen, die nicht vorauszusehen waren. Es war noch ein Dutzend Jahre bis zu den Tagen, als die Seine den toten Dichter mit sich forttrieb und schließlich ans Ufer spülte.

Ich habe (1997 bzw. 2000) das Verhältnis zwischen Ingeborg Bachmann und Paul Celan zu erfassen versucht. Inzwischen ist der Briefwechsel, den die beiden führten, erschienen. Er ist nunmehr die Grundlage für Überlegungen über das Verhältnis der beiden Dichter zueinander und führt zu mannigfachen Korrekturen und Ergänzungen der bisherigen Darstellungen. Das gilt auch für meinen Ansatz.[34] Man darf von Ingeborg Bachmanns Anliegen ausgehen, dass die Zuwendung zu einem jüdischen Freund die deutsche Schuld an Krieg und Verfolgung aufzunehmen und unsere Geschichte zu einem Wandel zu führen vermöge. Ingeborg Bachmann und Paul Celan begegneten sich dann 1948 in Wien. Es gab in dieser Beziehung Irritationen. Auf der berühmten Tagung in Niendorf 1952 hatte Ingeborg Bachmann großen Erfolg; Celans Pathos erregte Gelächter. Ein anderer Sprecher musste die Vorlesung der Todesfuge wiederholen, damit man überhaupt etwas verstand. So berichtete Paul Celan am 31. Mai an Klaus Demus, dass Inge Bachmann sich gegen ihn habe ausspielen lassen; lächelnd vor Glück habe sie sich als „die" Dichterin ansprechen lassen. „Und dieser Erfolg hatte nun keineswegs rein literarische Ursachen. Und dann kam sie und fragte mich, ob ich sie heiraten wolle."[35] Doch war Paul Celan in den letzten Monaten des Jahres 1951 der Graphikerin Gisèle de Lestrange begegnet, die er im Dezember 1952 heiratete.

Den Wiederbeginn der Liebesbeziehung datiert man auf das Jahr 1957 mit den Tagungen in Wuppertal und Köln und einem Treffen in München. Doch suchte Ingeborg Bachmann Paul Celan auf seine Frau und sein Kind zu verweisen. Am 10. Mai 1970 schrieb ihr Gisèle Celan-Lestrange: „Paul hat sich in die Seine gestürzt. Er hat den namenlosesten und einsamsten Tod gewählt… Ich habe ihm nicht helfen können, wie ich es gerne gewollt hätte."[36] Im Briefwechsel mit Ingeborg Bachmann zeigt sich bei Celan zuerst eine gewisse Überlegenheit; dann muss Ingeborg Bachmann sich um den kranken Freund sorgen. Nach seinem Tod wird Celan mit seinen Gedichten in Bachmanns Roman *Malina* im Märchen *Das Geheimnis der Prinzessin von Kagran* zu einer dichterischen Gestalt. Doch wird man eine Weg-Weisung Celans, wenn man sie ihm zuschreiben will, seinem lebendigen Wirken entnehmen. Dieses hatte seine Gefährdungen. Celan gibt u. a. an, dass der Student Jean Firges ihm brieflich meldete, bei der (so eindrucksvollen) Lesung Celans am 17. 11. 1958 in Bonn hätten Studenten ihn als einen Sklaven karikiert, der in seinen Ketten aufbegehrt; unter die Zeichnung habe man geschrieben: „Hosiannah dem Sohne Davids!"[37] Firges hat später Celan genauer ausgelegt, auch mitgeteilt, die genannten Studenten seien aus Köln von dem Germanisten Emrich her gekommen, der selbst eine zweideutige Rolle spielte.

Als der Bonner Kunsthistoriker Heinrich Lützeler das *Jahrbuch für Ästhetik und allgemeine Kunstwissenschaft* neu zu beleben suchte, fragte er an, ob sich im Nachlass von Johannes Hoffmeister nicht ein druckreifer Text finde. Auch von mir erbat er sich einen Beitrag. Ich wollte mit den romanistischen Antagonisten Ernst Robert Curtius und Erich Auerbach aufarbeiten, wie die Dichtungstheorie in der abendländischen Geschichte sich in vielen *topoi* darstelle. Das war die Thematik, über die Hoffmeister seine Schüler hatte arbeiten lassen. Zu meiner Überraschung ließ Lützeler meinen viel zu lang gewordenen Text von gut 110 Seiten 1960 im Jahrbuch drucken. Vorher schon hatte ich die leitenden Gedanken mit Paul Celan durchsprechen können. Er sandte mir dann am 11. April 1961 seine Rede zur Verleihung des Büchnerpreises *Der Meridian*. Ich schrieb dazu ein paar erste Überlegungen „– Ach die Kunst!" und nahm diese als ein Gastgeschenk mit zu einem Besuch Martin Heideggers. Dieser bestellte sich bei seinem Buchhändler sofort eine Büchner-Ausgabe, um Celans Überlegungen mitvollziehen zu können. Als Lützeler 1962 eine Festschrift *Der Mensch und die Künste* bekam, gab ich dafür diesen Text.[38]

Der Titel „– Ach die Kunst!" nahm aus Büchners Drama *Dantons Tod* den Seufzer Camilles auf. An ihm waren Paul Celans Gedanken hängen geblieben, als er 1960 bei der Verleihung des Büchner-Preises seine Rede *Der Meridian* hielt. Celan suchte im Meridian das Verbindende zwischen den verschiedenen Orten (etwa zwischen Czernowitz und dem Baltikum, der Heimat und dem Ort des Untergangs des unglücklichen Goethe-Freundes Lenz, beides auf demselben Meridian). Über diesem Meridian, der Mittagslinie, steht die Sonne, die (nach Platon) alles wachsen lässt und ins Licht stellt, überall in ihrer höchsten Höhe (oder aber sie verbirgt sich im Zeitalter des Nihilismus). Ich wollte mit Celan die Todesfuge fortführen zur Engführung. Eine Engführung verknüpft musikalisch in der Fuge die Motive. Kann eine Engführung im Leben, Denken und Dichten nicht hinführen zu den Entscheidungen für eine andere Zukunft? Heinrich Lützeler entgegnete mir, er wolle nicht in die Enge, sondern in die Weite führen (wie er das ja in seiner *Weltgeschichte der Kunst* tat). Doch druckte er weiterhin meine Aufsätze, so 1975 und 1980 meine größeren Celan-Arbeiten, die damals in den germanistischen Zeitschriften keinen Platz bekommen hätten.

Auch für die Germanisten war Celan nur ein Lyriker unter anderen. Die Freundlicheren unter ihnen entschuldigten meine angeblichen Überschwänglichkeiten damit, dass ich ja „Philosoph" sei. Wirkliche Gespräche und Auseinandersetzungen gab es mit Jean Bollack und Bernhard Böschenstein, vor allem mit Martin Heidegger. Barbara Wiedemann legte dann wichtige Editionen vor, so zur „Goll-Affäre".[39] Ein Celan-Text *Die Hegelbahn* findet dort die Verfolgung moderner Literatur wieder in Kalifornien bei Richard Exner, der (zeitweilig) Claire Goll unterstützte: Celan schreibt: „Ein herrliches Spiel! Neuzeitlich! Nichts wie zwanzigstes Jahrhundert! Und, bei aller magyarisch-polackischen Beteiligung, wie deutsch, wie abendländisch-atlantisch!" Georg Lukács wurde bekannt durch seine Verurteilung moderner Literatur zugunsten des parteilich befohlenen sozialistischen Realismus; er hatte verwandtschaftliche Beziehungen nach Polen und wirkte, wie angegeben, selbst in Kalifornien. Auf Abwege gerät Barbara Wiedemann, wenn sie im Bezug auf Hegel mich gemeint sieht, den „Hegel-Spezialisten", mit dem Magyarischen Peter Szondi, dessen Familie aus Ungarn kam, mit dem Polackischen gar Jean Bollack.

Es befremdete mich, wie Paul Celan in den Pariser Bibliotheken nach dem suchte, was die damaligen deutschen Dichter und Kritiker in der Nazizeit geschrieben hatten. Doch auch er konnte sich durchaus täuschen, wenn er jemanden empfahl. So wollte Celan mich 1957 bei meinem Aufenthalt in Paris unter allen Umständen (doch vergeblich) zu Günther Grass schicken, weil dieser ein wirklich aufrichtiger Deutscher sei. Heute wissen wir, dass nicht nur Hans Egon Holthusen seine SS-Vergangenheit verschwieg, sondern auch Günther Grass – der Kaschube, der sich freiwillig zur Waffen-SS meldete. Celan fuhr in der Not der Goll-Affäre mit dem Nachtzug von Paris nach Tübingen zu Walter Jens, dann auch wieder mit dem Nachtzug zurück. Walter Jens hatte das Lyriker-Paar Ingeborg Bachmann und Paul Celan nebeneinander gestellt und so Celan die Gunst westdeutscher Verlage verschafft. Inzwischen erschienen die „unvollständigen Erinnerungen“ von Inge Jens. Darin lesen wir, dass der Vater von Inge Jens Sturmführer der SS war. Am 5. Mai 1937 schrieb Inge Jens auf Vorschlag ihrer Mutter den Aufsatz *Als ich Hitler die Hand gab*. Sie wurde BDM-Führerin, weil sie keine Untergebene sein wollte. Sie hörte viele Dichter, so Ingeborg Bachmann. „Und dann, ein Jahr später, 1952 in Niendorf an der Ostsee, Paul Celan, der die ‚Todesfuge' so eigenwillig las, dass – ein einmaliger Vorgang in der Geschichte der Gruppe 47 – der Radiosprecher Walter Hilsbecher die Verse wiederholen musste, damit wir eine Ahnung von der Bedeutung des Textes bekamen.“[40] Der Verleger Günther Neske aus Pfullingen gab ihr schließlich zur Edition, was er eigentlich ihrem Mann zugedacht hatte: die Briefe von Thomas Mann an den Kölner Germanisten Ernst Bertram. Da Bertrams Briefe fehlten, griff Inge Jens zur Rekonstruktion ihres Inhalts auf die Briefe Bertrams an Ernst Glöckner zurück. So kam es zu den Arbeiten über die Frau von Thomas Mann und deren Mutter, auch zur persönlichen Begegnung mit Katia Mann und Golo Mann. Zu ihrem Schrecken musste Inge Jens seit 2002 Veränderungen in den Reaktionen ihres Mannes feststellen. „Die Krise schien im Wesentlichen überstanden, als sich ‚Der Spiegel' im November 2003 der Erkenntnisse eines Marbacher Forschers annahm, der ein Jahr zuvor auf Karteikarten gestoßen war, die eine NSDAP-Mitgliedschaft verschiedener deutscher Intellektueller dokumentierten. Auch Walter Jens befand sich unter den Inkriminierten. Man warf ihm vor, er sei 1942 in die Partei eingetreten; selbst die Mitgliedsnummer war angegeben. Mein Mann war fassungslos. Was sollte er tun? Er selbst war sich absolut sicher, niemals einen Aufnahme-Antrag unterschrieben zu haben.“ Die Krankheit ließ beglükkende Intervalle zu; nach dem Besuch eines Konzerts konnte Walter Jens wiederholt sagen: „Das war wunderbar.“ Doch blieb seiner Frau letztlich nur die Treue, die das Eheversprechen „in guten und in schlechten Tagen“ durchhalten will.

Als 1963 die Jüngeren unter den deutschen Philosophen mit ihren Büchern hervortraten, nahm Celan in Deutschland nur noch geistige Dürre wahr. Er hatte (nach Ausbruch seiner Krankheit) jeden wirklichen Kontakt nach Deutschland hin verloren. Leider gelang es mir später nicht, die Bilder von Frau Celan mit den Unterschriften und den begleitenden Texten von Paul Celan auszustellen und im ganzen in eine große Bibliothek einzubringen; der familiäre Zusammenhang der Celans war zerbrochen und stützte solche Bemühungen nicht mehr. Auch ein bedeutender Museumsleiter wie Werner Schmalenbach wies meine Bitte um Unterstützung zurück: In New York ließen sich die Bilder von Frau Celan nicht ausstellen! New York war als Hauptstadt der Künstler an die Stelle von Paris getreten, aber diese Entwicklung gehörte nicht mehr zum Leben, Denken und künstlerischem Gestalten von Paul und Gisèle Celan.

Bestürzend war, dass die Wege von Weggefährten auseinander gingen. Ein wirklicher Weggefährte war für Celan Klaus Demus; ihm widmete Celan das Gedicht *Die Krüge* im Band *Mohn und Gedächtnis.* Dem Gedicht *Die Winzer* in *Von Schwelle zu Schwelle* ist vorangestellt: „Für Nani und Klaus Demus". Diese zweimalige öffentliche Bezeugung einer Nähe ist einmalig im Frühwerk Celans. In *Von Schwelle zu Schwelle* steht dem Gedicht *Nächtlich geschürzt* voran: „Für Hannah und Hermann Lenz", dem Gedicht *Argumentum e silentio* „Für René Char". Dem ganzen Band vorangestellt ist: „Für Gisèle". Die Angriffe der Frau Goll hatten Celan aus aller Fassung gebracht. Er schrieb mir am 5. Jänner 1961: „Lieber Freund! / Es ist eine Zeit der Heimsuchungen. Sie hatten eine Iris-Infektion zu überstehn. Klaus Demus eine Meningitis." Er lud mich nach Paris ein. So schmerzlich es sei, er müsse es dann doch sagen, „dass ich dies nicht mehr über mich bringe: nach Deutschland zu kommen." In jedem Fall glaubte er, Jüngere wie Klaus Demus in Österreich und mich in Deutschland verbinden zu können.

Paul Celan war für Klaus Demus der größere Bruder. (Die Sprache der Zärtlichkeit, in der man sich anredet, war wohl nur in Wien möglich. So wird aus Anna nicht nur Nani, sondern das „liebe Nanilein", aus Klaus „Kläuschen, Klaus mein Bruder".) Celan hatte recht mit seiner Kritik, dass Else Lasker-Schüler schöne Verse habe, diese aber nicht angemessen einzufügen vermöge in den Aufbau eines Gedichts im ganzen. Celans Verhältnis zum Jude-Sein änderte sich, als er in der Goll-Affäre angegriffen wurde. So ging Celan mit der *Niemandsrose* neue Wege, die ausdrücklich Jüdisches artikulierten. Hier ging Klaus Demus nicht mehr mit. Im März 2008 verzeichnet er es in einem Postskriptum zum Briefwechsel Celans mit ihm als seine Schuld, dass er dem Freund die Abwendung von dessen Weise des Dichtens nicht eingestanden habe. Als ich Celans Spätwerk ihm gegenüber verteidigte und dabei die Nähe zu Buber (mehr als zu Heidegger) und dann zu Scholem herausstellte, warf er mir vor, dass ich theologisch überhöhe, was Ausdruck von Krankheit sei. Hier trennten sich unsere Wege: Sicherlich war Celan krank, doch überprüfte er seine Gedichte in gesunden Tagen, in denen er seiner Kräfte mächtig war.

Schon 1960, als Celan uns im Siebengebirge besuchte, artikulierte er auf der Rückfahrt nach Bonn Wahnvorstellungen. Ich studierte dann eine ganze Reihe von Büchern über Schizophrenie und kam so gerade zu der Auffassung, Celan könne nicht schizophren sein, da er Gedächtnisleistungen zeigte, die die meinen weit übertrafen. Ich hatte die Erkenntnisse der Medizin also nicht wirklich aufgenommen. Demgegenüber riskierte Klaus Demus den Bruch mit dem Freund, als er Celan am 17. VI. 1962 schrieb: „Paul, ich habe den entsetzlichen ganz gewissen Verdacht, dass Du an Paranoia erkrankt bist." Er sah etwas Richtiges, doch ging er am Entscheidenden vorbei, wenn er die Gedichte seit der *Niemandsrose* als Gedichte eines Kranken gesehen wissen wollte.[41]

Klaus Demus war der Sohn des Byzantinisten und Kunsthistorikers Otto Demus; sein Bruder Jörg war ein berühmter Pianist. Nach meiner Promotion plante ich ein Buch, in dem ich die Gedichte Celans und die Lyrik von Karl Krolow, die Dichtungsauffassung von Martin Heidegger und die Artistik Benns einander entgegenstellen wollte. Ich gab Teile des Manuskripts auch an Bekannte, so an Klaus Demus. Am 26. 6. 1960 schrieb Klaus Demus an Paul Celan (mich fälschlich als „Professor" ansprechend): „Professor Pöggeler hat sich aufrichtig Mühe gegeben. Er ist, leider, ich muss es sagen, ein Mensch, der nur alltäglich zu denken vermag. Dies tut er freilich oft sehr schön, auch noch in Unsicherheit und Irren. Die Deutung der ‚Engführung' ist eine rührende Leistung. Am wertvollsten erscheint mir seine Zusammenstellung Deiner Grundworte; hier weist er am tiefsten hinein. – Man muss ihm wirklich sehr dankbar sein; sein Unterfangen, der Dichtung selber gegenüber unwissend, aber von ihr berührt, hat das Rührende deutscher Gelehrsamkeit, sich in ehrlichem Denken Rechenschaft zu geben vom Allerschwierigsten. Es sollte, glaube ich, so wie es ist erscheinen." Ich musste den Buchplan aufgeben, da von allen behandelten Autoren immer neue Texte verfügbar wurden. Auch begann ich damals mit Friedhelm Nicolin das Jahrbuch *Hegel-Studien* herauszugeben (wobei die Versuche, unsere Pläne und uns selbst zu vernichten, sicherlich an Intensität und Gemeinheit den Angriffen auf Celan nicht nachstanden).

Klaus Demus folgte als Mitarbeiter am Museum, so wurde berichtet, seinen Gästen nicht, wenn sie von den alten Niederländern, die er betreute, zu den Malern der Moderne weitergingen. Ich meinte ihm gegenüber brieflich, ich nehme auch einen Maler wie Wols auf, wenn ich auch keine Vorliebe für ihn habe. Daraufhin schickte er mir meine Briefe zurück: Von jemandem, der so denke, wolle er kein Blatt Papier in seinem Haus haben. Unverständlich blieb mir, dass Klaus Demus nicht aufnahm, wie Paul und Gisèle Celan Gemeinschaftswerke aus

Graphik und Dichtung vorlegten, so *Schwarzmaut*. Ich selbst bemühte mich darum, wie das Wegweisende in Celans Gedichten aus *Sprachgitter* durch Celans Gedichte von der Reise nach Israel in neue Dimensionen geführt wurde. Auch ging es mir nicht nur um Celans Verhältnis zu Heidegger, sondern darum, wie Levinas, aber auch Ricoeur, Derrida und Lyotard sich darauf bezogen oder die „Mittagslinie" schon von Ernst Jünger und Heidegger erörtert wurde.[42] Diese Bemühungen hatten durchaus ihren politischen Kontext. Johannes Rau hat sich immer um gute Beziehungen zu den jüdischen Immigranten in unserem Land bemüht und ist selbst öfters nach Israel gereist. Ohne seine persönliche Unterstützung wäre vieles in der Celan-Forschung nicht möglich gewesen. Noch am 24. 1. 1991 forderte er mich auf, die Celan-Ausgabe in die Obhut der Nordrhein-Westfälischen Akademie der Wissenschaften zu bringen. Die Sicherung der Editionsarbeit geschah dann auf anderem Wege, doch hatte sie durchaus einen politischen Kontext, der dem Kreis um Demus fremd blieb.

Wenn Hans-Georg Gadamer nach langen Sitzungen der Hegel-Kommission abends mit mir zu uns nach Hause kam, nahm er Celans *Atemwende* aus dem Bücherschrank und interpretierte die Gedichte. Gelegentlich widersprach ich; dann suchte meine Frau zu vermitteln. Doch in diesem Fall bestand Gadamer auf einem Entweder-Oder. Von Jean Grondin hörte ich später, dass Gadamer viele Auffassungen von mir akzeptieren wolle, aber nicht die, dass „nördlich" in Celans Vers „Nördlich der Zukunft" irgendetwas mit dem „Nordischen" und so mit der Begründung des Holokaust zu tun habe. In meinem Celan-Buch von 1986 griff ich vielfach auf Briefe Celans an mich zurück und auf Gespräche, die wir geführt hatten. Ich setzte mich auseinander mit Gadamers Auffassung, „nördlich der Zukunft" meine bei Celan „noch weiter draußen, außerhalb der gewohnten Wege und Fahrten". Ich schrieb: „Die Ortsbestimmung ‚nördlich' scheint mir zu verweisen auf die Todeslandschaft aus Eis und Schnee; durch den Tod nimmt die Zeit den Menschen, dem sie einmal Leben gewährte, abschiedlich in den Abgrund der Vergangenheit zurück, und von diesem ungreifbaren Abgrund her ist jede auf uns zukommende Zukunft schon überholt (was in der ‚existenzialen' Zeitinterpretation verkannt wurde)."[43] Als ich Celan 1969 sagte, die Hinwendung eines großen hermeneutischen Philosophen zu seinen Gedichten käme der Wirkung dieser Gedichte in jedem Fall zugute, wehrte er schroff ab: Er wollte nicht interpretiert sein von jemandem, der ihn auf Goethe zurückbezog und die alles entscheidende Wunde der Vernichtung des europäischen Judentums als Thematik seiner Gedichte nicht sah. So kommt der Name „Gadamer" denn auch in den Meridian-Notizen nicht vor. Wenn ich Gadamer nicht zustimmen konnte, so konnte ich noch weniger der Auffassung Jean Bollacks recht geben, Celan treffe mit seiner Sprachzerstörung die deutsche Sprache, weil diese im Nazismus schuldig geworden sei.

Heftig wehrte Celan sich dagegen, dass er durch Curtius-Schüler wie Gustav René Hocke der manieristischen Tradition zugeordnet wurde. Er wollte kein „Altmetaphernhändler" sein. Nach Celans Rückkehr vom Besuch der kranken Nelly Sachs in Stockholm trafen wir uns spät abends in Köln. Nach einer missglückten Begegnung mit Martin Buber notierte Celan dann am 28. September 1960, wer nur „der Mandeläugig-Schönen die Träne nachzuweinen bereit" sei, grabe die Getötete „nur zum andern Mal tiefer ins Vergessen. – Erst wenn du mit deinem allereigensten Schmerz zu den krummnasigen, bucklichten und mauschelnden Toten von Treblinka, Auschwitz und anderswo gehst, begegnest du auch dem Aug und seinem Eidos: der Mandel... Keine seminarfähige, irgendwelche Toposforschung fördernde Metapher, sondern ein Wissen und Sehen von nacktester Evidenz." Doch heißt es in Celans Büchnerpreis-Rede auch: „Toposforschung? / Gewiss! Aber im Lichte des zu Erforschenden: Im Lichte der U-topie." Celan sieht den Menschen dann (mit Buber) als „Kreatur", und so mit seiner Endlichkeit in diesem Lichte (der Utopie). Mir gegenüber sprach er abwiegelnd von einem „halben Gedanken".[44]

Paul Celan hat Martin Heidegger, zu dem er so lange unterwegs war, noch treffen können. Heidegger stand für ihn als Denkender ein für den Dichter Hölderlin. Heidegger zitierte Hölderlins Vers „Seit ein Gespräch wir sind". Diesen Vers nahm Celan auf, sagte aber auch, dass er an ihm „würge". Zugleich nannte er, was er „im Ohr" hatte: „Wirbelnde Schläfenasche". Dazu, also zu den verbrannten Toten des Holokaust, verlangte Celan ein Wort von Heidegger. Doch statt, wie erhofft, nach Freiburg zurückzukommen, suchte er den Tod in der Seine. Die Frage mag offen bleiben, wie weit man dieses Ende seiner Krankheit zuschreiben muss. Es kann uns die Weg-weisung nicht nehmen, die er mit seinen Gedichten gegeben hat. Die germanistische Forschung muss es vermeiden, diese Weg-Weisung durch eine Sekundärliteratur zuzudecken, die sich an periphere Dinge verliert.

Paul Celan selbst hat formuliert, dass ich seine Weg-Weisung brauche, wenn ich mich in der Toposforschung um überlieferte und weiterhin leitende Grundbegriffe bemühe. Er verwies mich neu auf Heidegger, doch folgte er in der Sache stärker Buber, der nach dem Zweiten Weltkrieg in den deutschsprachigen Gebieten die Diskussion bestimmte, ehe Heidegger von Frankreich her in den Vordergrund trat.

Wenn ich beim Besuch Celans in Paris in die Auseinandersetzung um ein französisches oder freies Algerien geriet, dann war das Problem der Überwindung des europäischen Kolonialismus berührt. Sicherlich konnte Hegel zusammen mit der Romantik eine der großen europäischen Zeiten, die Goethezeit, prägen. Doch konnte man ihm so wenig wie Marx folgen, wenn sie aus Goethes *West-östlichem Divan* auch das so kurze *Buch des Timur* liebten. Dort müssen tausend knospende Rosen untergehen, ehe Suleika ihr Parfümfläschchen bekommt:

Sollte jene Qual uns quälen,
Da sie unsre Lust vermehrt?
Hat nicht Myriaden Seelen
Timurs Herrschaft aufgezehrt?

Die Herrschaft Timur Lenks oder Tamerlans (wie man ihn in Europa nannte), war Ausrottung der Unterworfenen gewesen. Bei Goethe stand hinter ihm auch der Schatten Napoleons.[45] Diesem Denken und Dichten gegenüber ging Celan andere Wege. Bei den großen Lehrern, die ich in Bonn hatte (auch bei scheiternden Dozenten wie Johannes Hoffmeister) blieb die Weg-Weisung aus, die ich brauchte, als die Vernichtung des europäischen Judentums mir durch die Freundschaft mit Celan nahe kam. Wenigstens zeitweilig konnte Paul Celan die nötige Weg-Weisung geben.

VII. Orientierung an Paris

Im September 1950, also gleich nach meinem zweiten Semester, fuhr ich mit einem Bonner Madrigalchor für vierzehn Tage nach Paris. Die Währungsreform hatte das Geld knapp werden lassen (wenigstens für Normalverdiener). Als Studenten konnten wir uns damals nicht einmal die Eisenbahnfahrt nach Paris leisten; also trampten wir über Belgien und lernten z. B. Landschaft und Städte um Maubeuge näher kennen. In Paris hatten wir als studentische Gruppe Führungen, z.B. zu Malern. Einer der Maler machte unseren Führer in seinem Trenchcoat als typischen Deutschen aus und bewunderte seine Fertigkeit in der französischen Sprache. Er war ganz verwirrt, als dieser sich als Franzose entpuppte. Wichtig war die Begegnung mit Arbeiterpriestern – entfaltete sich nicht eine völlig neue Durchdringung von Religion und sozialer Welt? Natürlich besuchten wir Chartres. Die Kathedrale wies darauf hin, dass das Mittelalter immer noch gegenwärtig war. Ich absentierte mich kurzzeitig von unserer Gruppe, um auch den Mont Martre nach allen seinen Seiten hin kennen zu lernen.

Zu den Studienjahren in Bonn gehörten Exkursionen nach Luxemburg und in die Niederlande, aber auch in die Schweiz. Im August 1955 besuchte ich mit meiner Freundin London. In einer Art Jugendherberge waren wir in verschiedenen Flügeln untergebracht; jemand, der mit mir zusammen auf der Stube war, sprach immer von mir und meiner „Schwester". Offenbar gab er so den Eindruck wieder, den wir auf andere machten. In den Museen sahen wir die griechische Plastik, aber auch die moderne Malerei; das alte Vorderasien ließen wir nicht aus. Das königliche Schloss und die Westminster Abbey zeigten, dass Großbritannien eine Weltmacht war oder doch gewesen war. Ich war überrascht, wie korrekt in St. Paul's der gregorianische Choral gesungen wurde. Die benediktinische Tradition wirkte also immer noch! Doch Paris war die „Hauptstadt der zivilisierten Welt". So hatte Hegel 1827 nach der Ankunft dort in einem Brief an seine Frau von dieser Stadt gesprochen. Goethe hatte noch *Rom* die „Hauptstadt der Welt" genannt. Für uns Bonner Studenten war selbstverständlich Paris der maßgebliche Orientierungspunkt. Ehe Politiker wie Adenauer und de Gaulle ihr Bündnis schlossen, suchten französische und deutsche Studenten eine gemeinsame Zukunft. Das blieb ein Kern auch dann, wenn man in andere europäische Länder reiste.

An einem heißen Tage des Sommers 1955 starb mein Vater. Ich hatte ihm einige Wochen vorher noch die Osterfeuer auf den umliegenden Bergen zeigen können. In Bonn wurde ich einbezogen in die Bemühung um die Aufgaben, die Johannes Hoffmeister bei seinem frühen Tode hinterlassen hatte. Zuerst ging es um die Edition von Hegels *Berliner Schriften* und seiner *Enzyklopädie*, dann bald um eine erneute Planung der „neuen kritischen Hegel-Ausgabe" im ganzen. Ich wollte mir den Sinn solcher Editionsarbeit klar machen, auch ihre Anfänge in Diltheys Bemühungen um eine neue Kant-Ausgabe. So hörte ich auf einer Tagung der Kant-Gesellschaft in Köln den uralten Paul Menzer lebendig und eindrucksvoll berichten, wie er als Sekretär bei Dilthey gearbeitet und den alten Herrn erlebt hatte. Der Kreis der Schüler und Mitarbeiter Hoffmeisters schrumpfte nach seinem Tode zusammen auf zwei oder drei, die bei der übernommenen Aufgabe ausharrten. Wir blieben isoliert und ohne Zuspruch. Für unsere Arbeit gab es viele gut gemeinte Ratschläge, die aber die Aufgabe überhaupt nicht sahen. Größer waren die Abwehr und der Widerstand. Man solle die Jubiläumsausgabe von Hermann Glockner um weitere Zusätze vermehren, das war etwa der Ratschlag von Karl Löwith an die Deutsche Forschungsgemeinschaft. Dieser Weg war abgeschnitten, als ich 1960 in der *Philosophischen Rundschau* meinen Aufsatz *Das Hegelwerk Hermann Glockners* veröffentlichte. Gadamer hatte mir alle lobenden Worte gestrichen (sie seien mir ja doch nicht gemeint). Selbst Joachim Ritter bestätigte mir: Diese Kritik sei notwendig gewesen für die Durchsetzung der neuen Bemühungen. Sobald sich mir die Gelegenheit bot, besuchte ich Glockner in Braunschweig. Man hatte mich vorher gewarnt: Ob ich denn auch starken Katzengeruch vertragen könne? In der Tat sprangen zwei große Katzen während unseres Gesprächs von Regal zu Regal, wo vor den Büchern Vasen und anderer Nippes standen; aber es fiel nichts herunter. Als Glockners *Heidelberger Bilderbuch* erschien, lobte ich es Gadamer gegenüber als eine gelungene autobiographische Arbeit eines Philosophen. Dieses Lob musste Gadamer verstehen als Kritik seiner *Philosophischen Lehrjahre*, die allzu sehr mit rezensionsartigen Texten durchsetzt sind. Aber Gadamer bestätigte: „Glockner ist ein solcher Esel, dass er einfach noch erzählen kann." Die Feindschaft zwischen den beiden ging darauf zurück, dass Glockner Gadamer nach einem Vortrag Anfang der dreißiger Jahre auf einer Hegel-Tagung gelobt hatte – er habe sich ja auch schon gut in Hegel eingearbeitet…

Seit dem Sommer 1956 war ich mit meiner Freundin immer wieder in meiner Heimatstadt Attendorn; wir eroberten uns ebenso zu Fuß und mit unseren Fahrrädern ihre Heimat Mönchengladbach sowie die Wasserburgen der Umgebung. Wir wollten selbst „wohnen", und das in einem Eigenheim. In der Siedlungs-Bewegung war mir Nikolaus Ehlen zu extrem, der auch das Schaf zum Eigenheim verlangte und aus Schafswolle Kleider trug, die er selbst gestrickt hatte. Ich sah das Eigenheim eher von den *Marmorklippen* Ernst Jüngers her; es sollte durchaus fern von der vorläufigen Bundeshauptstadt Bonn sein, aber doch so nah, dass die Stadt von unseren Bergen aus zu sehen und leicht zu erreichen war. Noch hinter dem „Ennert", also dem Jenseits zur Stadt Bonn am anderen Rheinufer, suchten wir nach einem Grundstück. Vorerst aber standen die europäischen Städte stärker im Blick und luden zu Besuchen ein.

Johannes Hoffmeister, durchaus besorgt um den rechten Bildungsgang seiner Schüler, hatte mir noch gesagt, Paris sei ein „Muss" für mich. Rilkes wechselnde Weise, der großen Stadt zu begegnen, hatte auf mich eingewirkt. Hoffmeister erhielt bei der Deutschen Forschungsgemeinschaft ein Stipendium für mich, nach dem ich Hegel-Nachschriften in der Bibliothek Cousin kopieren lassen und dafür drei Wochen Zeit haben sollte. Am 25. März 1957 trat ich die Reise nach Paris mit der Eisenbahn an. Dort war die Bibliothek Cousin ein Anhängsel an den Lesesaal der Sorbonne. Dieser war immer überfüllt; in der Bibliothek Cousin traf man nur ausnahmsweise einen Besucher an, obwohl sie eine kostbare Sammlung von Büchern der Hegelianer hatte. Wenigstens jeden zweiten Tag war die Sorbonne wegen eines Streiks geschlossen. Die Bibliothek Cousin wurde von einem alten Herrn und einem „Fräulein" versorgt, die zusätzlich durch Erkrankungen die Schließungstage vermehrten. Auf der Straße tobte der Streit um ein französisches Algerien oder ein freies Algerien. Als ich mir einmal die Bildtafeln am Arc de Triomphe ansah, beachtete ich gar nicht, dass sich Menschenmengen um den Triumphbogen sammelten, um zu demonstrieren. Ein Polizist merkte wohl, dass ich nicht zu ihnen gehörte (da ich mich im Ärger auf deutsch beschwerte). Er stieß mich mit dem Gewehrkolben so in den Rücken, dass dieser noch auf der Rückfahrt schmerzte. Aber ich war aus den Reihen jener entlassen, die auf Lastwagen abtransportiert wurden. Einen der Rädelsführer traf ich auf der Rückfahrt nach Deutschland in einem völlig überfüllten Zug wieder.

Ich hatte mir einen Band mit Luther-Texten mitgenommen und griff abends immer wieder nach ihm. Galt Luthers Polemik gegen die „Werke" auch den Kunstwerken? Wie konnte Kunst noch zu einem neuen Leben führen, als der gekreuzigte Gottesknecht durch Predigt und Dogma als „Christus“ das Leben der Menschen prägte? Die Griechen hatten ihre Religion in die Kunst aufgehoben. Was aber bedeutete es, wenn die Nike von Samothrake, die einst jubelnd den Sieg verkündete, nun in Paris im Museum stand? Zum Sieg waren die Niederlagen gekommen, und beides gehört in der Geschichte zusammen, die eine Kultur nach der anderen untergehen lässt. In London war mir die Demeter von Knidos wie eine Urmutter erschienen; zu ihr trat nun die Venus von Milo (unsere Liebe Frau von Milo, um mit Heinrich Heine zu reden). Wie gehörte aber die Mona Lisa in diese Reihe? Zu den Griechen und zur Renaissance kam das alte Vorderasien, das in die Kellergewölbe verbannt war, dann auch das Römische. Natürlich ließ ich die Impressionisten im Jeu de Paume nicht aus, auch nicht Cézanne, nicht Picasso. Vor allem suchte ich in verschiedenen Museen die christliche Kunst auf. Der liebste Aufenthalt für mich war die Isle St. Louis.

Dass ich vor Picasso lange verweilt hatte, musste ich rechtfertigen, als ich zu Paul Celan ging. Seine Frau hatte mir dann vorzuschlagen, was ich in Paris noch unbedingt sehen musste. Die Celans respektierten sofort, dass ich Emmanuel Mounier als jenen nannte, an dem ich mich orientierte. Doch war Mounier früh gestorben (1950). Was er versuchte, der „Personalismus“, war in Deutschland schon durch Max Scheler und dann neu durch Max Müller entfaltet worden. Zu meiner Verblüffung schätzte Celan die damals erscheinenden späten Vorträge und Aufsätze von Heidegger. Er machte das berüchtigte „Etymologisieren“ des späten Heidegger durchaus mit. Das entsprach keineswegs den Tendenzen, die in Bonn und überhaupt unter den Schülern Heideggers herrschten. Musste nicht ein Manierismus wie „Das Ding dingt“ stören? Heidegger lässt in den gedichtähnlichen Gebilden *Aus der Erfahrung des Denkens* (1947 u.ö.) bei der Nennung von Wäldern, Felsen, Brunnen und Winden auf „Regen rinnt“ ein „Segen sinnt“ antworten. Hier wollte man in Bonn auch das Ungesagte vermuten, das das eigentlich zu Sagende bleibe: „Martin spinnt.“ Heidegger wurde auch seinen Schülern fremd, die eher mit Sarkasmen auf seine Gedichte antworteten. Als Privatdruck waren 1941 in der Heuberg-Druckerei Messkirch die Gedichte *Winke* erschienen. Dort hört Heidegger im Gedicht *Der Augenblick* ferne Glocken segnend läuten und sagt: „Dann berückt, was dich erkor, / Und du kniest entrückt im Moor.“ Walter Bröcker verbreitete die Fortsetzung: „Und die Hosen werden nass / von dem Knien im feuchten Gras.“ Man erzählte, Bröcker habe auf den brennenden Ofen gezeigt, als Heidegger ihn gefragt habe, was er mit einem Bändchen seiner „Gedichte“ anfangen solle. Es verwundert nicht, dass Heidegger lieber auf die Damen setzte (vor allem, wenn sie Gräfinnen oder Prinzessinnen waren). Diese waren empfänglicher für die Quasi-Verse. Max Müller rechtfertigte in seinen öffentlichen Äußerungen Heidegger in vielfacher Weise. Privat mahnte er mich, achtzugeben darauf, dass Heidegger kein „bürgerliches" Bewusstsein habe, da er aus ärmsten Verhältnissen komme; „Prinzessinnen" seien für ihn etwas ganz Außerordentliches. In der Tat war die Prinzessin Margot von Sachsen-Meiningen seine Schülerin geworden; doch brachte dieses Verhältnis auch große familiäre Schwierigkeiten.

Aus der Hegel-Forschung war mir bekannt, dass Jean Wahl das „unglückliche Bewusstsein" der Hegelschen *Phänomenologie* auf Hegels Frühschriften zurückgeführt, dann über Kierkegaard gearbeitet hatte und so auf Heidegger gestoßen war. Wie er nach dem Zweiten Weltkrieg viele Semester lang Heidegger auslegte, wurde in Nachschriften festgehalten, die durch Vervielfältigungen selbst in die Bonner Bibliotheken kamen. Als ich 1958 über Wahls Heidegger-Deutung schrieb und den Bericht auch an Heidegger schickte, meinte dieser, ich solle das, was ich zur Entfaltung seines Denkens gesagt habe, unabhängig von den Pariser Diskussionen darlegen. Das tat ich 1959 zu seinem 70. Geburtstag; mein Aufsatz *Sein als Ereignis* machte meine Bemühungen schlagartig in Deutschland und Frankreich bekannt, aber auch in Japan und Amerika. Ich ging auf Heideggers frühe Freiburger Vorlesungen ein, übernahm aber den Titel aus Heideggers *Beiträgen zur Philosophie*, dem damals noch unbekannten Hauptwerk aus den dreißiger Jahren.[46] (Heidegger hatte mir das Typoskript zur Lektüre gegeben, als ich ihn 1959 und 1961 in Freiburg-Zähringen besuchen durfte und die zwei Nächte dort fast ganz mit der Lektüre seiner ungedruckten Manuskripte und Typoskripte zubrachte. Einiges davon lieh er mir auch für längere Zeit aus.) Von Diltheys Beschäftigung mit Schleiermacher und mit Hegel her hatte ich gelernt, was eine „Entwicklungsgeschichte" ist. Heidegger sagte, er selbst vermöge sich in deren Weise nicht zu sehen. Er arbeitete daran, doch noch so etwas wie einen Abschluss seines Denkens zu finden, indem er seine Gedankengänge in Notizen oder gedichtähnliche Gebilde einbrachte. Ging er damit nicht in ein Abseits?

Als Friedhelm Nicolin und ich ein Jahrbuch *Hegel-Studien* vorbereiteten, riet man uns von allen Seiten ab – kleine miszellenartige Veröffentlichungen würden genügen. Doch der Inhaber des Bonner Bouvier-Verlags, Herbert Grundmann, gab uns großzügig grünes Licht. Wir hatten für den ersten Band von 1961 die wichtigsten Hegel-Interpreten als Beiträger gewonnen. Herman Nohl hatte schon 1956 meinen kleinen Aufsatz *Das Wort Hegels* in seiner Zeitschrift *Die Sammlung* publiziert; er edierte nun Fragmente aus Diltheys Hegel-Werk. Richard Kroner, Ernst Bloch, Hans-Georg Gadamer, Erich Heintel und andere gaben Beiträge. Ich selbst publizierte unter dem Titel *Zur Deutung der Phänomenologie des Geistes* einige kritische Notizen zur Hegel-Edition und –Interpretation. Dabei stellte ich auch Alexandre Kojèves berühmte Pariser Vorlesungen über Hegel in Frage: Wir hätten in den Ausführungen der *Phänomenologie* über Herr und Knecht nicht die Mitte von Hegels geschichtlichem Denken zu sehen; vielmehr habe er (anders als in anderen Jenaer Texten zum Thema) dort eine bestimmte Begrifflichkeit seiner Logik oder spekulativen Philosophie illustrieren wollen.

Da Joachim Ritter einen Aufsatz über Kojèves Hegeldeutung beisteuern wollte, erbat er sich vorweg das Manuskript meines Beitrags und war so entrüstet, dass er uns den zugesagten Zuschuss der Deutschen Forschungsgemeinschaft zunichte machte. Wir versprachen dem Verlag, von dem Geld, das wir gar nicht hatten, selbst einen Zuschuss zu geben; doch wurde dieser nicht gebraucht, da unser Jahrbuch sich weit über Erwarten hinaus sofort gut verkaufte. Ich wurde nach Köln zu Heinz Heimsoeth bestellt, der zusätzlich darüber erbost war, dass ich mich Heidegger zugewandt hatte (dieser habe mit *Sein und Zeit* durch eine einzige Handbewegung die damaligen anthropologischen Bemühungen vom Tisch gefegt). Heimsoeth wollte mich zur Ordnung rufen, nämlich auf bloße editorische Bemühungen verpflichten. Doch hatte sich meine Konzeption für unser Arbeiten längst durchgesetzt: dass man nach erfolgreicher Editionstätigkeit für eine halbtätige Arbeit ein Forschungsstipendium bekommt. Da ich ein solches Forschungsstipendium hatte, waren meine Beschäftigungen legitim. Als ich mit der Schnellbahn zurück nach Bonn fuhr, kam mir immer Orffs Vertonung von Catull in den Sinn „Vivamus mea Lesbia atque amemus…". Es blieb eine Unruhe, bis mir die Fortsetzung in den Sinn kam: „Das Geschwätz der alten Leute ist uns keinen Pfennig wert." Ich hatte meinen Beitrag zum ersten Band der Hegel-Studien zu recht als etwas Vorläufiges angesehen; doch wurde er zu einem meiner meist rezipierten Texte. Freilich war es von diesem ersten Blick auf Kojève noch ein weiter Weg bis zu dem Versuch, mit Carl Schmitt die Jurisprudenz auf die Probleme der Zeit zu beziehen und dabei das Problem des Historismus und seiner Überwindung mit Schmitts Freunden und Gegenspielern Leo Strauß und Alexandre Kojève zu entfalten. Dabei konnte ich dann zu Heinz Heimsoeth wie zu Joachim Ritter einen ebenso persönlichen wie freundschaftlichen Kontakt entwickeln. Heimsoeth hatte früher seine Besuche mit seinem Motorrad gemacht; als er mit dem Zug nach Bochum kam, steckten Entwürfe zu seinem Kant-Kommentar in seiner Tasche. Er erklärte meiner Frau, wie er sich so lange habe jung erhalten können: „Jeden Tag eine kleine Überanstrengung."

Als wir 1962/63 in Thomasberg im Siebengebirge unser Haus gebaut hatten, besuchte uns im Frühsommer 1964 Keiji Nishitani. Mit ihm konnten wir darüber sprechen, wie die Kyoto-Schule sich auf das deutsche Gespräch zwischen Philosophie und Theologie bezog. Das Denken in Kyoto habe so etwas wie eine religiöse Dimension (sofern dieser Begriff sich hier anwenden lasse). Wenn bei uns in Europa dagegen das freie Philosophieren und der Glaube in einem christlichen oder auch nichtchristlichen Sinn aufeinander träfen (etwa an der Marburger Universität), bleibe ein befremdlicher Gegensatz. Im Juni 1964 kam Martin Heidegger zu Besuch. Er hielt in unserem Wohnzimmer mit dem Ausblick auf das Siebengebirge den Vortrag *Das Ende der Philosophie und die Aufgabe des Denkens* und sagte anschließend: „Die erste Heidegger-Kritik." Doch suchten wir (auch Wilhelm Perpeet) eine eigene und andere kritische Einstellung zum Vorgetragenen.[47] Noch prägte Heidegger durch seine Präsenz die Diskussionen.

Damals konnte das Dominikaner-Kloster in Walberberg für seine philosophischen Kurse die bedeutendsten Philosophen gewinnen. Dann entstand ein Problem: Der Historiker Kurt Kluxen hatte seinen jüngeren Bruder Wolfgang an die Pädagogische Akademie in Neuß berufen lassen; in diesem angeblichen Nepotismus sah Karl-Heinz Volkmann-Schluck den Untergang des freien Philosophierens. Als der Walberberger Pater Paulus trotzdem Wolfgang Kluxen zu einem Vortrag einlud, zog Volkmann-Schluck sich und auch seine Schüler aus den Walberberger Veranstaltungen zurück. Ohne davon etwas zu wissen, gab ich im Herbst 1964 in Walberberg als Ersatz für Volkmann-Schluck und seine Schüler gut besuchte Kurse sowohl über Hegel wie über Heidegger. So schwor Volkmann-Schluck, ich werde nie die Universität Köln, an der er lehrte, betreten. Wenn später Hans-Georg Gadamer zu uns nach Bochum kam, machte er vorher bei Volkmann-Schluck in Köln Station. Frau Volkmann-Schluck rief dann bei uns an, „die Herren" hätten bis fünf Uhr morgens geredet und getrunken und lägen noch wie tot im Bett. Sie schicke uns Gadamer mit einem späteren Zug am Nachmittag. Volkmann-Schluck bemerkte erstaunt das Einverständnis der Frauen. So ließ er schließlich seine Rachsucht gegen mich. Ich bewunderte immer, wie er die Grundgedanken des abendländischen Denkens präsent hatte. Doch wandte ich mich, anders als er, den einzelnen Philosophen (etwa dem Hegel der *Phänomenologie des*

Geistes) nicht von einem Leitsatz oder Leitbegriff her zu, sondern mit problem- und entwicklungsgeschichtlichen Aufarbeitungen.

Auf den Hegel-Tagen in Royaumont 1964 konnte ich mit Hans-Friedrich Fulda eine Kontroverse austragen über den Bezug der Gestalten der *Phänomenologie des Geistes* auf die Grundbegriffe der *Logik oder spekulativen Philosophie.* Bei den Hegel-Tagen in Urbino 1965 hielt ich meinen Vortrag *Hegel, der Verfasser des ältesten Systemprogramms des deutschen Idealismus.* Das war ein Affront (auch gegen die anders laufenden Untersuchungen von Dieter Henrich). Vor allem seit der Zuwendung von Franz Rosenzweig zur Entwicklungsgeschichte Hegels war das *älteste Systemprogramm* wichtig geworden; hatte Hegel es nur abgeschrieben von einer Vorlage Schellings, Hölderlins oder eines dritten? Ich nahm es als Hegels eigene Ausarbeitung, und so kam eine Diskussion in Gang, die später in Sammelbänden zusammengefasst wurde.[48] In Urbino sprachen berühmte Idealismus-Forscher wie Eric Weil, Jean Hyppolite, Xavier Tilliette. Wenn Karl Löwith in seinem Vortrag *Feuerbachs Hegelkritik* von „Natur" sprach, knurrte der Hund von Jeanne Herrsch jedes Mal vernehmlich. Urbino in den Bergen, aber auch die Küste um Pesaro und dazu der Weg über die Alpen gaben mir die Erfahrung geschichtsträchtiger Landschaften.

Schon die Ankündigung meiner Habilitation brachte mir viele Einladungen – etwa zu Heribert Boeder nach Braunschweig, zu Carl Friedrich von Weizsäcker nach Hamburg. Die Innsbrucker Universität konnte mich damals nicht beeindrucken; in Wien fand ich universitätspolitisch zerstrittene Gruppen vor. Als Josef Derbolav als Nachfolger Theodor Litts Erich Heintels Hegelianismus in Bonn einbrachte, nutzte er mich zur Orientierung. Er und manche andere wurden für mich zu Gesprächspartnern, die mir klären halfen, was ich versuchte.

Exkurs 2: Heidegger und kein Ende

Wenigstens ein Semester wollte ich in Freiburg im Breisgau studieren. Ich strebte nicht nur zu Heidegger, sondern auch zu Eugen Fink, zu Max Müller, zu dem Politikwissenschaftler Arnold Bergsträsser, dem Sprachwissenschaftler Johannes Lohmann. Mit Befremden nahm ich wahr, dass viele aus Freiburg enttäuscht zurückkamen. In Bad Godesberg landete als Studienrat Ernst Nolte, bei Joachim Ritter in Münster sammelte sich eine ganze Schar. Als ich später in Amerika bedauerte, niemals in Freiburg studiert zu haben, sagte man hinter meinem Rücken: Er hat sich so sehr von Heidegger abgewandt, dass er nicht einmal mehr zugibt, seine Ausbildung in Freiburg bekommen zu haben! Was vermag das Bestehen auf dem, was historisch wirklich geschah, gegenüber dem „Mythos", der sich wirkmächtig ausbildet?

Mein Buch *Der Denkweg Martin Heideggers* (1963) wurde bald in die wichtigsten europäisch-amerikanischen und ostasiatischen Sprachen übersetzt (ich hatte es ursprünglich auf Anforderung hin für japanische Leser geschrieben). Als ich von Heidegger z.B. die *Beiträge zur Philosophie* zur Lektüre bekommen hatte, dehnte sich meine Darstellung so aus, dass ich die geplante Kritik auf einen weiteren Band verschieben musste. Darin hatte ich darauf eingehen wollen, dass in *Sein und Zeit* die Natur nicht genügend in ihrer Eigenständigkeit gegenüber dem Bezug des Menschen auf sie gesehen werde. Zu den Stimmungen oder Affekten hatte ich das Verhalten und die Tugenden stellen wollen. Auf das Fehlen des „objektiven Geistes" ging ich kaum ein, weil ich durch mein juristisches Zweitstudium in einer anderen Welt lebte als Heidegger, dem eingestandener Maßen die Jurisprudenz fremd blieb. Der erste Schwerpunkt in meinem Studium war sowieso die Sozial-, Wirtschafts- und Verfassungsgeschichte gewesen. Bei den theologischen Fragen glaubte ich, dass Heidegger seine jähen Umschwünge auf diesem Gebiet nicht reflektiert habe. Ich habe Heidegger nicht darüber im Unklaren gelassen, dass ich andere Wege ging als er. Mit meinem Lehrer Oskar Becker wollte ich nach dem positiv darzulegenden Sinn von Natur, nach den Archetypen der Psychoanalyse, nach dem „Naturrecht", dem mehr als geschichtlichen Sinn der mathematischen Gebilde im absoluten als dem „abgelösten" Geist fragen. Am 2. 11. 1959 habe ich diese Dinge auch brieflich gegenüber Heidegger angesprochen: „Wird die Idee positiv dargelegt, dann fällt ein neues

Licht auf die Metaphysik: das Ideendenken, das von der Metaphysik verabsolutiert wurde, ist ja für einige Phänomene gerechtfertigt. Wenn positiv nach der Idee gefragt wird, nimmt sich die ganze seinsgeschichtliche Besinnung anders aus. Anaximander ist dann nicht nur der Denker jenes Spruches, der als der älteste überlieferte im abendländischen Denken gilt und vom *Brauch* spricht. Er ist vielmehr auch der Urheber eines Weltsystems, und es ist zu fragen: wie gehört bei Anaximander die Mathematik in den Brauch?" Platon bringe mit der Idee das gleichbleibende Wesen in den Blick. „Ferner rückt Platon die Idee in die Nähe der geometrischen und stereometrischen Idealgebilde und zu den Zahlen: die Mathematik, führt also zur Ideenlehre. Dann steht die Idee in der Nähe der Gestalten der Kunst, ja man hat sich mit Recht gefragt, ob die Ideen nicht die ‚ewigen' Mächte des Mythos ablösen." Heidegger antwortete am 29. Januar 1960: „Der Name *Ge-Stell* ist leider so leicht missverständlich wie ‚die Sorge'. Denkt man das Ge-Stell positiv als den heutigen – noch unerkannten Vor-Schein des Ereignisses (vgl. Identitätsvortrag), dann öffnet sich ein Weg für die Aufgabe eines positiven Denkens der *Idee* und der *Natur* aus dem Ereignis."[49] Freilich hat sich Heidegger dieser Aufgabe nicht konkret gestellt; umso dringlicher wurde sie für mich und führte zum Abweichen vom Ansatz Heideggers.

Was ich selbst nicht erstrebt hatte, trat dann ein: Ich wurde (nicht nur in Deutschland) immer neu eingeladen, über Heidegger zu sprechen und zu schreiben. Ich wurde aber nicht eingeladen, meine Orientierung an Oskar Becker darzulegen! Immerhin kam es zu Bemühungen um Beckers Werk. Dagegen ging unter, was ich hatte kennen lernen können: z.B. die Weise, wie Arnold Metzger nach seinen Bemühungen um Sozialphilosophie sich dem Problem der Technik zuwandte. Es kam zu Trennungen, die durchaus ihre schmerzhaften Seiten behielten. Hartmut Buchner hatte für mich die Brücke nach Japan geschlagen, dann mit mir die Jenaer Aufsätze Hegels aufgearbeitet. Er wollte dem großen Denker Heidegger durch eine Sammlung von Heideggeriana ein Denkmal setzen; er hoffte, eine Seite des Schlosses von Messkirch damit zu einer Gedenkstätte machen zu können. Dieser Plan scheiterte, da Messkirch die Folgekosten nicht übernehmen konnte. Als mein Sammelband *Heidegger in seiner Zeit* erschien (München 1999) kam es zur Trennung unserer Wege. Es lag Hartmut Buchner ganz fern, mit mir zu fragen, ob Heidegger den Aufgaben seiner Zeit gerecht geworden sei. Hatte Heidegger z. B. Husserls andere Wege angemessen gesehen, die Zusammenarbeit mit dem späten Scheler zu recht durch den Bezug auf Nietzsche ersetzt? Buchner bestand auf seiner Sicht: Heidegger stelle seine Zeit unter das Gericht seines Denkens; nicht aber könne man von dieser Zeit her über sein Denken richten. Doch konnte für mich ein „Personenkult“ keinen philosophischen Bezug auf Heidegger erbringen.

Schon 1958 hatte Hartmut Buchner einen Band mit Arbeiten von Ernst Bertram herausgegeben. Mit Bertram und seiner Schwester war Buchners Familie in Köln bekannt geworden. Ernst Buchner wurde dann Generaldirektor der Münchener Museen, und so trägt das Nachwort zu dem Bertram-Band die Datierung „München-Pasing, im März 1958“. Die angehängte Bibliographie verzeichnet unter Nr. 56 *Deutscher Aufbruch (Rede an die akademische Jugend).*[50] Der Verleger Günther Neske sah seinen Verlag dadurch diskreditiert, dass auf Ernst Bertrams verhängnisvolle politische Rolle kein Wort verschwendet wurde. Doch hatten die vielen Beziehungen Buchners für mich ihre guten Seiten: Da Buchner in den Besitz des Nachlasses von Bertram gelangte, konnte er mit den Schätzen aus dem George-Kreis unsere Bemühungen zum Erfolg führen, aus der Bibliotheca Bodmeriana in Genf-Cologny einen Bogen und ein Blatt von Hegels Notizen zur Schrift über die Verfassung Deutschlands für die Edition zu benutzen.[51] In diesem Zusammenhang wurde ich auch näher in die Interessen des Kreises um Stefan George eingeführt.

Die Auseinandersetzung mit Heidegger und um ihn konnte an kein Ende kommen, da man sein Denken als Ausgangspunkt für eigene Versuche nahm. So bleibt für Heidegger gültig, was er von Nietzsche sagt: Dass der Name für die Sache steht, nämlich für die Sache der Philosophie. Diese Sache kommt zur Sprache nur in vielen Denkversuchen, die nicht in eine einheitliche Entfaltung eingeebnet werden dürfen. Wenn solche Versuche in einer Zeit nebeneinander stehen, führt nur der offene Dialog zu einem Miteinander.

Von Martin Heidegger gibt es nicht nur die Gesamtausgabe mit den Korrekturen an ihr und den Ergänzungen zu ihr. Es gibt auch die Briefwechsel, die unterschiedlichen Situationen entstammen. Für viele wurden die Gespräche bestimmend, die sie mit Heidegger führen konnten. Als ich vom 6. – 8. Juli 1959 Heidegger besuchte, hatte ich ihm eine vorläufige Fassung meines Aufsatzes zu seinem 70. Geburtstag (am 26. September) geschickt, den man mir abverlangt hatte, dazu eine erste Fassung einer Arbeit über Oskar Beckers Unterscheidung zwischen einer hermeneutischen und einer mantischen Phänomenologie. Es waren zauberhafte Sommertage: ein blauer Himmel ohne Trübung, dazu eine große Hitze. Heidegger hatte mir vorher von Meßkirch aus eine Karte geschickt mit einem Bild; dieses zeigte, wie der „Feldweg" mittlerweile zur Straße geworden war. Blieb dieser Hinweis nicht eine romantische Flucht ins Abseits? Statt in Paris oder New York mit anderen zu diskutieren, ließ Heidegger den Blick vom Schreibtisch zum Berghang schweifen und beklagte, was an schönen Möglichkeiten verloren ging (und das in einer Zeit, wo Flüchtlingsmassen die Welt überschwemmten und neue politische Konstellationen sich abzeichneten).

Nach kurzer Orientierung nahm ich bei der Ankunft in Freiburg eine Straßenbahn und war bald in Zähringen. Der Vorort hat etwas Kleinstädtisches und Dörfliches, doch der Rötebuckweg ist eher eine Villenstraße. Als ich ein Haus ohne Gardinen sah, dachte ich: Das muss es sein, Nr. 47! Über der Haustür las ich auf einer Holztafel: „Behüte dein Herz mit allem Fleiß; denn daraus geht das Leben." Später lernte ich, dass das Luthers Übersetzung von Vers 4,23 der *Sprüche Salomos* war. Frau Heidegger öffnete die Tür: „Mein Mann erwartet sie schon." Martin Heidegger kam die Treppe herunter, klein und untersetzt, mit schon etwas steifen Beinen, nur in Hose und Hemd, ein Käppi auf dem Kopf (das er dann auch am Schreibtisch aufließ). Ich dachte an einen Dorfpastor. Doch auf den letzten Treppenstufen sah er mich mit einem scharfen und harten Blick prüfend an. Ich wich dem Blick aus, denn ich wollte nicht geprüft werden. Ich konnte mich im Keller duschen; dann bekam ich das Gastzimmer direkt neben dem Arbeitszimmer. Die Treppe, die hinaufführte, war ganz aus Holz, das stark knarrte; im Flur tickte eine Schwarzwalduhr.

Das ganze Haus war in Stille gefangen; Heidegger und ich blieben bald allein. An einem Nachmittag kam kurz eine Putzhilfe; Frau Heidegger betreute die Kinder des älteren Sohnes, die schwarz waren wie ihr Vater Jörg. (Dieser brachte mich am Schluss der Tage mit dem Auto zum Bahnhof, stämmig wie sein Vater, nur größer.) Das Arbeitszimmer war mit leicht gebeizten Brettern ausgeschlagen. Der Blick ging nach hinten hinaus zu den Bergen; nichts regte sich, nur einmal kam eine Fliege ins Zimmer. Neben dem großen Schreibtisch stand ein schwerer Sessel. Gerade hatte man mir aus Freiburg berichtet, Frau Heidegger habe vom Pater Lotz gesagt: „Der kommt mir nicht ins Haus!" Jetzt kam Heidegger darauf, wie Lotz durchaus in jesuitischer Tradition das Sein hatte fassen wollen, und sagte dann: „Dort im Sessel hat er gesessen." (Als ich später mit Lotz von Amerika aus zurückflog, saß er mit mir in der gleichen Reihe, aber an der anderen Seite. Ich bewunderte, wie er seine Meditationsübungen machte und dann trotz allen Lärms fest schlief.) Die Wände von Heideggers Arbeitszimmer waren zugestellt mit Regalen von Büchern. Es gab eine Couch; bei der Tür lagen auf einem runden Tisch die Bücher, die ihm gerade zugeschickt worden waren.

Wir aßen auf der Terrasse, die nach hinten hinaus in den Garten führt. Es folgten einige Wiesen. („Bald sollen sie bebaut werden“, stellte Heidegger leicht resigniert fest.) Schließlich kamen der Waldrand und die aufsteigenden Berge, oben die Zähringerburg. Alles stand in Blüte; die Bienen summten. Gelegentlich pickte ein Rotschwänzchen eine Biene. Diese drehte sich, schwer getroffen, wie irrsinnig im Kreise. Als sie wieder fortfliegen konnte, pickte das Rotschwänzchen wieder zu. „Die Natur ist grausam“, hielt Frau Heidegger fest. Heidegger erzählte, was er gerade in der Zeitung gelesen hatte. Eine in oder bei Soest stationierte kanadische Einheit hörte von den Sorgen der Bauern – dass es keinen Regen gab. Bei der Einheit war ein Sioux-Indianer, ein Regenmacher. Er führte einen Regentanz auf, und siehe da: es regnete. Heidegger erzählte die Geschichte einfach und schlicht (sonst erzählt er ja kaum); er lächelte dabei in sich hinein und gab keinen Kommentar.

Die Gespräche bei Tisch berührten dieses und jenes. Gelegentlich sagte Frau Heidegger: „Martin, Du musst lauter sprechen, da Herr Pöggeler Dich doch soll verstehen können.“ Kurz darauf bekam ich die gleiche Mahnung. Ich wusste von Gadamer, dass man in Marburg (als sie die Eskapaden mit dem unehelichen Sohn Herrmann hinter sich gelassen hatte) ihren Namen Elfride umformte zu Le-Frigidaire. Auch Walter Biemel korrigierte „Obristentochter“ in „Zahlmeistertochter“. Man machte sie verantwortlich für Heideggers politische Verirrung um 1933: Damals habe man die Schüler an zwei Stöße Bücher geführt – hier marxistische Literatur, dort die nazistische, die nach Auffassung der Heideggers zeitbestimmend sein sollte. Auch ich hatte meine Vorbehalte, doch erkannte ich an, dass sie um ihres Mannes willen so freundlich mich unterbrachte, ohne ihre Abneigung gegen Gäste wie mich aufzugeben.

In der Tat fühlten Frau Heidegger und ich uns immer gedrängt zum Gegenteil dessen, was der eine gesagt hatte. Frau Heidegger fand harte Worte dafür, dass man meinem Lehrer Oskar Becker, einer „anima candida“, bei der Entnazifierung so übel mitgespielt habe. Dazu schwieg ich lieber, nur bei Beckers Philosophie verweilend. Irgendeine Zeitung brachte gerade einen Artikel über Hühnerfeld und Heidegger. Heidegger las den Anfang und meinte: „Ist wohl nicht so schlimm.“ Frau Heidegger las auch die weiteren Passagen und ärgerte sich. So erzählte Heidegger bei Tisch, Hühnerfeld habe ihm geschrieben, er wolle die Heidegger-Biographie schreiben in einer Reihe, die auch etwas über

Heisenberg und über den Kaiser von Äthiopien bringe. Er (Heidegger) habe dem Verlag geschrieben, dass er es nicht für richtig halte, Biographien über Lebende zu bringen. Außerdem habe Philosophie nichts mit Biographien zu tun. Er jedenfalls wünsche keine Biographie. Der Verlag habe denn auch verzichtet. Hühnerfeld sei auch bei seinen Schülern herumgefahren. Gadamer habe ihm den Satz berichtet, mit dem Heidegger bei Aristoteles das Biographische abgetan hatte: „Aristoteles lebte, arbeitete und starb." Auf einen Drohbrief von Hühnerfeld hin habe er (Heidegger) nicht geantwortet. Hühnerfeld fand dann einen anderen Verlag und vollbrachte seine „geistige Tat": er rettete die klare „Vernunft" und die „abendländische Humanität" vor dem „Genie aus Messkirch"! Hühnerfeld, so hieß es, habe ein „Tabu" gebrochen, nämlich den Kreis des Schweigens aufgebrochen, den „sektiererische Schüler" um Heidegger gelegt hätten. Diese Schüler hatten inzwischen einen Großteil der philosophischen Lehrstühle inne und redeten durchaus öffentlich und offen auch über Heidegger. Frau Heidegger ärgerte sich vor allem darüber, dass Hühnerfeld geschrieben habe, der patriotische Heidegger sei nie Soldat gewesen; dazu sei er wohl körperlich zu schwach. Ihr Mann habe vor Verdun gelegen! Dazu schwieg Heidegger. Später konnte man in Heideggers Briefen an seine Frau lesen, wie er aus der sicheren Unterkunft in einer Gaststätte die Truppen an die Front ziehen sah. (Wie es Hühnerfeld dann bei Paul Celan erging, wurde schon berichtet.)

Ich konnte die Fragen, die ich mitgebracht hatte, leider kaum loswerden: über Heideggers Weg von der katholischen zur protestantischen Theologie, die Wendung gegen den Lehrer Husserl, die Entscheidung für Hitler schon vor 1933, die neue Zuwendung zu Natur und Kunst, die Ausweisung aus dem Amt nach 1945 durch die französische Militärregierung und die rettenden Besuche junger französischer Soldaten, die Diskussion über sein Denken in Paris. Als wir eine Stelle in *Sein und Zeit* suchten, bemerkte Heidegger, Beaufret wisse alle Stellen auswendig. Er sagte das nicht ohne ein Behagen, das auch blieb, wenn er mir Übersetzungen seiner Schriften ins Jugoslawische und Griechische zeigte. Freilich befremdete es mich, wenn Frau Heidegger von Beaufret als einem „blonden Franzosen" sprach. Wenn sich meine Beziehung zu Heidegger in Paris entschied, dann ganz ohne Beaufret und seinen Kreis, aber von Jean Wahl und Paul Celan aus.

Auf einem Abendspaziergang trafen wir Alfredo Guzzoni und andere. Die jungen Leute um Heidegger herum reisten in die Städte, in denen Heidegger sprach, ergatterten sich vorher Karten für seine Vorträge. Ich schwieg zu allem, und so fiel Heideggers Blick auf mich. Er akzeptierte offenbar, dass ich nicht in dieses Treiben gehörte. Frau Heidegger lobte Guzzoni, stieß sich aber an seinem Bart. Dazu sagte Heidegger verschmitzt: „Ein Existenzialistenbart!“ Nach vielen persönlichen Wirren in diesem Kreis war es später dann Frau Guzzoni, die mir in Freiburg zur Stütze wurde. Im persönlichen Gespräch kamen Heidegger und ich auch auf die Dichter. Heidegger sah in Krolow immer noch den Schüler von Wilhelm Lehmann, doch war Krolow längst auf anderen Wegen. Über Celan sagte Heidegger, von ihm hätten Ludwig von Ficker und René Char gesprochen. Auch er hatte (wie ich selbst und andere) durch Celan die Gedichte von Klaus Demus zugeschickt bekommen, doch nicht in sie hineingefunden. Dagegen war er an Ingeborg Bachmann interessiert, der man (eher fälschlich) eine genauere Beschäftigung mit Heidegger zusprach. Als ich Beckers Bezug auf Nervals Gedicht *El Desdichado* erwähnte, holte er gleich einen Nerval-Band. Was der Dichter über die zwei Pole im Leben sagte, war ihm offenbar wichtiger als Beckers Ausführungen über „Para-Existenz“. Als wir am letzten Abend Musik gehört hatten, legte ich dar, dass am Tanz und in den Bildern den „Primitiven“ etwas aufgegangen sei, das sich nicht in die Worte der Sprache einbringen lasse. Heidegger meinte, diese Dinge seien in der Münchener Akademie der schönen Künste ausführlich (im Beisein Guardinis, auf den ich verwiesen hatte) diskutiert worden. Man müsse Sprache so weit fassen, dass auch das Darstellen darunter falle. Das war eine Thematik, die mir nahe war und die ich später in der Auseinandersetzung zwischen Gadamer und Derrida wiederfand.

Vom 25. – 28. April 1961 konnte ich Heidegger ein zweites Mal besuchen. Der Termin hatte verschoben werden müssen: Der Tod der Mutter der Frau von Hermann Heidegger führte dazu, dass Elfride Heidegger die Enkelkinder beaufsichtigen musste und am ersten Tag nicht da war. Ich selbst konnte mich auf Texte für mein Buch von 1963 stützen. So ging es auch um Detailfragen! Heidegger selbst fragte sich, wie er in die philosophische Situation eingreifen könne. Um einen Überblick über das damalige Philosophieren zu bekommen, hatte er sich die *Philosophische Rundschau* angeschafft und erbat sich von mir weitere Nachrichten (auch über die damals beginnenden *Hegel-Studien*, an denen er sogar mitarbeiten wollte). Er nutzte das Telefon, das es inzwischen im Hause gab, weil er bei Nachbarn, die ein Fernsehgerät hatten, das Fußballspiel Hamburg gegen Barcelona sehen wollte. So schrieb ich ihm nachher von der Meldung, dass Fernsehzuschauer vor Aufregung über das Spiel tot vor ihrem Apparat zusammengebrochen waren.

Abends fuhr uns einer der Söhne (Jörg) in die Stadt, wo wir zum Essen Markgräfler Wein tranken. Heidegger zeigte mir das Fenster des Theologischen Konvikts, hinter dem er gesessen hatte. Mit seiner Baskenmütze sah er eher aus wie ein Handwerker. An einem der Spätnachmittage spielten wir Boccia. Immer gewann Heidegger, und mir ging das Geheimnis seiner Erfolge auf: Er war bei jedem Wurf völlig konzentriert. Als wir abends Bachs Sechstes Brandenburgisches Konzert in der Interpretation von Münchinger hörten, fragte Frau Heidegger, welchen Interpreten ich bevorzuge. Ich nannte die Baseler unter Wenzinger, weil diese mathematischer spielten (nicht so weich wie Münchinger). Das fand Frau Heidegger absurd – Musik habe nichts mit Mathematik zu tun. Heidegger wollte dagegen am anderen Morgen wissen, wie das mit der Musik und der Mathematik seit den Pythagoreern sei (darüber hatten Johannes Lohmann und Oskar Becker Genaueres dargelegt). Doch angeeignet hat Heidegger sich diese Dinge nicht. Frau Heidegger gebrauchte überhaupt eine Sprache, die ich (ohne es zu sagen) nicht akzeptierte. Bonn sei nur Bundeshauptstadt geworden, weil „die Schwarzen" das gewollt hätten! Wiederum erinnerte sie an Oskar Becker als „unschuldige Seele", sprach von den Auslandesdeutschen, der „baltischen" Studentin, die bei ihnen gewohnt hatte, usf. Doch sagte Heidegger von ihr zu recht, sie habe einen Blick dafür, welche der vielen Besucher sie vorlasse und welche nicht. Heidegger wollte damals endlich nach Kiel, um bei Walter Bröcker jenen Vortrag über Kant zu halten, den er seit zehn Jahren versprochen hatte. Doch zur Seinsfrage bei Kant hatte ich nichts zu sagen. Erst später beteiligte ich mich an diesen Diskussionen (die z. B von Ernst Tugendhat neu entfacht wurden).

Ich hatte einen ganzen Stoß von Zetteln mit Fragen bei mir. Heidegger legte mir für die Festlegung auf den Ausdruck „Topologie" die Unterscheidung von Erklären, Erläutern und Erörtern nahe (was ich dann auch aufnahm in mein Buch). Der Rückgriff auf die Tradition der Topik und dabei gar auf Vico blieb Heidegger fremd. Mit seinem „Erörtern" wollte Heidegger einen anderen Ort gewinnen. Doch legte er mir dar, dass er noch nicht versucht habe, den Ort selbst zu sagen und aus ihm zu sprechen. Das versuche er jetzt; er zeigte mir die Schuber der Hegel-Jubiläumsausgabe, in die er seine Zettel eingelegt hatte. Einer lag auf seinem Tisch: einzelne Worte waren darauf verstreut, und um diese Worte schrieb er dann herum, gebrauchte auch verschiedene Farben. Ich bekam dann noch eine Auswahl seiner „Gedichte": *Die Stege des Anfangs.* Sie waren von seinem Bruder ausgewählt und von Brigitte Neske ins Reine geschrieben worden. Zwar wollte mich später etwa Hermann Mörchen das Staunen darüber lehren, „dass der Aanfang aangefangen…“ Doch in solchen Wendungen, vor allem in Heideggers „Gedichten“, sah ich nur eine Manier. Ich legte die „Verse“ Heideggers seiner einstigen Schülerin, Frau Strohschneider-Kohrs, vor mit der Frage, ob das Gedichte seien; auch als ich meine Frage wiederholte, bekam ich keine Antwort. Überraschender Weise meinte 1961 auch Heidegger, dass Beaufret nicht wie ein Franzose aussehe. Dieser kam von England aus, wo er Vorlesungen gab, mit dem Flugzeug getreulich zu Heideggers Vorträgen. Heidegger gab zu, dass Beaufret nur kleine Sachen mache und nicht zu einer größeren Arbeit komme. Diese Dinge blieben mir fremd.

Heidegger empfahl mir die Seinsfrage als Leitfaden meiner Darstellung. Er habe sie in einer *Philosophia Lacensis* (also bei den Jesuiten, die zeitweilig in Maria Laach saßen) gefunden, dann bei Franz Brentano. Die Seinsfrage und der Bezug zur Hermeneutik seien zeitweilig nebeneinanderher gelaufen, hätten dann aber (1922/23) zueinander gefunden. Neben Kierkegaard wurde dann Nietzsche wichtig. Heidegger meinte, was Löwith in seiner Dissertation entwickelt habe, nämlich Nietzsches Selbstverständnis, habe ihn nie interessiert. Er habe Rickert über Nietzsche und Schopenhauer gehört, später über neuzeitliche Philosophie und Nietzsche. Doch da werde Nietzsche vom Wertgedanken her verstanden, also von einem neuzeitlichen Abkömmling des Seinsgedankens. Ich fragte Heidegger, ob er von der Sorge her nicht einen Bezug zur *arete* gesehen, also mit der Tradition zur Gestimmtheit und den Affekten das Verhalten und die Tugenden gestellt habe. Diese Frage beantwortete Heidegger mit einem klaren „Nein“. Leitend geworden sei vielmehr der Bezug der Stimmungen zur „Stimme des Seins“. Freilich sah Heidegger sich auch unter Konkurrenten. So betonte er, dass er vor Eugen Fink von Nietzsche her den Begriff des Weltspiels aufgenommen habe (die Diskussion darüber riss bis heute nicht ab). Im übrigen war Heidegger an dem interessiert, was damals diskutiert wurde, so an Erich Auerbach und Hans Blumenberg (die ihm dann aber doch fremd blieben). Er konnte Meinecke einfach beiseite schieben: Den habe er nie gelesen!

Von Heideggers Besuch 1964 im Siebengebirge wurde gesprochen. Ich sah Heidegger, erschreckend alt und kränklich geworden, dann wieder, als Hans-Georg Gadamer in der Heidelberger Akademie ein Kolloquium zu Heideggers achtzigstem Geburtstag veranstaltete. Es war bewegend, wenn Karl Löwith nun (unter Tränen) Heidegger als seinen „einzigen Lehrer“ ansprach. Karl-Heinz Volkmann-Schluck hatte Heideggers Zustimmung, wenn er das Denken vom Vorgang des

Mythos her sehen wollte. Ich konnte still bei mir die Frage nicht unterdrücken, ob dabei denn die Bezüge zur Schelling-Forschung gewahrt und die neuen Diskussionen über Mythologie aufgenommen seien. Längst klopfte ja von Frankreich her die strukturale Anthropologie von Claude Lévi-Strauß an die deutschen Pforten; seit den *Traurigen Tropen* von 1950 wurde der Mythos bei indianischen Stämmen aufgesucht und so seine Leistung für den Aufbau einer Gesellschaft (sicher sehr einseitig) festgelegt. Die Diskussion dieser Dinge gehörte eher in die folgenden Jahre; doch konnte ich Heidegger auf Mircea Eliade verweisen und seine Meinung zu dessen Religions- und Mythenforschung erfragen.

VIII. Zwischenspiel Heidelberg

Um 1960 halfen Heideggers Empfehlungen noch, und so konnte ich mir auswählen, ob ich mich mit Walter Bröcker in Kiel, mit Max Müller in München oder mit Hans-Georg Gadamer in Heidelberg habilitieren wollte. Ich zögerte überhaupt, weil ich vorher mit meinen begonnenen Arbeiten ins Reine kommen wollte. Aus meinem Interesse für die Probleme der Geisteswissenschaften wählte ich dann Heidelberg. Meine Habilitationsarbeit galt der Entwicklung der Idee der *Phänomenologie des Geistes* in Hegels Jugendschriften als erstem Schritt einer neuen Hegel-Auslegung. Ich legte Gadamer auch ein durchaus vorläufiges Manuskript über den Gegensatz seiner Arbeiten zum Ansatz meines Bonner Lehrers Oskar Becker vor. Zu meinem Schrecken veröffentlichte er die Abhandlung *Hermeneutische und mantische Phänomenologie* ohne weitere Überarbeitung 1965 in der *Philosophischen Rundschau*. Das „Mantische" meinte ein Deuten im Gegensatz zum Verstehen; es galt sowohl den tiefenseelischen Strukturen der Psychoanalye wie den mathematischen Gebilden des absoluten als des abgelösten Geistes, auch „naturrechtlichen" Gegebenheiten. Wolfram Hogrebe ist dann auf Oskar Beckers Philosophieren eingegangen; er hat vor allem den Gegensatz des Mantischen zum Hermeneutischen vertieft.[52]

Als ich mich in Heidelberg habilitierte, sagte man mir, eigentlich seien zehn andere vor mir an der Reihe gewesen. Im Probevortrag sprach ich über die Anfänge der Nihilismus-Diskussion, aber über jene Erörterungen, die der Unterscheidung zwischen Hegelisten und Nihilisten seit Turgenjews Roman *Väter und Söhne* um Jahrzehnte vorausgegangen waren. Der Mediävist der kleinen Fakultät glaubte mich korrigieren zu müssen: Ich habe den Begriff des „Nihilianismus", der zur Mittelalterforschung gehöre, zu Unrecht dem Mittelalter selbst zugerechnet. Doch ein Philosoph, so meinte er begütigend, könne so etwas natürlich nicht wissen. Die Entfaltung der begriffsgeschichtlichen Forschung hat dann gezeigt, dass er schlicht Unrecht hatte. Ich habe 1970 in *Man and World* meinen Aufsatz *Hegel und die Anfänge der Nihilismus-Diskussion* publiziert, der 1974 in einen Sammelband zum Nihilismus aufgenommen wurde.[53]

Meine Heidelberger Antrittsvorlesung hatte das Thema *Die Architektur und das Schöne*.[54] In ihr ging es darum, die regionale Planung, die Landschaftsgestaltung und die Architektur in das neue Geflecht des

Überkommenen mit der universalen Technik hineinzustellen. Das war in Heidelberg besonders wichtig, da auf dem gegenüberliegenden Neckarufer die großen Klinikbauten errichtet wurden. Wie ging das alles zusammen: die Großbetriebe der Krankenbetreuung, die Bauten auf freiem Feld, die Umstrukturierung der alten Universität? Hans-Georg Gadamer versuchte, in der Heidelberger Akademie einen Arbeitskreis zustande zu bringen, in dem Heidegger (der ja Mitglied der Akademie war), aber auch Kunsthistoriker wie Erwin Walter Palm und Jüngere wie ich tätig werden konnten. Palms Frau nannte sich als Dichterin und Dichtungstheoretikern Hilde Domin (in Santo Domingo hatte das Ehepaar während der Nazidiktatur Zuflucht gefunden). Palm konnte Unbekanntes, nämlich die ganz unterschiedlichen mittelamerikanischen Bauweisen, in die Überlegungen einbringen. Vergeblich arrangierten Palm und ich ein Gespräch; seine Frau fuhr dazwischen und riss das Wort an sich. (Man erzählte sich, das habe sie auch bei einem Besuch Gadamers getan, den man dann zur Beruhigung mit dem Auto zu seinem Haus in Ziegelhausen habe bringen müssen.) Hilde Domin wollte auch mich an ihren „Doppelinterpretationen" beteiligen, worin zur Selbstinterpretation eines Gedichts durch den Dichter jeweils die Interpretation eines anderen trat. Die kleine leidenschaftliche Person sagte mir vorweg, was ich schreiben müsse. Ich bestand darauf, das Gedicht, um das es gehen solle, erst einmal in Ruhe zu lesen, lehnte dann schriftlich und ohne Zugeständnis einer Reklamation eine Mitarbeit überhaupt ab. Doch habe ich nach der frühen Begegnung mit Paul Celan bei den Palms eine andere Weise gefunden, dem jüdischen Schicksal in der Zeit der Verfolgung einen Sinn zu geben. Auch Palm selbst hatte ja hispanische Lyrik übertragen. Das von mir Thematisierte – das Verhältnis von Architektur und Dichtung – war für ihn zur konkreten Lebensbeschäftigung geworden.

Als ich in Heidelberg über Heidegger las, kamen von Tübingen die Schüler Ernst Käsemanns mit zwei oder drei Autos, weil sie Klarheit gewinnen wollten über den Bezug der Theologie zu *Sein und Zeit* und zum späteren „seinsgeschichtlichen" Denken Heideggers. In den vielen Gesprächen, die ich mit ihnen führte, ging es nicht um den Bezug zu den mittel- und südamerikanischen Freiheitsbewegungen (in denen Käsemanns Tochter den Tod fand). Vielmehr bewegte die jungen Leute die Frage, ob eine Theologie, die so kompliziert geworden war, überhaupt noch zur Predigt anleiten könne, ob also die Theologiestudenten noch Pfarrer werden könnten. Ich bejahte diese Frage entschieden, fand dafür eher bei den Studentinnen als den Studenten Zustimmung. Musste die Ausbildung der Theologie nicht ihre Ausrichtung auf die

Predigt behalten? Dafür stand nicht nur Karl Barth ein, sondern auch Rudolf Bultmann.

Heidelberg wurde (neben Berlin) ein Zentrum dessen, was man mit einem Missbrauch des Begriffs „Revolution" Studenten-Revolution nannte. Die amerikanischen Studenten, die für den Krieg in Vietnam rekrutiert werden sollten, hatten durchaus existenzielle Motive für ihren Protest. Beim Mai 68 in Paris wurde offenkundig, dass die Studenten den Bezug zu den Arbeitern verloren hatten, die sich eher parteigemäß als Kommunisten organisierten. In Heidelberg war ich der jüngste Dozent und wurde so darauf verpflichtet, gemäß studentischen Forderungen über Marx zu lesen. Dabei konnte ich leicht zurückgreifen auf meine Bemühungen um die Pariser Manuskripte. Zuerst kam es zu einer lebendigen Zusammenarbeit mit den Studenten. Doch als ich dann auch über Hilfferding sprach, musste ein amerikanischer Gast mich dafür im SDS (dem Sozialistischen Deutschen Studentenbund) verteidigen. Ein chilenischer Student erklärte mir, ich sei in hoffnungsloser Weise ein „Humanist". Auf meine Frage, was ich als Humanist denn sei, meinte er: Ich könne nicht verstehen, dass man jetzt in Indien ein paar Millionen alter Inder töten müsse, um den anderen ein sinnvolles Leben zu ermöglichen. Ich konnte nur zugeben, dass ich das nicht akzeptieren könne. Nur zu oft griffen die Forderungen der Studenten bis zum Absurden.

In jedem Fall lernte ich jene Studenten kennen, die – Kinder von Staatssekretären oder Kirchenräten – durchaus milchbärtig und brav in meine Lehrveranstaltungen kamen, dann in wenigen Wochen ihren Bart zeigten, um sich revolutionär gebärden zu können. Da Georg Picht statt Wilhelm Anz den Lehrstuhl für die philosophische Propädeutik in der Theologischen Fakultät erhalten hatte, mied Gadamer ihn. Ohne Gadamer davon in Kenntnis zu setzen, ging ich zu Picht und diskutierte mit ihm die Fragen der Universitätsreform. Dafür gab er mir Kopien seiner Manuskripte und Nachschriften seiner Vorlesungen. Viele Jahre später nahm ich an einer Veranstaltung von Carl Friedrich von Weizsäcker zum Gedächtnis von Georg Picht teil. Dabei traf ich auf die Witwe des Theologieprofessors Tödt. Dieser hatte Bultmann „ethisch" korrigieren wollen, war aber früh gestorben. Seine Witwe betreute immer noch die Studenten und konnte mir erzählen, was aus den einstigen „Revolutionären" geworden war. Sie waren irgendwo verschollen, im günstigsten Falle Sozialarbeiter geworden, bei denen man nur zu oft sah, dass sie die soziale Betreuung, die sie geben sollten, selbst besonders nötig hatten. Eine hochbegabte junge Generation hatte sich durch ihre pseudoromantische Revolutionsrednerei selbst zerstört.

Einmal hatte ich im Philosophischen Seminar hinten im letzten Zimmer nachmittags in völliger Stille meine Vorlesung für den anderen Tag vorbereitet. Als ich dann essen gehen wollte und meine Frau wie gewohnt vom öffentlichen Fernsprecher aus anrief, sagte sie erleichtert: „Gottseidank, dass Du noch lebst.“ Ich fragte, wie sie das meine, und sie sagte mir, sie habe im Fernsehen die Bilder von der Revolution in Heidelberg gesehen. In der Tat: es brauchten nur fünf Studenten sich auf die Hauptstraße zu setzen, dann blockierten sie den ganzen Verkehr im Neckartal, der damals noch über diese Straße lief. Die Anwohner waren das längst gewohnt, doch das Fernsehen konnte für seine Zuschauer Banalstes groß herausbringen.

Anderes war nur zu ernst. Bekannt wurde der „Fall“ Jan van der Meulen. Er hatte im Krieg bei Heidegger studiert. Man erzählte sich, er sei nach Kriegsende dann von den holländischen Grenzbeamten vor die Alternative gestellt worden, entweder seine Bücher (Hegel und Heidegger) zurückzulassen oder nicht nach Holland zurückzukehren. Jan van der Meulen sei bei seinen Büchern geblieben. Ich selbst hatte mit ihm einen guten Kontakt. Als ich jedoch mein Buch über den Denkweg Heideggers veröffentlichte, erklärte er mir, er habe geglaubt, ich interpretiere Heidegger von Hegel her. Jetzt sehe er, dass das Umgekehrte der Fall sei, und so breche er jeglichen Kontakt ab. Das musste ich akzeptieren; für mich selbst blieb es dabei, dass man Hegel wie Heidegger von den uns aufgegebenen Problemen neu auffassen müsse.

Jan van der Meulen hatte als Nervenarzt eine gutgehende Klinik (in Wiesbaden). Doch sah er als Heidelberger Privatdozent seine Aufgabe darin, gegenüber dem proklamierten Materialismus den Idealismus zu verteidigen. Die Studenten brüllten die ganze Vorlesung lang, so dass kein Wort von ihm zu verstehen war. Doch in einem seltsamen Masochismus hielt er bis zum Semesterende durch. Noch schlimmer wurde es, als er dem Pansexualismus entgegentrat (durchaus zuständig als Arzt). „Schlimmer als ein Pastor!“, so hieß es. Vergeblich klagte er bei seinen Kollegen, die ja auch eine neue „Ethik“ entwickeln wollten, die Freiheit der Lehre ein. Er hat sich dann im Rhein ertränkt, einen Nachruf von Seiten der Universität verbeten. Hans-Georg Gadamer zeichnet sich dadurch aus, dass er diesen Nachruf doch gegeben, aber im außeruniversitären Bereich publiziert hat.[55]

Natürlich war mir in Bonn vieles entgangen, was man in Freiburg von Paris aus an Heidegger herangetragen hatte. Meine eigene Ausrichtung auf Paris wich überhaupt dem „atlantischen“ Bezug, als ich 1969 erstmals nach Amerika reisen konnte. Joseph J. Kockelmans veranstaltete in State College in Pennsylvania vom 18.- 21. 9. 1969, also kurz vor Heideggers achtzigstem Geburtstag, das „International Colloquium on Heidegger's Conception of Language". Vor dem Colloquium sah ich mir ausgiebig New York an. In der New York Stock Exchange blickten die Banker auf zu den jungen Damen auf der Galerie, die nun wirklich keinen Sachverstand hatten, aber durch ein Nicken zu einer Option ermunterten. Lief so das Börsengeschäft? Doch wohl nur im Vordergrund. Es verblüffte mich, dass die Bankgebäude wie griechische Tempel drapiert waren. St. Patrick war dem Kölner Dom nachempfunden und sollte ihn übertreffen, doch wirkte die Kathedrale neben dem Rockefeller Centre eher verloren. Staten Island brachte Erinnerung an Heimatliches. Von der Fähre dorthin hatte man den schönsten Blick auf den New Yorker Hafen. Das Museum of Modern Art gab Gelegenheit zum Ausruhen vor den Werken der modernen Malerei. Als Werner Marx mich aufforderte, nach dem Colloquium Freunde von ihm (vor allem Aron Gurwitsch) in New York zu besuchen, wohnten diese zu meiner Überraschung in Hochhäusern, in die ich mich noch nicht hineintraute. Ich konnte mir noch nicht vorstellen, dass man dort hoch oben (wenn die Tür hinter einem geschlossen und durch einen eisernen Riegel gesichert war) wunderschöne und bequem große Wohnungen hatte.

Hans-Georg Gadamer hatte mir vor der Reise gesagt: „Wer Sie in Amerika begrüßt, heißt entweder Joseph oder Thomas." Das meinte: Er hat in Löwen studiert und gehört zu den ganz wenigen Departments, die eine kontinental-europäische Ausrichtung haben. Doch hatte ich in Bonn die Arbeiten von Karl-Otto Apel (zumeist schon im Manuskript) verfolgt. Apel nahm von Morris und von Wittgenstein, schließlich von Peirce her die sprachanalytischen und pragmatistischen Tendenzen auf und entfaltete so einen völlig neuen Bezug zum angloamerikanischen Philosophieren. In meinem Vortrag knüpfte ich an meine Überlegungen über hermeneutische und mantische Philosophie an; die Namen von Oskar Becker, Karl-Otto Apel, aber auch vom „positivistischen" Widersacher Hans Albert, fallen in den Akten des Colloquiums nur in meinen Ausführungen. Von der Rhetorik, speziell von der Topik als Lehre vom Finden der Argumente her entwickelte ich die „Topologie": „The topology of Being asks how a painting of Paul Klee, a poem of Trakl, what is observed in a physical experiment, the product of technique, an effective law of our jurisdiction, belong together in the whole of our world."[56] Das war eine Umformulierung von Heideggers Denken in ein Philosophieren, das sich eher auf den Lehrer der Rhetorik Vico als auf Heidegger stützen konnte. Zur Dialektik Hegels trat eine Dialektik, die mit den Gesprächen Platons und gegen sie, dann mit dem Organon des Aristoteles sich aus der Tradition der Rhetorik verstand. Heinrich Ott, der über Barth, Bultmann und Heidegger gearbeitet hatte, bezog sich in State College mehr auf Martin Bubers anderen Ansatz. Damit war eine Vielfalt des Vorgehens zum Maßstab geworden.

Ende Mai 1970 brach ich wieder nach Amerika auf. Dieses Mal flog ich, weil ich die preiswerte isländische Fluggesellschaft benutzen musste, über Reykjavik. Vom Flugzeug aus sah man, wie die vulkanische Tätigkeit gerade eine neue Insel gebildet hatte. In Milwaukee führte uns Eric Weil durch die wichtigsten Gaststätten (wir hatten Carte blanche). Ich konnte ihm nur glauben, wenn er von einem französischen Wein sagen zu können meinte, ob er am Fuß des Berges oder in der Höhe gewachsen war. Die Seenplatte vor Chicago, die Niagara-Fälle wurden große Erlebnisse. Ich *musste* nach Amerika, weil mir dort die Grundgedanken für die Welt bezogen schienen auf die Wirklichkeit der Weltgestaltung. Dabei hatte Amerika viele Gesichter! Als ich wieder nach Penn State fuhr, drehte sich in New York eine vornehme junge Dame auf der Treppe zum Flugzeug nach mir um und sagte: „It's always an agony to fly Allegheny." Doch dieses Mal flogen wir in völliger Windstille ruhig über die endlosen Wälder von Pennsylvanien. Zuhause erlebte ich dann den Schrecken unserer Nachbarin: Ihr Mann hatte vor dem Abflug mit Allegheny eine der üblichen Lebensversicherungen gekauft und ihr zugeschickt für alle Fälle; sie hatte den Vorgang missverstanden.

Ich hatte 1967 in Heidelberg Gedanken über Heideggers Verhältnis zur Politik vorgetragen (die ich 1970/71 in Bochum wiederholte). Ich fasste sie zusammen in einem Vortrag *Philosophie und Politik bei Heidegger*, den ich 1970 auf der Arbeitstagung *Philosophie und Politik* in der Albertus-Magnus-Akademie in Walberberg hielt. Er erschien dann 1972 und erweitert 1974 in dem Büchlein *Philosophie und Politik bei Heidegger*. Heidegger selbst hatte mir gesagt, dass er sich 1933 gründlich geirrt habe. Doch glaubte er, seine damaligen Auslassungen seien inzwischen der Vergessenheit anheim gefallen. So war er empört über mein Büchlein: Ich hätte das, was er mir privat gesagt habe, öffentlich gemacht. Doch hatte er selbst sich um 1933 nur allzu öffentlich geäußert, wie man bald aus der Gegnerschaft gegen ihn nachwies.

Im Rückblick kann man nur sagen, dass mir damals die schlimmsten politischen Entgleisungen Heideggers noch gar nicht bekannt waren. Sein Wahn bestand vor allem in dem Glauben, Hitler werde auf ihn hören. Doch wird Hitler nicht einmal den Namen „Heidegger" gekannt haben; sicherlich dachte er nicht daran, den politischen oder pseudopolitischen Äußerungen eines Professors, gar noch aus dem Fach Philosophie, Beachtung zu schenken. Ich musste dann bei Freiburger Vorträgen erfahren, dass Heideggers Sohn Jörg mich zu sich holte, wenn sein Bruder Hermann sich gegen mich gewandt hatte. Der schlimmste Schlag gegen Heidegger kam aus der Familie selbst, als 2005 der Briefwechsel zwischen ihm und seiner Frau wenigstens teilweise ediert wurde. Nun erklärten einige meiner Kollegen, Heideggers Texte nicht einmal mehr mit Handschuhen anfassen zu wollen. Doch muss man unterscheiden zwischen dem, was Heidegger sachlich zu sagen hat, und seinem persönlichen Verhalten, zu dem kein eigenständiger Bezug zur Politik gehörte.

Wichtiger war die Einsicht, dass nicht nur Heidegger, sondern auch z.B. sein Lehrer Husserl die Beschäftigung nicht nur mit konkreten politischen Fragen, sondern vorweg schon die einstigen Bemühungen um eine praktische oder politische Philosophie missachtet hatten. So konnte 1988 ein Suhrkamp-Taschenbuch *Heidegger und die praktische Philosophie* weite Beachtung finden (hrsg. von Annemarie Gethmann-Siefert und mir). Da ich seit 1967/68 das Hegel-Archiv zu leiten hatte, rückte die Beschäftigung mit dem Bezug zur Politik bei Hegel und in den Hegelianismen in den Vordergrund unserer Interessen. Zum 150. Todestag Hegels machten wir von Bochum aus eine Ausstellung *Hegel in Berlin. Preußische Kulturpolitik und idealistische Ästhetik.* Sie wurde, begleitet von Vorträgen, 1981/82 in Berlin und Düsseldorf gezeigt und war zugleich unser Beitrag zu der neuen Zuwendung zum untergegangenen Preußen. Die leitende Frage blieb, wie Politik mit dem Risiko ihrer Entscheidungen im Zeitalter der universalen technologischen Zuwendung zur Welt noch möglich und gar in besonderer Weise nötig sei.

Friedhelm Nicolin und ich hatten einzelne Bände der Hegel-Studien denen gewidmet, die unsere Bemühungen – vor allem als Mitglieder der Hegel-Kommission – unterstützt hatten. So bestand ich darauf, dass der letzte von uns betreute, der 35. Band (2000 bzw. 2002) mit einem Hinweis auf Gadamer schloss. Ich zeichnete nach, wie Jean Grondin in seiner Biographie *Hans-Georg Gadamer* von 1999 den Weg Gadamers von Breslau und Marburg über Leipzig und Frankfurt nach Heidelberg schilderte. Grondins Buch erschien mir als eine bedeutende Dokumentation, doch meinte ich auch, lebendiges Philosophieren könne nicht aus Protokollen der Geschäftssitzungen philosophischer Seminare erschlossen werden. Gott habe dem Menschen nur ein bisschen Vernunft gegeben; diese brauche der Philosoph für seine Lehre und Forschung! Für das offizielle Miteinander bleibe nur wenig übrig (wie die Geschäftssitzungen philosophischer Seminare erschütternd deutlich zeigten). Deshalb solle man sich den unverfälschten Gadamer erbitten, mit dem man ein Bild in einer Ausstellung betrachtet, sich eine Landschaft eroberet oder nach getaner Arbeit ein Gedicht gelesen habe.

Exkurs 3: Erinnerungen an Hans-Georg Gadamer

In seiner Autobiographie *Philosophische Lehrjahre* schreibt Hans-Georg Gadamer, dass Oskar Beckers Bonner Lehrtätigkeit „ein wichtiges Moment in der Heranbildung einer neuen philosophischen Generation" gebildet habe. „Manche damaligen Bonner wie Apel, Habermas, Ilting, Pöggeler, Schmitz haben mir das bezeugt."[57] In Bonn war es jedoch Johannes Thyssen, der zwar mit seinem kritischen Realismus wenig Anklang fand, aber dabei die Erörterung der Philosophen von Max Scheler und Karl Jaspers über Heidegger bis zu Sartre und Wittgenstein pflegte. Die Seminarteilnehmer schrieben dann in durchaus positiver Zustimmung ihre Arbeiten über die Kritisierten. Erich Rothacker versammelte in seinem Seminar alle jene, die Gadamer nennt, und ließ sie ihre Entwürfe vortragen. Nach stundenlangen Diskussionen setzte man die Gespräche (wie berichtet) im Weinhaus fort. Da in Bonn Invidiualitäten wie Litt, Rothacker, Becker und Thyssen Lehrstühle besetzten, suchten auch die Studierenden ihren individuellen Weg – nicht am Ort der Promotion, sondern in der deutschen Universitätswelt überhaupt. Mit ihnen wurde ein Dutzend philosophischer Lehrstühle besetzt.[58] Eine Schule jedoch, die zusammenhielt und in der man sich wechselseitig stützte (wie die Schule Joachim Ritters in Münster) war das Gegenbild zur Bonner Situation. Bei Gadamer jedoch, der unter seinen Schülern selbst die Gegnerschaft duldete, gab es Anknüpfungspunkte.

Als ich mein Studium im Herbst 1949 begann, hatte man Oskar Becker gerade aus einer Kellerwohnung herausgeholt. Doch Vorlesungen und Seminare hielt er nur für ganz wenige. Im schönsten Seminar meines Lebens (über die Ästhetik von Schelling, Hegel, Solger) war ich bei ihm zusammen mit fünf anderen Teilnehmern. Natürlich war ich auch bei Becker an seiner Tätigkeit in der Nazizeit interessiert. Als ich seinen Aufsatz *Nordische Metaphysik* in der Universitätsbibliothek bestellte, wurde ich vor die Alternative gestellt, entweder auf die Bestellung zu verzichten oder mich beim englischen Stadtkommandanten zu melden. Später wurde sichtbar, dass Karl Löwith, Ferdinand Ludwig Clauß und Oskar Becker in Freiburg ein Trio unter den Husserlschülern gebildet hatten. Gadamer sagte mir, ich solle doch nicht die kurzfristig verordnete politische Korrektheit zum Maßstab meiner Wertung machen; Clauß sei einer der großen Phänomenologen gewesen, die sich der kulturellen Verschiedenheit zugewandt hätten. Er habe konkret aufgewiesen, wie ein Wikinger sich von einem Araber unterscheide. Nicht ohne einiges Unbehagen habe ich die Schilderungen von Clauß (die mir von den Schulbüchern der Nazizeit her bekannt vorkamen) genauer verfolgt. Vor allem hatte er den Begriff des „Nordischen“ zur Geltung gebracht. Husserls Votum gegen seinen Schüler, auch aus einem Neger könne ein guter Deutscher werden, wenn er nur genügend gebildet werde, bekam freilich seine volle Aktualität erst Jahrzehnte später.[59] Da Clauß jedoch eine jüdische Schülerin versteckt hatte, bekam er ein Gedenken in Yad Vashem.

Rothacker, der nach der Machtergreifung von 1933 einmal Kultusminister hatte werden wollen, wurde von Gadamer wie ein Antipode verfolgt. Liest man Rothackers Schriften, dann findet man Exzerpte und interessante Wertungen, keine ausgereiften Bücher (wenn man von der *Kulturanthropologie* absieht). In seinen Vorlesungen erzählte Rothacker so anschaulich von der Historischen Schule, dass ich gleich anschließend die entsprechenden Bücher mir besorgte und las. Das war nicht nur Droysens Historik, das waren auch Droysens Werke über Preußen und über den Hellenismus, vor allem auch Victor Hehns Geschichte der Kulturpflanzen und Haustiere.[60] Rothacker lud mich später auch zu privaten Gesprächen ein – diese gaben Anregungen, die man aus Büchern und Universitätsgeschichten schwerlich bekommen kann, mit denen man aber Gadamer zuerst einmal distanziert gegenübertrat.

Als Hans-Georg Gadamer mit Helmut Kuhn die *Philosophische Rundschau* begründet hatte, zog er auch mich zur Mitarbeit heran (nach meiner Promotion über *Hegels Kritik der Romantik*). So konnte ich dort 1956 das Buch *Novalis als Philosoph* von Theodor Haering als eine hegelianisierende Systematisierung der Aphoristik des Novalis kritisieren. Haering war darüber verschnupft, doch wurde er in der Novalisforschung später noch viel heftiger attackiert. Nach einem Brief an Karl Löwith vom 30. 9. 1938 hat Gadamer im Sommer 1938 „tüchtig“ an Hegel gearbeitet, aber das geplante Buch *Hegel und die antike Dialektik* nicht fertig stellen können.[61] Gadamer berichtet auch, wie unangemessen Glockner 1940 im Hotel zum Elefanten in Weimar eine Hegel-Tagung leitete. Freilich fand die Tagung – anders als Gadamer erinnert – schon im April vor der Westoffensive statt. Die Tagungsteilnehmer fielen über den Referenten Gadamer her. Glockners Lob, dass Gadamer sich ja auch schon gut in Hegel eingearbeitet habe, verletzte diesen am meisten. Glockner war nur etwas mehr als drei Jahre älter!

Selbstverständlich war Gadamer dabei, als die *Deutsche Forschungsgemeinschaft* nach dem Tod von Johannes Hoffmeister und Erwin Metzke eine Hegel-Kommission für die Betreuung der Hegel-Edition einsetzte. Stück für Stück musste den Gutachtern der DFG die Annahme einer besseren und anderen Konzeption für die Edition abgerungen werden. Gadamer war am ehesten offen für neue Wege. Für den ersten Band der *Hegel-Studien* von 1961 bekamen wir von ihm nun als Aufsatz den Text *Hegel und die antike Dialektik*. Gadamer zitierte einen zentralen Satz aus Platons *Sophistes* in Hegels Übersetzung: „Das Schwerste und Wahrhafte ist dieses, dass das, was das Andere ist, Dasselbe ist. *Und zwar in einer und derselben Rücksicht*, nach der *selben* Seite." Mit K. L. W. Heyders Buch *Kritische Darstellung der Aristotelischen und Hegelschen Dialektik* von 1845 sah Gadamer in dieser Übersetzung ein totales Missverständnis Platons, der gerade die verschiedenen Rücksichten auseinanderhalten wollte.[62] Für die Bibliothek des Hegel-Archivs konnten wir nicht nur die Aristoteles-Ausgabe des Erasmus anschaffen, die Hegel zuerst benutzte, sondern auch die Bipontiner Platon-Ausgabe mit der lateinischen Übersetzung von Marsilio Ficino. So konnte Klaus Düsing zeigen, dass Hegel bei seiner Übersetzung offenbar auf den lateinischen Text geschaut hatte, der der Hegelschen Übersetzung schon entspricht. Es war also eine neuplatonische Uminterpretation Platons, der Hegel folgte. Wir versuchten mit den *Hegel-Studien* etwas Dreifaches: Editionen und textkritische Überlegungen sollten Hegel neu aufschließen, bedeutende Hegel-Interpreten von Richard Kroner, Ernst Bloch, Erich Heintel bis Gadamer sollten zu Wort kommen. Rezensionen und Aufsatzreferate sollten die Hegel-Literatur vergegenwärtigen. Wir ahnten nicht, dass dieser Weg auch zu Wespennestern führte – bis hin zu drohenden Prozessen (mit W. R. Beyer). Hermann Schmitz besprach Jan van der Meulens Buch *Hegel. Die gebrochene Mitte*, selbstverständlich nicht ohne Kritik. Dadurch wurde unser gutes Verhältnis zu van der Meulen auf eine harte Probe gestellt. Es freute mich, dass Hans-Georg Gadamer außerhalb der Universität, nämlich in seiner Autobiographie *Philosophische Lehrjahre*, auch gegen viele Widerstände seinen Nachruf auf Jan van der Meulen publizierte. Dieser hatte, so führte Gadamer aus, seine Prägung durch den holländischen Hegelianismus erfahren; auch bei Heidegger in Freiburg sei er Hegelianer geblieben. In Heidelberg sei er „Zielscheibe gelenkter studentischer Angriffe" geworden. „Das hat ihn tief betroffen, so tief, dass er seinerseits die Bedrängnis der unruhigen Jugend von heute, die sich so unduldsam gebärdete, nicht wahrnahm… Er ist mit dem verzweifelten Geständnis, ohne Liebe und ohne Gerechtigkeit könne er nicht leben, freiwillig in den Tod gegangen."[63] Zufällig ging ich mit Gadamer in das stille Philosophische Seminar, als Rudi Dutschke in der Neuen Aula redete und die

Altstadt mittels elektronischer Verstärker übertönte. Nach einigem Hin- und Herblicken sagte Gadamer: „Ich lasse mir von denen doch mein Leben nicht kaputt machen."

Gadamer war davon überzeugt, dass man das Denken und Dichten auch vor der breiten Öffentlichkeit zur Geltung bringen müsse. Er sagte mir einmal, er habe drei große Redner kennen gelernt: Scheler, Heidegger und Paul Celan (mit der Darmstädter Büchnerpreis-Rede). Über Scheler heißt es in den *Philosophischen Lehrjahren*: „Es war etwas Dämonisches, um nicht zu sagen Satanisches in seiner philosophischen Leidenschaft."[64] Im mündlichen Bericht fügte Gadamer noch hinzu, dass auch die tropfende große Nase Schelers die Zuhörer nicht von der Wucht der Argumentation abgelenkt hätte. Scheler war der Philosoph, der (auch mit seinem Rückverweis auf Schellings *Untersuchungen über das Wesen der menschlichen Freiheit*) die Bonner philosophische Situation dominiert hatte. Rothacker baute auf Schelers Durchbruch zur Empirie auf; Oskar Becker bildete den Antagonismus von Drang und Geist fort; Heinrich Lützeler berichtete über Schelers Leben und Wirken. Als Manfred S. Frings Scheler (den Lehrer des französischen und polnischen Personalismus und damit auch des Papstes Johannes Paul II.) durch Bücher und Kolloquien neu aufarbeitete, vermissten Gadamer und Helmut Kuhn die einstige alles verwandelnde Durchschlagskraft von Schelers immer neu sich wandelndem Denken.

Aus meiner Bonner Studienzeit bleibt mir unvergesslich, wie Rilkes *Duineser Elegien* zusammen mit Musik von Hindemith vorgetragen wurden. Diese Erfahrung konnte Gadamer verstärken. Nach seiner Erinnerung fragte man in der Kriegszeit in Leipzig in der Buchhandlung nach Heidegger, Ernst Jünger, Guardini und Rilke. Die leise Stimme Rilkes war schon durch die Sprechweise ein Widerstand gegen die laute Propaganda.[65] Da Gadamer im Sommersemester 1934 und im Wintersemester 1934/35 in Kiel Richard Kroners Professur übernommen hatte, fragte ich mich, was Kroner dazu denke. So war ich aufmerksam, als Kroner 1962 in Heidelberg Gadamer mit großer Herzlichkeit begrüßte. Richard Kroner hatte den neukantischen Weg zum spekulativen Idealismus weitergeführt; der junge Heidegger hatte mit ihm so etwas wie ein Duell ausgefochten. Als Gadamer nach 1923 nach Überwindung seiner Kinderlähmung doch noch nach Freiburg gehen konnte, überwältigte ihn Heideggers berühmte Vorlesung über *Ontologie oder Hermeneutik der Faktizität.* Doch ließ er die Mittwochs-Zusammenkünfte im Hause Richard Kroners, wo er mit Kroner und Stepun diskutieren konnte, nicht aus. Die Verbundenheit mit Kroner bewährte sich dann in Kiel. Da Kiel so etwas wie eine nationalsozialistische Musteruniversität wurde, blieb Gadamer dort nicht lange. Richard Kroner wandte sich in der Emigration zu Kierkegaard und zur theologischen Tradition und mit T. M. Knox zum jungen Hegel; so wurde er auch kritisch gegenüber Hegels System. In Heidelberg forderte er dann, den ganzen Hegel, von den Jugendschriften an, in Edition, Interpretation und Auseinandersetzung zur Geltung zu bringen. (So suchte er auch den persönlichen Kontakt zu mir.)

Bei der Aufarbeitung der Stellung der Philosophie im Nationalsozialismus war man natürlich darauf aufmerksam, wie Gadamer in Paris aufgetreten war. Er hielt dort im Deutschen Institut am 29. Mai 1941 den Vortrag *Volk und Geschichte im Denken Herders.* Er nannte den Vortrag in seiner Autobiographie eine rein wissenschaftliche Studie, die freilich von den Veranstaltern auch hatte missbraucht werden können.[66] Der Name „Herder" war für mich ein rotes Tuch: Wenn unser Gymnasialdirektor im Krieg an den verordneten Feiertagen einen politischen Vortrag halten musste, konnte er sich natürlich nicht auf Wilhelm von Humboldt berufen, an dem er sich orientierte; so berief er sich auf Herder. Doch hätte nicht auch ich 1941 mittels eines Vortrags über Herder die Chance genutzt, aus der Einkerkerung in Deutschland für ein paar Tage nach Paris zu entfliehen? Schwerer wiegt, dass Gadamer nach dem Kriege beim Neudruck des Vortrags ohne Hinweis jene Sätze strich, in denen die Orientierung am Volk – „ganz fern von jeder politischen Parole" – gegen die Schlagworte der westlichen Demokratie gestellt wurde. Auch an dieser Vorstellung war aber etwas Richtiges: Spanien, England und Frankreich hatten zum „Staat" gefunden; die Deutschen blieben ein Volk mit großen deutschsprachigen Volksgruppen in Siebenbürgen, in Südtirol, im Elsaß. Johannes Hoffmeister, der am genannten Pariser Institut arbeitete, berichtete, dass junge Franzosen damals mit ihm Hölderlin ins Französische übersetzten (einige Namen der jungen Franzosen von damals fand ich wieder als Namen bedeutender französischer Germanisten meiner Zeit). Der Schluss des Gedichts *Hälfte des Lebens*, nämlich „im Winde / Klirren die Fahnen", sei aber nicht auf die Fahnen der Kirchturmsspitzen bezogen, sondern übersetzt worden im Sinne von „im Sturme / Knattern die Standarten". Was in Gadamers Rede in Paris gesagt wurde, muss immer auch auf dem Hintergrund des damaligen Sprachgebrauchs gesehen werden.

Der Missbrauch Herders als eines Ausweichautors für Deutsche, die keine Nationalsozialisten waren, aber unter der nationalsozialistischen Herrschaft leben mussten, wurde schon berührt beim Bericht über die Schulfeiern am Attendorner Gymnasium. Eine internationale Herder-

Gesellschaft wurde in Amerika gegründet und hielt dort ihre Kongresse, ehe sie 1992 auch an der Ruhr-Universität Bochum tagte.[67] Ich selbst habe damals noch gezögert, mich auch schriftlich zu beteiligen, und erst später meinen Vortrag *Der junge Hegel und Herder* in einen Hegel-Band gegeben. Mit täppischen Händen nach diesen Dingen zu greifen und sie dann politisch zu instrumentalisieren, das ist sicherlich kein angemessener Umgang mit Bemühungen, über denen politische Drohungen standen.

Hans-Georg Gadamer ließ sich sein politisches Urteil durch keine gerade grassierende „politische Korrektheit" vorschreiben. Ich wies z.B. darauf hin, dass Heidegger sich durch Hitlers sog. Friedensrede vom 12. Mai 1933 in der Überzeugung gestärkt sah, Hitler werde auf das Programm Wilsons eingehen; diese Hoffnung hätten damals auch Roosevelt und Churchill dem Österreicher in Berlin entgegengetragen. Da Hitler vorher wie nachher sich gegen Wilsons Programm stellte, sah ich in dieser Rede einen Schachzug zur Täuschung der Öffentlichkeit.[68] Dazu bemerkte Gadamer, ich verstünde nicht, dass ein Politiker nicht politischen Theorien folge, sondern eine Situation zu meistern habe. Hitler habe 1933 gesehen, dass es für Deutschland keine andere Chance gebe, als durch das Eingehen auf Wilsons Programm wieder Eigenständigkeit zu gewinnen. Gadamer glaubte auch noch 1938/39, Hitler wolle nur pokern, aber keinen Krieg. Als ich jedoch einmal bemerkte, ich habe unter meinen Verwandten und Bekannten niemanden kennen gelernt, der dem Krieg der Nationalsozialisten eine Chance gegeben hätte, sagte Gadamer, ich hätte nur drei Jahre älter sein müssen, um 1940 den Jubel der Deutschen über den Fall von Paris zu hören. Im Herbst 1935 nahm Gadamer freiwillig an einem Dozentenlager bei Danzig teil und verschaffte sich damit die Voraussetzung für seine weitere akademische Karriere. Er fand in dem Leiter, dem steirischen Grafen Gleispach, einen einflussreichen Freund. Dieser Großdeutsche, „äußerst tolerant und diskret", ließ die Teilnehmer nur einen Vortrag über ihr Fach halten und diskutieren – „das war alles, was von uns verlangt wurde (natürlich außer Frühsport, Kampfspielen, Märschen und nationalen Gesängen und all diesen paramilitärischen Allotria)".[69] Liest man nach, was der Graf als Strafrechtler vortrug, dann ist man jedoch über den konsequenten Nationalsozialismus entsetzt! An Löwith schrieb Gadamer, dass er im Lager so, wie Löwith an der Front im Ersten Weltkrieg, „Kameradschaft" erfahren habe. Wer je seinen nächsten Freund neben sich fallen und Menschen von Bomben zerrissen werden sah, kann hier nur den Zivilisten Gadamer finden, dem Krieg und Verfolgung letztlich fremd blieben. Gadamer berichtet denn auch, wie er nach dem Zweiten Weltkrieg in Leipzig versehentlich von den Russen einige Tage in Haft genommen wurde: „Ich hielt mich mit Memorieren aller Verse, die ich je auswendig gelernt hatte." (Adenauer meditierte in solcher Situation.) Musste diese so begrenzte Erfahrung von Krieg und Verfolgung nicht auch zurückschlagen etwa auf Gadamers Celan-Lektüre?

Man kann nicht umhin zu konstatieren: Auch gleichzeitig Lebende können sich in verschiedenen Welten bewegen. Hans-Georg Gadamer berichtete mir, dass er Celan Anfang 1960 in Paris besucht habe (wahrscheinlich schon im Zusammenhang von Vorüberlegungen, Celan den Büchner-Preis zu verleihen). Doch der Sohn der Celans, Eric, habe damals eine Mandeloperation über sich ergehen lassen müssen; darüber sei die kleine Familie aus allen Fugen geraten.[70] Gadamer war der Auffassung, man müsse Normales normal nehmen (und damals war eine Mandeloperation bei Kindern normal). Das Jahr 1960 brachte dann den Höhepunkt der Attacken gegen Celan. Als ich Gadamer Celans Bekümmerung und Empörung darüber wiedergab, dass er in diesem Zusammenhang auch belogen worden sei, teilte der dabei stehende Jan van der Meulen die Bekümmerung und Empörung. Gadamer meinte, das Lügen gehöre zum Menschen; Odysseus, die große Leitgestalt der Griechen, sei auch der große Lügner. Die griechische Philosophie sei entstanden, weil man sich diesem Phänomen habe stellen, mit ihm fertig werden müssen.

Gadamer wollte auch Celans Gedichte von jener Norm her verstehen, die er bei Goethe und in Hölderlins Hymnen fand. Goethes *West-östlicher Divan* wurde der Maßstab; dabei orientierte Gadamer sich an der Divan-Interpretation seines Freundes Kommerell. Gadamer hat immer wieder darauf hingewiesen, dass Heidegger ihn aus der Bahn gerissen habe; einen elektrischen Schlag habe er aber schon vorher beim Lesen der Gedichte Stefan Georges bekommen. Wenigstens vom Rande her berührte der junge Gadamer in Marburg auch den George-Kreis. Im Sommersemester 1968 hielt er in der Alten Aula der Heidelberger Universität einen Vortrag zum 100. Geburtstag von Stefan George. Dabei versuchte er auch, die Gedichte so zu sprechen, wie sie im George-Kreis gesprochen worden waren. Hinten im Saal, wo ich gerade noch einen Platz bekommen hatte, konnten die Studenten kaum den Ausbruch des Lachens unterdrücken. Sie nahmen aber nicht Anstoß an der Ferne zu dem, was man damals „Emanzipation" nannte, sondern an der Künstlichkeit des Gedichtvortrags. Was Celan betrifft, so war er in seiner Jugend von Gedichten Georges ausgegangen. Er erzählte mir auch noch von Adornos George-Vortrag in Paris, der das

Anstößige wegließ und von dem ausging, was immer noch gefallen konnte. Demgegenüber meinte Celan, man müsse George nehmen als den, der ein Drittes Reich vorbereitet habe. Freilich weckte George auch den Widerstand gegen das, was dann wirklich wurde. Bei Kommerell sah Celan einseitig die Ausrichtung auf den Dichter als „Führer". Die Abgründe, die sich so zwischen Celan und Gadamer auftaten, sah Gadamer nicht.

Als ich nach meinem Habilitationsvortrag Gadamer darauf hinwies, im *Wörterbuch der philosophischen Begriffe* (von Johannes Hoffmeister betreut) und an vielen anderen Stellen lese man, Augustinus habe die an nichts Glaubenden „nihilisti" genannt, sagte Gadamer sofort mit sicherem Sprachgefühl, niemand wäre „nihilistus" genannt worden, allenfalls „nihilista". Gadamer hat das Seine dazu beigetragen, dass die Philosophie auf ihre Sprache und deren historische Wandlungen achtete. Doch hat er nicht (wie Joachim Ritter) die eigenen philosophischen Arbeiten zurückgestellt, um seine Schule auf ein historisches Wörterbuch der Philosophie zu verpflichten. So gingen die Wege von Weggefährten wie Ritter und Gadamer auseinander.

Leider wurde Gadamers Buch *Werner Scholz*, die Kommentierung der Bilder eines malenden Generationsgefährten, kaum rezipiert. Wichtiger wurde Gadamers Auseinandersetzung mit der Deutung moderner Malerei durch Arnold Gehlen. Ich kann mir nicht vorstellen, dass man mit Heidegger (wie ich das 1987 mit Gadamer in Köln tat) in eine Ausstellung der Bilder Chagalls gehen konnte. Trotzdem bleibt es dabei, dass Heidegger durch wenige Hinweise eine Auseinandersetzung um Wesen und Bedeutung der Kunst in der technisierten Welt in Gang brachte. Bei Gadamer blieb immer auch das Interesse leitend, „ethisch" mit den Problemen des Lebens fertig zu werden und dafür Hilfen zu suchen. Wilhelm Perpeet hatte in seiner Dissertation über Kierkegaard dargelegt, dass bei Kierkegaard das ästhetische und das religiöse Stadium leitend seien. So verblüffte es mich, wenn Gadamer des öfteren seine Nähe zu dem Assessor betonte, der für das ethische Stadium steht. Gadamer wurde für mich zum Vorbild, weil er seine Fahrt zu Universitätssitzungen möglichst mit einem Museumsbesuch verband. Doch beachtete er immer die Forderungen des alltäglichen Lebens. Wenn wir ihn vom Siebengebirge nach Köln brachten, dann fand er es richtig, dass die Kinder hinten im Auto saßen und sich auf einen Besuch im Kölner Zoo freuten.

Gadamer kümmerte sich um seine Schüler – soweit sie ihm eine qualifizierte und mehr als durchschnittliche Leistung zeigten. Als er nach Kriegsende erfuhr, dass Karl-Heinz Volkmann-Schluck in Röcken in amerikanischer Kriegsgefangenschaft war, fuhr er mit dem Fahrrad seiner Tochter hin und holte seinen Schüler aus dem Lager. Noch im Nachruf auf Volkmann-Schluck erwähnt er „nicht als Autobiographikum, sondern wegen einer gewissen symbolischen Bedeutung", dass die Grabplatte Nietzsches umringt war „von einer riesigen Herde von Gänsen".[71] Vom Streit im Dominikaner-Kloster Walberberg war schon die Rede. Als Volkmann-Schluck sich dort zurückzog, übernahm ich sowohl einen Vortrag über Hegel wie einen Vortrag über *„Geschichtlichkeit" im Spätwerk Heideggers* (ohne vom Streit zu wissen). Ich suchte zu zeigen, dass Heidegger in seinem Spätwerk die Worte „Geschichtlichkeit" und „Seinsgeschichte" nicht mehr als Leitfaden nehme. Heideggers Weg werde nicht nur durch eine Kehre zweigeteilt, sondern habe wenigstens drei Phasen. Zur Feier des achtzigsten Geburtstag Heideggers in der Heidelberger Akademie brachte ich in die Diskussion die Weise ein, in der Karl-Otto Apel und Habermas zum existenzphilosophischen bzw. spekulativen Ansatz die dialektische und die analytisch-pragmatische Tradition stellten. Karl-Heinz Volkmann-Schluck konterte, wer so denke, sei schon in der Seinsvergessenheit versunken. Heidegger dagegen wollte diese Dinge genauer wissen und fragte bei mir in der Pause nach. Es blieb mir fremd, mit Volkmann-Schluck Heideggers Seinsgeschichte dogmatisch auf Thesen zu bringen, die nächtelange Diskussion darüber mit Schallplatten von Wagner-Opern zu unterbauen. Gadamer hatte die Geduld, die Entwicklung dieser unterschiedlichen Ansätze abzuwarten und sie vorsichtig in die richtige Richtung zu lenken.

In den sechziger Jahren ging es darum, einen neuen Ort für das Hegel-Archiv zu finden, das in Bonn keine Chancen mehr hatte. Gadamer plädierte für Heidelberg, wo es aber keine Ausstattung gab. Beim Frühstück sagte er mir. „Wir sind nun Gegner, wollen es aber in fairer Weise sein!" Er konnte tolerieren, dass das Hegel-Archiv zwischen dem Münster Joachim Ritters und dem Heidelberg Gadamers, in Bochum, angesiedelt wurde. Für mich war ausschlaggebend, dass die neue Universität den jüngeren Mitarbeitern Habilitationsmöglichkeiten bot, die dann auch genutzt wurden. Nach dem Zweiten Weltkrieg waren die großen philosophischen und musikhistorischen Editionen die Vorreiter für eine neue Rolle geisteswissenschaftlicher deutscher Forschung in der Welt. Ließ sich nicht ein geisteswissenschaftlich-philosophisches Zentrum aufbauen, das die ausländischen Gäste anzog? Zu den französischen, italienischen, amerikanischen und japanischen Gästen kamen Vortragende aus aller Welt. Dabei blieb immer auch Zeit, sich persönlich näher zu kommen. Karl-Otto Apel tat genau das, was wir vorhergesagt hatten: Beim Abendessen hielt er den Löffel Suppe vor sich hin und redete zwanzig Minuten. Gadamer hat uns in Bochum mit seinen Vorträgen am stärksten unterstützt. Er holte irgendein Blatt Papier aus seiner Tasche und behauptete, das sei die Ausarbeitung seines Vortrags. Oder solle er frei sprechen? Das Letztere wurde selbstverständlich gefordert, und so begann er seinen Vortrag. Immer begeisterte er Hunderte von Studenten. Die Kollegen erkannten gelegentlich wieder, was sie schon einmal gelesen oder gehört hatten, und sagten mir dann begütigend: „Das war nicht für uns." In unserem Wohnzimmer oder im Turmzimmer der Wasserburg Kemnade ging die Diskussion dann im kleineren Kreis weiter. Müde wurde Gadamer nie.

Im Leben wie im Wirken liebte Gadamer die Fülle. Einer seiner Heidelberger Kollegen (Dieter Henrich) sagte über die Autofahrt von Bonn zum Siebengebirge: „Wie schrecklich, so über Land fahren zu müssen!" Gadamer fragte nach jedem Palais, zitierte bei Kloster Heisterbach Verse von Stefan George, roch beim Spaziergang Akazien von weitem und bewunderte am Weilberg den Basalt-Durchbruch im Tuff – ein Thema Celans! Von ihm hörte ich in Heidelberg nicht: „Man kann hier nur in den Hirschstuben oder im Ritter essen; da die Hirschstuben geschlossen sind, müssen wir zum Ritter!" Einen ganzen Sommer lang gingen wir jede Woche in eine andere Gaststätte: Ich sollte alles kennen lernen! Unter seiner Leitung schossen bei den Tagungen der Internationalen Hegel-Vereinigung die Fragen wie Pilze aus dem Boden; nichts wurde durch vorherige Festlegungen abgewürgt. Doch war es auch erschreckend, wie sehr er die Animositäten der Professoren als etwas Selbstverständliches nahm. Als ich einmal einen Vortrag von ihm mit dem Vortrag eines seiner ältesten Schüler, Walter Schulz, zu kombinieren suchte, sagte er schlicht: „Der wird nicht kommen. Der sitzt in Tübingen und will mich entthronen." So sah er auch die Gegensätze mit und unter seinen Schülern einfach als gegeben an. Bei aller Aufmerksamkeit auf die Philologie bei Theologen wie Rudolf Bultmann oder Gerhard von Rad fehlte ihm die Möglichkeit, mit Pfarrern oder badischen und württembergischen Studienräten es schlicht ernst zu nehmen, dass die Botschaft Jesu und deren Bezeugung im Kreuz zum Maßstab unseres Lebens geworden sei.

Um das Interesse an Hegel wieder stärker in die akademische Welt einzubringen, rief Gadamer die Internationale Vereinigung zum Studium der Hegelschen Philosophie ins Leben. Er ließ 1962 auf der ersten Tagung in Heidelberg auch mich mit einem Beitrag über Hegel und die griechische Tragödie zu Wort kommen. Ich stellte neben die tragische Welterfahrung der Griechen die jüdische Geschichtserfahrung, die vom jungen Hegel verkannt worden war. Dieser Ansatz führte zu Interessen, die von Gadamer nicht geteilt wurden. Ich hörte nicht nur auf Rosenzweig und Buber (die mir vor Heidegger bekannt geworden waren), sondern auch auf Levinas. Mit Levinas selbst konnte ich in Löwen zur Unterstützung der Übersetzung seiner Werke zwei Kolloquien halten. Dazu meinte Gadamer, ich werde es nicht fertig bringen, dass das verfremdete Französisch von Levinas auf deutsch wiedergegeben werden könne. Das war Gottseidank ein Irrtum. Lange vor diesen Löwener Kolloquien, 1964, ließ Gadamer mir nur zwei Tage Zeit zur Abfassung eines Referates über Hegels *Phänomenologie* in Royaumont. Er habe ja vor meiner Habilitation sehen müssen, so sagte er nachträglich, ob ich auch solche Anforderungen bestehe. Die Auseinandersetzung mit Hans Friedrich Fulda in Royaumont führte dann zur Klärung des Bezuges zwischen der Logik Hegels und seiner Phänomenologie. Als ich den Streit um den Autor des sog. ältesten Systemprogramms des deutschen Idealismus wieder aufnahm, ließ Gadamer mich mein Plädoyer für Hegel 1965 in Urbino vortragen.

Hell in meiner Erinnerung steht eine gemeinsame Woche in Rom. Gadamer wurde in die „Akademie der Lüchse" aufgenommen; als er zurückkam, fragte ich, wie es gewesen sei. Er, der gerade die Achtzig überschritten hatte, war begeistert. „Ich war der Jüngste!" Unsere Vorträge im Goethe-Institut begannen erst am späten Nachmittag, und so hatten wir Zeit, Rom zu erkunden und dabei unseren geschichtlichen und kunstgeschichtlichen Interessen zu folgen. Davon soll noch die Rede sein. Gadamer meinte, in dreißig Jahren werde niemand mehr wie wir durch Rom gehen. (Doch konnte man später Gymnasialklassen treffen, die vor der Reise nach Rom ein ganzes Regal an Literatur durchgearbeitet hatten.) Mit amerikanischen Freunden wie Thomas Sheehan trafen wir uns zum Essen in Trastevere. (Die Wirtin hatte das Aussehen einer alten Römerin.) Als wir auf dem Rückweg gerade den Tiber überschritten hatten, detonierten hinter uns zwei Bomben. Gadamer blickte nur kurz zurück: „Wir müssen zu unseren Vorträgen!"

Die Weltstadt Neapel (sicherlich nicht das Meßkirch Heideggers) wurde für Gadamer zum beliebtesten Reiseziel. Walter F. Otto hatte während des Krieges in einer Auftragsarbeit Vicos Frühschrift über die Studienarten übersetzt. Unter dem anspruchsvollen Titel *Vom Wesen und Weg der geistigen Bildung* erschien die Schrift 1947 im George-Verlag Helmut Küpper, vormals Georg Bondi. In Bonn war das der Einstieg in die Beschäftigung mit Vico (von der Karl-Otto Apel in seiner Habilitationsschrift über den italienischen Sprachhumanismus handelte). Als ich 1960 auf dem Philosophiekongress in München über Topik sprach, ironisierte Walter Bröcker die Verbindung eines Topos mit der formalen Anzeige Heideggers und der existenzialen Interpretation Rudolf Bultmanns. Gadamer war großzügiger mit seiner Feststellung. „Die jungen Leute wollen heute so patent sein." Mit dem frühen Vico begann auch Gadamer in seltsamer Koinzidenz *Wahrheit und Methode*. So wurde er immer weiter zur Beschäftigung mit der Tradition der Rhetorik gedrängt. Doch blieb bei mir und mehr noch bei den Vico-Spezialisten das Gefühl zurück, dass zwischen Philosophen, die durch die klassische Philosophie geprägt sind, und der rhetorischen Tradition ein trennender Graben bleibt. Das galt stärker noch für Helmut Kuhn, der sich gegen die Topik-Renaissance aussprach. Manfred Riedel hat dann in der Sammlung *Rehabilitierung der praktischen Philosophie* meinen Aufsatz über Topik aus der Gadamer-Festschrift von 1970 und den Widerspruch Kuhns zusammengestellt.[72] Die Diskussion um die rechte Aufnahme der Rhetorik als Grunddisziplin der praktischen Philosophie hatte der junge Heidegger aufgenommen, aber dann liegengelassen. Gadamer tat wichtige weitere Schritte, vielleicht ging er aber nicht weit genug. In jedem Fall blieb Stoff für Kontroversen, auch über den fragwürdigen Satz aus der Vorrede von Hegels *Phänomenologie*, das Beweisen sei überhaupt verloren gegangen, als sich die Dialektik vom Beweise, der Apodeixis, getrennt habe.

Als in Bochum Dilthey und sein Umfeld aufgearbeitet wurden, traf ich Gadamer auf der Eisenbahn für eine kurze gemeinsame Strecke. Er fragte sich, wann Heidegger den Briefwechsel Dilthey-Yorck gelesen habe. Einige Wochen darauf war er sich sicher: Das musste 1923 in den Sommerferien auf der Hütte gewesen sein, wo Heidegger auf den Tisch schlagen konnte (wenn Yorck Dilthey einmal wieder eins auswischte). Doch bekam Heidegger den Druck des Briefwechsels erst zu Weihnachten. So griff man zur Ausflucht, Heidegger habe von Rothacker schon die Korrekturfahnen bekommen. Dafür spricht nichts; doch von dem, was er einmal in die Welt gesetzt hatte, ließ Gadamer nicht ab. Als er eine andere Legende (über die Diskutierenden in Husserls Seminar) in Leiden erzählte, sagte man ihm, voriges Mal habe er das anders berichtet. Er antwortete großzügig, das seien die Varianten, die jeder Philologe kenne. Die Wirkung auf das Publikum wurde immer berücksichtigt. Als er in Bochum zum Mythosproblem etwas sagte, referierte er Creuzer; ehe er den Namen aussprach, zuckte es auf seinem Gesicht, und dann sagte er „Görres". Er dachte wohl, wenigstens die Görres-Gesellschaft sei auch den Studenten bekannt. So war

Gadamer bei seinen Vorträgen durch eine Welt getrennt von Heidegger, der selbst einen Vortrag für wenige in unserem Thomasberger Wohnzimmer genau nach einem Manuskript hielt, in dem jede Pause und jede Akzentsetzung vielfarbig gekennzeichnet waren.

Gadamer hielt mit Heidegger streng daran fest, dass der Graf Yorck gegenüber Dilthey die Historische Schule, also auch Ranke, erledigt habe. Davon war auch ich ausgegangen. Angesichts der neuen wissenschaftstheoretischen Aufarbeitungen von Philologie wie Geschichtsschreibung kamen mir dann Zweifel. Da aber war Gadamer abweisend, wenn nicht empört. Was er in seiner Jugend von Heidegger auferlegt bekommen hatte, war sakrosankt. Nach Bochum schickte er gern Gäste; es sollte nach seinen Worten für die Philosophie ein Tor zur Welt sein. Doch zog Gadamer auch Grenzen: Er ging erklärtermaßen nie in ein Land, dessen Sprache er nicht beherrschte. Während ich mir Japan auch ohne Kenntnis der japanischen Sprache von der Kunst und den Landschaften her glaubte aneignen zu können, reiste er nie dorthin (wo die Zen-Philosophie mit seiner geisteswissenschaftlich inspirierten „Wirkungsgeschichte" nichts anfangen konnte). Auch den Besuch Istanbuls lehnte er ab; seine Furcht vor den arabischen Völkern sah er noch kurz vor dem Tode durch den Anschlag auf das New Yorker Welthandelszentrum bestätigt. Kam er beim Besuch Bochums einmal über Hagen, dann faszinierte und erschreckte ihn ein großer Verschiebebahnhof. Einmal eine Industrieanlage oder auch nur deren Umfeld mit uns zu besichtigen, war für ihn ein Albtraum. Obwohl das Bochumer Bergbaumuseum ein gleichgewichtiges Pendant nur in Pittsburgh hat, hätten ihn zehn Pferde nicht nach dort ziehen können.

Als ich 1972 als Fazit und weitere Grundlage meiner Lehrtätigkeit den Sammelband *Hermeneutische Philosophie* herausgab, stieß ich mit dieser Übersicht die meisten Beteiligten vor den Kopf. Heidegger konnte nicht zugestehen, dass sein seinsgeschichtliches Denken von der Reflexion auf die wissenschaftliche Arbeit her konkreter gefasst werde. Hans-Georg Gadamer hatte lange Zeit mit Joachim Ritter zusammengearbeitet; dass aber Ritter eine eigene „Figur" hermeneutischer Philosophie entfaltet habe, sollte nicht publik gemacht werden. Ganz ungehalten war man darüber, dass mit Apel wie mit Ricoeur der hermeneutische Ansatz mit dem neomarxistisch-dialektischen und dem psychoanalytischen zusammengestellt wurde. „Nur wenige jüngere", so schrieb etwa Jean Grondin, hätten damals der Versuchung widerstehen können, in der Ideologiekritik eine notwendige kritische Ergänzung zur Hermeneutik zu erblicken.[73] Doch ging es um etwas anderes: Von der Sache her sollte die Hermeneutik, wie sie von der

Lebenspraxis und den Geisteswissenschaften her ins Spiel kam, mit anderen Zugangsweisen zur Wirklichkeit zusammengestellt und so das Verhältnis von Erklären und Verstehen fortgeführt und philosophisch „erörtert" werden. Erst mit diesem Erörtern gehe eine philosophische Hermeneutik fort zu einer hermeneutischen Philosophie. Genau diesen Weg ging Gadamer selbst hochbetagt mit seinen Platon-Studien.

Man kann schwerlich davon absehen, dass Gadamer mehr und mehr zu seinem immer verehrten Lehrer Heidegger in einen Gegensatz getreten ist. Er konnte sich nicht damit zufrieden geben, dass Heidegger Platon durch einen Abfall geschieden sah von der Erfahrung der Wahrheit als Unverborgenheit, zu der es bei den Vorsokratikern wenigstens Spuren gebe. So stellte sich ihm auch die philosophische Tradition anders dar: nicht als Verfall, sondern als fortschreitende Vertiefung des Gedachten! Schon Plotin verband Platon mit einer verstärkten Besinnung des Denkens auf sich selbst, Augustinus brachte die christliche Erfahrung von Sünde und Erlösung und damit von Geschichte ein. Bei Hegel wurde diese Geschichtserfahrung mit der Ausgestaltung des transzendentalen Ansatzes verknüpft; doch führte Dilthey von der Spekulation zurück zur Selbstreflexion der wissenschaftlichen Arbeit. Heidegger bestand dann auf der Erfahrung der eigenen Endlichkeit und verschärfte das Leben zur Existenz. Der Sicht Gadamers gegenüber hielt Heidegger (gesprächsweise) strikt fest: Diesen Weg von Platon zu Plotin, von Augustinus zu Hegel und dann zu Dilthey und Heidegger gibt es nicht! Gadamer aber stellte zu Platon auch noch Goethe, als er mit über neunzig Jahren den Aufsatz *Wort und Bild – „So wahr, so seiend"* vorlegte. Er verband seinen Ausgang von Platons Dialog *Philebos* mit dem Dialog *Politikos*, wenn er das Angemessene als etwas Letztes aufgliederte in das Gemessene, das Geziemende, den günstigen Augenblick, das was man soll. Was Oskar Becker in *Wahrheit und Methode* vermisst hatte (den Leistungssinn des Mathematischen, den Rückgang auf Archetypen), das ist nun integriert. Die Selbstbegründung der Philosophie von Platon her tritt als ein zweiter Gipfel von Gadamers Denken neben die Zuneigung zu Aristoteles und so auch neben *Wahrheit und Methode*.[74] In den vielen Äußerungen zu Gadamers hundertstem Geburtstag und zu seinem Tod vermisst man zumeist diesen unterschiedlichen Bezug Gadamers zur Sache der Philosophie. Die volle Aneignung seiner Philosophie steht noch aus.

IX. Zauber und Last des Anfangs: vom Siebengebirge nach Bochum

Meine Frau und ich waren 1959 nach der Heirat durch Bekannte ins Siebengebirge gekommen. Gegenüber der Bonner Waschküchenluft lockte das aufgeheiterte und härtere Klima. Ich selbst orientierte mich zudem an den Marmorklippen Ernst Jüngers: Aus der Ferne und der Distanz heraus sollte der Blick auf die neue Bundeshauptstadt fallen. Von den Bergen aus konnten wir gelegentlich sogar den Kölner Dom ausmachen. Unsere Adresse sprach für sich: Thomasberg, Pützbungert, Post Heisterbacherrott über Königswinter. Königswinter, das war ursprünglich der Weingarten (Wingert) in königlichem Besitz. Heisterbacherrott war eine Rodung des Klosters Heisterbach (wo ein Mönch beim Nachdenken über die Zeit tausend Jahre verbracht und dann völlig andere Mönche im Kloster angetroffen hatte). Thomas' Berg lag an den Hängen des Ölbergs, des Auelbergs, also eines Bergs in den dortigen Auen. Auf der Rosenau gab es noch ein Café. „Was für Namen" – so sagten unsere Besucher von Paul Celan, Keiji Nishitani und Martin Heidegger bis zu vielen anderen.

Paul Celan las uns 1960 seine Mandelstammübersetzung vor. Im Café auf der Rosenau fühlte er sich zuhause. Die Klosterruine von Heisterbach beachtete er kaum. Dagegen interessierten ihn die Schleier der Nonnen, die in den erhaltenen Gebäuden Kranke pflegten. Er konnte genau erklären, welche kleinen Veränderungen die unterschiedlichen Orden kennzeichneten. (Er war Experte, denn seine Schwiegermutter war nach dem Tod ihres Mannes lange Zeit als Nonne nach Afrika gegangen.) Als ich ihn dann zum Bus brachte, schämte ich mich etwas – gegenüber standen die alten Männer mit ihren Gehstöcken, um die Abfahrt zu beobachten. Doch Celan war fasziniert: „Genau wie in der Bukowina!" In der Siebengebirgsbahn erschreckten mich seine Absenzen; er behauptete, gerade telefoniere man zwischen New York und Moskau, um gegen ihn zu intrigieren. Ich war völlig ratlos. Er bemerkte es und suchte mich in Bonn bei der Abfahrt seines Zuges zu beruhigen.

Wie anders reagierte Hans-Georg Gadamer auf die Berge, das Kloster, die Wege und Steinbrüche im Siebengebirge! Bei der Vorbeifahrt an Kloster Heisterbach verwies er auf Stefan George; dieser hat im Buch *Der siebente Ring* bei den *Tafeln* Verse unter dem Titel *Heisterbach: der Mönch*. Als wir von einem Parkplatz aus zu Fuß zum Weilberg gingen, roch Gadamer gleich den Duft: „Akazien!“ Im Steinbruch sah man die Basaltbrocken, aber auch die aufsteigenden Tuff-Schornsteine und die Tuffablagerungen. Sofort bezog Gadamer das Gesehene auf Verse von Paul Celan. Er sah mich im Vorteil bei der Celan-Deutung, weil ich diese Ausgangspunkte von Celans Dichten vor Augen habe.

Als sich das erste Kind bei uns anmeldete, sahen wir bei der Klosterruine Heisterbach eine Christblume. Es gab zu unserem Schrecken eine Fehlgeburt. Mörikes Gedicht *Auf eine Christblume* kam uns nahe. Von der Christblume, dem weihnachtlichen „Kind des Mondes, nicht der Sonne“, heißt es:

Dich würden, mahnend an das heil'ge Leiden,
Fünf Purpurtropfen schön und einzig kleiden:
Doch kindlich zierst du um die Weihnachtszeit
Lichtgrün mit einem Hauch dein weißes Kleid.

Mörike sieht sich also durch die „fünf Purpurtropfen“ in der Weihnachtszeit an das Leiden Christi erinnert. Der zweite Gedichtteil beklagt, dass der Schmetterling im Winterboden schläft und nie den Honigseim der Christblume kosten wird. Könnte das, was sichtbar ist, aber nicht verweisen auf ein uns Unsichtbares? Dann heißt es vom Schmetterling, diesem alten Symbol für die Auferstehung:

Wer aber weiß, ob nicht sein zarter Geist,
Wenn jede Zier des Sommers hingesunken,
Dereinst von deinem leisen Dufte trunken,
Mir unsichtbar, dich blühende umkreist?

Oberhalb unserer Mietwohnung erwarben wir bald ein Grundstück, auf dem wir 1962/63 ein Haus bauten. Natürlich musste ich selbst wenigstens beim genaueren Ausschachten der Fundamentgräben helfen. Dabei stieß meine Spitzhacke auf einen festen Gegenstand. Der Arbeiter, der bei mir war, hielt mich erschrocken davon ab, noch einmal zuzuschlagen. Vor uns lag ein Blindgänger aus den Monaten des Kriegsendes! Er wurde ordnungsgemäß von einem dazu bestellten Kommando entschärft und entsorgt. Inzwischen waren wir Eltern eines lebhaften Jungen, zu dem nach drei Jahren der zweite kam. Bald hatte meine Frau für die Zwei ein Gartenparadies um das neue eigene Haus geschaffen. Die meiste Mühe machten die Erdbeeren, die unglaublich wucherten; aber gerade sie brachten den Kindern viel Freude.

Vielleicht meint die Zahl „sieben“ in „Siebengebirge“ einfach die Fülle. Vielleicht ist aber auch ein „Siefengebirge“ gemeint, also Berge, die von Siefen, nämlich Gewässern, durchzogen sind. Wir erkletterten im Siebengebirge, bald zusammen mit den unermüdlichen Kindern, alle Berge. Als wir einmal auf einsamen Pfaden zum Lohrberg wanderten, trafen wir auf dem weiten Weg nur auf drei oder vier andere Wanderer. Abends hörten wir im Radio, Tausende (vor allem natürlich Holländer) hätten sich zum Drachenfels hochfahren lassen. Besonders beeindruckt war ich, wenn ein heftiger Südwestwind von der Rosenau her auf unser kleines Haus am Hang traf. War das nicht ein Sinnbild unseres Lebens, das in den Stürmen der Geschichte sich dennoch an der Erde heimatlich festklammern kann?

Ich hatte Krieg und Gefangenschaft ohne angemessene Kleidung und anderen Schutz nur durch eine „Hyperimmunisierung" überstanden; sie machte sich nach dem Krieg geltend durch das, was so vieldeutig „Rheuma" genannt wird. Um 1960 schlug das Muskelrheuma mir auf die Augen; eine „Iritis" bedrohte mich mit Erblindung. Dreimal war ich etwa sechs oder sieben Wochen so gut wie blind. Eine schreckliche Zeit, so wird jeder sagen. Doch in meiner Erinnerung stehen diese Wochen strahlend und glückbringend da. Ich hatte Zeit, mir Musik anzuhören; meine Frau las mir vor. Später nahmen meine Kinder mich zwischen sich und gingen mit mir weite Wege, etwa herauf zum Nonnenstromberg. Dort sagten sie mir dann, was man sehen könne – den Drachenfels, den Lohrberg, den Ölberg, usf.

Meine Frau und ich wollten Familie sein: Einer sollte durch den Beruf das Geld verdienen, der andere zuhause die Kinder betreuen. Noch war nicht abzusehen, ob ich der beruflichen Weiterbildung folgen konnte. Meine Frau hatte die Referendarzeit für die Tätigkeit an Gymnasien mit dem zweiten Staatsexamen gut beendet. In Essen-Bredeney hatte sie die reichsten Mädchen Deutschlands als Schülerinnen; sie hatten bemerkt, dass ihre Lehrerin an den Wochenenden zu ihrem „Freund" strebte und bestanden darauf, dass ich zu den drei Klassenfesten kam. Wenn ich später in Madrid oder Neapel einen Vortrag hielt, meldete sich eine elegante junge Dame und fragte, ob ich sie nicht mehr kenne – sie habe doch in Essen mit mir getanzt. Das Mädchengymnasium in Mönchengladbach, die erste Station meiner Frau, war damals neben einem Weiher ein besonders schönes neues Gebäude. Nicht weit davon entstand der Museumsbau von Hollein mit der Sammlung Marx – für kurze Zeit ein Juwel unter den modernen Museen! Zu aller Überraschung beendete meine Frau dann ihre Tätigkeit am Gymnasium in Erkelenz, weil sie keine bloße Wochenend-Ehe wollte. Es kümmerte uns nicht, dass ich noch keinen „ordentlichen" Beruf hatte und dass die Bauarbeiter betonten, sie verdienten auch ohne Doktortitel das Vielfache von mir.

Ich hatte das Glück, nach der Habilitation in Heidelberg gleich eine Beamtung als Dozent zu bekommen. Als meine Frau 1969 nach Heidelberg fahren und dort ein uns angebotenes Haus mieten wollte, hörte der Präsident der Deutschen Forschungsgemeinschaft, Speer, durch Gadamer davon; er rief meine Frau an und bat, auf den Umzug zu verzichten – ich würde in Nordrhein-Westfalen gebraucht. Die Mittel zur Unterstützung des Hegel-Archivs, damals noch in Bonn außerhalb der Universität untergebracht, wurden von diesem Land bereitgestellt. Sie waren nicht (wie Hans-Georg Gadamer das wünschte) nach Heidelberg übertragbar. So kam ich in die Notwendigkeit, zwischen Bonn, Münster und Bochum als künftigem Sitz des Hegel-Archivs entscheiden zu müssen. Natürlich wären wir gern in Bonn geblieben (denn wir hatten unser Haus im nahen Siebengebirge). Doch hätte das Hegel-Archiv dort seine Selbständigkeit verloren. Ähnliches drohte in Münster, wo Ritter-Schüler auf einen Zugriff hofften. So entschied ich mich für die Ruhr-Universität; sie sollte damals noch nicht auf Bochum beschränkt sein. Hermann Lübbe, Professor für Philosophie in Bochum, suchte in der Düsseldorfer Landesregierung als Staatssekretär für die Ruhr-Universität genau das, was Kaiser Wilhelm II. untersagt hatte: Bildungseinrichtungen unter die Kohle- und Stahlarbeiter an der Ruhr bringen. So protegierte er auch das Hegel-Archiv. Wie das Kant-Archiv in Bonn, das Thomas-Institut in Köln, die Leibniz-Forschungsstelle in Münster so sollte es an der neuen Ruhr-Universität die Lehre der Universität mit institutionalisierter Forschung verbinden.

Schon vor Weihnachten 1969 folgten wir unseren Möbelwagen nach Bochum. Meine Frau saß mit den Kindern weinend hinten im Auto. Sie hatte zwar unsere neue Wohnung in Bochum-Querenburg beschafft, aber der Abschied vom Siebengebirge war der Abschied von dem Ort, der uns zur Heimat geworden war. (Wenige Jahrzehnte später war er uns durch die allzu starke Besiedelung fremd geworden.) Als wir bei Stiepel den Berg hoch fuhren, begann es zu schneien. Doch in Bochum wurden wir auf das freundlichste von unseren zukünftigen Nachbarn empfangen. Der Zoologe Johann Schwartzkopff fuhr an den folgenden Tagen meine Frau und die Kinder mit Pferd und Schlitten durch die Umgebung. Was meint er nur, so fragte mich meine Frau, wenn er immer Scheritt und Terapp ruft? Für jemanden, der viele Wochen seiner Jugend auf einem Bauernhof verbracht hatte, war die Antwort einfach: „Schritt! Trab!" Zu Weihnachten baute Johann Schwartzkopff für unsere Kinder seine große Eisenbahn auf. Nach zwei Töchtern hatte er zwei Jungen bekommen, Zwillinge. Für sie hatte er die Eisenbahn gekauft; doch waren die Zwillinge gestorben. Johann Schwartzkopff hatte von seinem Vater her an seinem Schreibtisch einen kleinen Abguss des Engels von Barlach. Im Kriege hatte er beim Absturz seines Flugzeuges beide Füße verloren. Doch kam er in bewundernswerter Weise mit den Prothesen zurecht. Meine Frau geriet mit ihm in Kontroversen, da er jedes Sicheinfühlen in Tiere als „anthropomorph" ablehnte. Durch ihn lernten wir auch Konrad Lorenz näher kennen.

Für Bochum galt, was Hermann Hesse im *Glasperlenspiel* im Gedicht *Stufen* sagt:

> Und jedem Anfang wohnt ein Zauber inne,
> Der uns beschützt und der uns hilft, zu leben.

Hermann Hesse war mir näher als Thomas Mann (wie das auch bei Paul Celan der Fall war). Doch überraschte es mich, dass in Amerika Hesses *Steppenwolf* und *Demian* zu Kultbüchern eines Aufbruchs der Jugend wurden, die alles Bleibende und Geltende beiseite schob. Der Zauber des Anfangs, von dem der späte Hesse spricht, verband sich mit der neuen Ruhr-Universität, die im Bochumer Süden, in Querenburg, errichtet wurde. Doch verlangte das Neue das Opfer von manchem Alten. An der Autobahnverbindung von Wuppertal nach Recklinghausen und Münster wurde noch gebaut. Ich konnte mir einen schönen alten Bauernhof ansehen, der wie die Höfe meiner Verwandten im Sauerland vor dem Küchenfenster einen Kräutergarten hatte, von einer Hecke umzäunt. Die Riesenbagger schaufelten ihn von oben einfach zu und versenkten seine Reste so in den Autobahn-Untergrund. In ersten Umrissen zeichnete sich die neue Strukturierung der Landschaft ab.

Man stattete die Professoren, die nach Bochum berufen wurden, mit großen finanziellen Mitteln aus. So hatte jeder genug zu tun und war froh, wenn er von den Kollegen nicht auch noch beansprucht wurde. Der damalige Rektor der Ruhr-Universität, Kurt Biedenkopf, sagte mir bei der Anstellung, auch an der Universität müsse es Konkurrenz geben, die die Kräfte steigere. In solcher Konkurrenz müsse ich mich nun behaupten. Dieser Mahnung bin ich gefolgt, und manchmal wurde es mir leicht gemacht. So wollte Hans Blumenberg mit allen Mitteln Hegel und Heidegger von der Universität fernhalten. Da er aber nachts arbeitete, kam er erst nachmittags von Blankenstein herunter in die Universität, und dann waren die wichtigsten Dinge längst entschieden.[75] Das ständige Entscheidenmüssen in der Institutsverwaltung war jedoch nicht nur eine Last, sondern eine Überlast. So großzügig man z.B. mit den Möbeln umging, so kleinlich musste schließlich jeder Stuhl abgerechnet werden. Für mich kam hinzu, dass ich länger als ein Jahr in Bonn, Heidelberg und Bochum zugleich präsent sein musste.

Die kostbare Bibliothek des Hegel-Archivs umfasste wenige Hegel-Manuskripte, viele Tausende an Kopien und vor allem an Photographien (die manchmal besser lesbar sind als die Originale). Dazu kamen Werke von Hegel, Werke, die er gelesen hatte, und Werke über ihn. Die Bibliothek musste von Bonn nach Bochum transferiert und dort neu aufgebaut werden. Das Hegel-Archiv blieb gegen alle Vorsätze an seiner vorläufigen Stelle, also abseits vom Institut für Philosophie im lauteren und unruhigeren Hauptgebäude. Dort hatte Hermann Lübbe philosophische Literatur des neunzehnten Jahrhunderts sammeln lassen – neben den Hegel-Sachen ein zweiter Schatz, der auch seine Gäste anzog (Kollegen wie Remo Bodei aus Italien). Zu meiner Überlast gehörte es, mich von den Mitarbeitern zu trennen, die man dem Bonner Hegel-Archiv in seiner letzten Phase noch aufgebürdet hatte. Für die neu gewonnenen Mitarbeiter behielt Bochum den Zauber des Anfangs, der schnell zu Berufungen an andere Universitäten führte.

Unsere Kinder konnten endlos lange laufen; so erwanderten wir uns die Gegenden um Bochum. Nach Norden zu lag das Münsterland mit seinen Wasserburgen; nach Süden hin zeigten sich Höhenburgen (also Schloss Kemnade unten in seinen Gewässern, Burg Blankenstein auf dem nahen Berge). Zuerst hatten unsere Kinder sich in Bochum beschwert. „Wir haben keinen Himmel mehr!“ Wenn wir vom Ardey-Gebirge auf Bochum herabsahen, lag dort alles unter düsteren Wolken. Aber kurz nach unserer Ankunft gelang die Entschwefelung der Hüttenwerke. Auch die Bäche trockneten aus. Zuerst lief ein alter Wasserlauf noch durch unseren Garten, machte Teile davon moorig und zog Libellen und Bachstelzen an. Dann sorgte der Ausbau der Kanalisation für die Entwässerung. Unsere Gäste waren verblüfft, ein „Industriegebiet“ vorzufinden, das solche landschaftlichen Schönheiten hatte. (Vor dem Ausbau der Autobahn kamen Rehe bis in unseren Garten. Noch heute stolzieren Fasanen bei uns.) Wir konnten einige Besucher dazu bringen, mit ins Bergbaumuseum zu gehen und sich dort die einstige Arbeit unter Tage genauer anzusehen. Wenn wir mit ihnen ins Felderbachtal zwischen Essen und Düsseldorf fuhren, überraschte sie das Ländliche der Berge und Gasthöfe. Freilich blieb gegenüber der langsam entstehenden Universität mit ihren Hochhäusern und anliegenden Flachbauten ein Befremden. Heinz Heimsoeth meinte, es komme ihm vor, als sei er längst gestorben und kehre nun zurück in eine Welt, die völlig fremd geworden sei. Bochum hatte den Vorteil, sich bescheiden zurücknehmen zu können gegenüber anderen Städten wie Dortmund und Soest oder Essen und Düsseldorf, die jeweils ihre Schätze vorzeigten.

Die Lehre an einer Universität, die noch gebaut wurde, war nicht einfach. Zuerst musste ich in einem Gebäude gegenüber dem Hegel-Archiv vom Flur aus gleich in zwei voll besetzte Seminarräume hineinsprechen; dann wurde der Vortrag in den entstehenden Hochhäusern etwa alle zwanzig Minuten unterbrochen, weil in der Feldfabrik die Fertigteile für die Gebäude mit großem Getöse gestampft wurden. Da Bochum ganze Bibliotheken (etwa Klosterbibliotheken aus der DDR) aufkaufen konnte, war es vorzüglich mit Büchern ausgestattet und dadurch ein Anziehungspunkt für Studenten aus den umliegenden Fachhochschulen (wenn sie die Bücher für ihr Examen brauchten). Einige Studenten, die zu mir kamen, ließen mir von ihren Vätern bestellen, sie hätten nicht zu denen gehört, die nach der Machtergreifung 1933 meinen Vater (gemeint war mein Onkel) aus Letmathe vertrieben hätten. Bald gab es im Hegel-Archiv anderthalb Dutzend Gäste aus Europa, China und Indien. Mit Japan und Korea, Nord- und Südamerika traten weitere Länder auf den Plan. Wenn unser Rektor Minsk besuchte, brachte er die Nachricht mit, dass Bochum dort nur durch das Hegel-Archiv bekannt gewesen sei.

Im April 1970 war ich zu einer deutsch-italienischen Tagung in Meran. Die Südtiroler hatten auch Bomben hochgehen lassen, um ihre Eigenständigkeit zu behaupten. Es gab immer noch Auseinandersetzungen, doch brachte der Wein abends Gemeinsamkeit. Ich kannte natürlich die weintrinkenden Prälaten von den alten Gemälden. So schloss ich mich einmal dem Prälaten Keilbach aus München an, um das Dorf Tirol von seiner schönsten Seite her kennenzulernen. Es blieb mir unvergesslich, wie die Bedienung ihm nach so vielen Schoppen Wein noch einmal einen Schoppen brachte: „Wenn S' net der Hochwürden wär'n, I tät's nimmer meh!" Im folgenden Jahr war ich mit meiner Familie dort; wir hörten ein Rotkehlchen unverdrossen über der lauten Passer singen, und unsere Kinder bestanden darauf, bei der alten Maroni-Frau mit den schwarz gebrannten Händen zu kaufen.

Auf den Kongress in Stuttgart zum 200. Geburtstag Hegels folgte für uns eine Fahrt zum Tümlauer Koog auf Eiderstedt. Wir passierten mit unserem Auto die Stelle, wo die Chanson-Sängerin Alexandra sich zu Tode gefahren hatte. Durch ihre Lieder waren unsere letzten Abende im Siebengebirge geprägt gewesen. Wir nahmen ernst, was sie von der

Sehnsucht als dem Lied der Balalaika sang. Wir ahnten nicht, dass sie schlicht gezwungen worden war zu diesem Lied, das ihren Ruhm begründete. Erst später erfuhren wir, wie sehr man eine Kunst-Figur aus ihr gemacht hatte. Es war nicht einmal sicher, ob sie nicht in den Tod getrieben worden war, damit man leichter auf ihre Tantiemen zugreifen konnte. Zu ihr trat noch im Siebengebirge als nie vergessene Gestalt des Fernsehens Shakespeares Malvolio; Varianten von ihm machten wir gelegentlich auf unseren Reisen aus. Unter uns genügte das Aussprechen dieses Namens, um die Einschätzung eines Mitreisenden klarzustellen.

Die Sommerferien verbrachten wir 1970 auf Ibiza (mit einem Abstecher nach Formentera zu Bekannten). Ich ging der Geschichte der Insel nach, vor allem der Eroberung durch die Karthager. Einmal fuhren wir mit einem Fischer an der Nordküste entlang und gerieten in einen Sturm. Wir hatten die Kinder fest im Griff, die über die hereinschlagenden Wellen jubelten. Der Fischer stand hochaufgerichtet an seinem Steuer; seine Frau betete unaufhörlich. So gelangten wir glücklich in den Hafen. Später brachten Samos, Mykonos, Patmos und Kreta uns in noch gefährlichere Situationen. Doch auch das Nahe war aufregend. Ich musste immer wieder nach Münster, weil Joachim Ritter als Vorsitzender der Hegel-Kommission die Akten einsehen wollte. Man erzählte, er habe nach dem Tode eines Kollegen auf dem Anschlag in der Universität gelesen, dass man in der Angabe „Requiem für Professor Most" das „o" des Namens in ein „i" verwandelt hatte. Ritter habe sich umgedreht und die Universität nicht mehr betreten. Jedenfalls warnte er mich entschieden davor, meinen Weg durch die Universität zu nehmen. Doch ließ ich sie und ihre Ankündigungen so wenig aus wie das Grab Hamanns. Joachim Ritter hatte aber recht: Wer jemandes Namen schändet, gehört nicht in jene Gemeinschaft der Lehrenden und Lernenden, die die Universität ausmacht. Mein Stück Universität in Bochum war das Hegel-Archiv, das ich durchaus nach meinen Plänen aufbaute.

Tübingen kam mir nahe mit Schloss, Stift und Hölderlin-Turm. Freilich konnte Walter Schulz in seinem Ehrgeiz weder seinen Lehrer Hans-Georg Gadamer noch gar mich anerkennen. Als Joachim Ritter eine Tagung *Hegel-Bilanz* in Frankfurt veranstaltete, versuchte ich vergeblich, den Blick nach Amerika hin zu richten.[76] Die Ritter-Schule pflegte das Gespräch mit Frankreich, nicht das Gespräch über den Atlantik hinweg, das meiner Überzeugung nach nun an der Zeit war. Reinhard Heede verarbeitete in seinem Frankfurter Referat die neuen editorischen und historischen Bemühungen. Zu Unrecht hatte Ritter mich im Verdacht, ich habe seinem Enkelschüler die Auffassung nahegebracht, Karl Löwith entfalte Hegels Religionsphilosophie und Religionskritik von Gemeinplätzen aus, die jeder Einordnung in die historisch-editorischen Bemühungen entbehrten (wie Heede im einzelnen darlegte). Die Konfrontation mit Löwith, die sachlich begründet war, durfte nicht zur Geltung kommen. Leider musste ich dann bei Reinhard Heede noch einmal erfahren, wie das, was Schizophrenie genannt wird, in vielfacher Weise zerstörend in ein Leben eingreift und durch keine ärztlichen und klinischen Bemühungen aufzuhalten ist.

Als ich nach Marburg zu einer Prüfung der Paracelsus-Edition musste, sah ich mir in Gießen an, wo Georg Büchner gewohnt hatte; in Wetzlar zeigte mir das Lotte-Haus die Intimitäten einstigen bürgerlichen Lebens. In Marburg nutzte ich jede Minute, um die Spuren von Cohen und Pasternak, von Bultmann und Heidegger aufzusuchen. Man veranstaltete gerade ein Hippie-Festival. So dröhnten Hügel und Tal von Jazz- und Pop-Musik. Ich suchte einen ruhigeren Waldrand. Dort lag ein Student im Schoß seiner Freundin und folgte mit den Händen und dem Kopf dem Takt der Musik. Sein Gesichtsausdruck war der eines Halbirren. Unvergesslich ist mir, mit welcher Verachtung die Freundin auf ihn herabsah. Diese Verachtung verstand ich besser als den damaligen Jubel über Woodstock.

Zweifellos vollzog sich eine Zeitenwende; doch wer sah das Entscheidende in ihr? Heinz Heimsoeth rechnete sich als Universitätsprofessor angesichts der aufstrebenden Hochbauten der Ruhr-Universität einer vergangenen Zeit zu. Doch hatte der Einbruch der Technik in die Labore und Hörsäle der Universität auch in Heidelberg die Neubauten auf dem Neuenheimer Feld geprägt. Diese Wende geschah überall, wo eine Universität auch nur erweitert werden musste. Ich musste mich fragen: Hatte Martin Heidegger recht, wenn er mit Rudolf Bultmann und gegen ihn für das Verhältnis von Theologie und Philosophie von Hölderlin her eine neue und andere Zukunft suchte? Konnte Hans-Georg Gadamer das, was heraufzog, noch einmal mit den Grundbegriffen Platons fassen, in die die Ideenkritik von Aristoteles wie auch die ontologischen Differenzierungen von Oskar Becker eingegangen waren? Im Herbst 1971 lud Georg Picht mich zu einer Arbeitstagung im Evangelischen Studienwerk in Heidelberg ein. Die Schule Birklehof, von den Pichts betreut, zeigte neue geschichtliche Entwicklungen; aber der Versuch, ein Platon-Lexikon zu erstellen, scheiterte an den nötigen methodischen Vorbereitungen. Die Thesen zur Bildungskatastrophe rüttelten auf; doch sah Picht selbst bald, dass er falsche Erwartungen geweckt hatte. Philosophisch blieb bei ihm manches fragwürdig, etwa im Verhältnis zu Kant; doch suchte er die Belehrung. So zeigte ich bei ihm in Hegels Systematisierungsversuchen eine Linie lebendigen Denkens auf, die vom *ältesten Systemprogramm* zu den Darlegungen über Religion und Gesellschaft in Jena bis zur *Phänomenologie des Geistes* führte.[77]

Der engere Kreis der Allgemeinen Gesellschaft für Philosophie, also die Habilitierten, stellte in seiner Jahrestagung von 1971 in Hannover *Probleme der Ethik* zur Diskussion. Gerd-Günther Grau hatte in der Zeit des Nationalsozialismus in der Chemie einen Unterschlupf gefunden. Nach dem Kriege suchte er neben der naturwissenschaftlichen Arbeit eine Selbstverständigung mit Nietzsche und Kierkegaard. Doch eine Übereinkunft zwischen den verschiedenen philosophisch-wissenschaftlichen Ansätzen konnte es nicht geben, da Paul Lorenzen den Star spielte, Hans Reiner nur darauf hinwies, dass er in seinen Arbeiten die anstehenden Probleme längst gelöst habe, usf. Ich stellte auf dem mir zugewiesenen Feld zu den Schulen von Dilthey und Husserl Hans-Georg Gadamer und Joachim Ritter als Gegenspieler: Gadamer suche in allen Entzweiungen (etwa zwischen Mythos und Philosophie, Staat und bürgerlicher Gesellschaft) die zugrundeliegende Einheit; Ritter wolle die Entzweiung festhalten und diese in einer eigentümlichen „Hermeneutik" fassen.[78]

So trat das, was ich „hermeneutische Philosophie" nennen wollte, in ein breites Spektrum. Von der Kritik an meinem Sammelband *Hermeneutische Philosophie* von 1972 war schon die Rede. Anerkennung fand ich bei Otto Friedrich Bollnow, dessen Leistung mir lange durch die unangemessene Kritik Heideggers verdunkelt worden war. Inzwischen wird eine Studienausgabe der *Schriften* von Bollnow erstellt, die seine so oft aufgelegten Arbeiten in größere Zusammenhänge einbringt. Zugleich werden auch die Wege von Georg Misch (des Schwiegersohnes von Wilhelm Dilthey) herausgestellt. Gadamer konnte nicht anerkennen, dass ich Ritter eine eigene „Figur" hermeneutischen Denkens zusprach. War es nicht bezeichnend, dass Ritter die Fortführung seiner philosophischen Aufsätze aufgab und zum leitenden Redakteur eines Lexikons wurde? Die sog. Begriffsgeschichte war auch Gadamers Anliegen, war aber für ihn nicht das Entscheidende im lebendigen Philosophieren. So konnte man Ritter nach Gadamers Auffassung auch keine eigenständige Figur hermeneutischen Denkens zuschreiben. Darum aber ging es mir.

Die Erörterung dieser gegensätzlichen Einstellungen führte wieder zu der Frage, ob überhaupt Sittlichkeit, Kunst und Religion einerseits und der moderne technologische Weltzugriff andererseits in eine übergreifende Einheit gebracht werden können. Ohne diese Frage ließ sich nicht verstehen, wie die Arbeitswelt des Ruhrgebietes mit einer Fülle von Museen aller Art überzogen wurde. Als ein amerikanischer Gast über diese neue Museumslandschaft arbeitete, genügte ihm das gewährte Jahr nicht für den Besuch all der alten und neuen Museen. In den vielen Dimensionen des Lebens auf dieser Erde lag der Zauber des Anfangs, den die einstige Umwandlung einer gewachsenen Landschaft zum Industriegebiet und in der eigenen Zeit die Umwandlung dieses Industriegebiets selbst geben konnte.

X. Neue Weltzugänge

Die Deutsche Forschungsgemeinschaft konnte die Hegel-Edition bald abgeben an die Arbeitsgemeinschaft für Forschung in Düsseldorf, die dann zur Nordrhein-Westfälischen Akademie wurde. Doch forderte die Forschungsgemeinschaft Äquivalente für das Geleistete, so meine Mitarbeit in ihrem Ausschuss für langfristige Projekte. Sie musste zwei bis drei Jahrzehnte nach dem Zweiten Weltkrieg entdecken, dass sie gegen ihre Absicht, oft zusammen mit anderen Organisationen, langfristige Unternehmen hatte, die schon Jahrzehnte arbeiteten und auch Jahrzehnte weiter arbeiten wollten (z.B. den Thesaurus linguae latinae, aber auch Editionen wie die Luther-Ausgabe). Dieses Feld sollte durch einen Langfrist-Ausschuss aufgenommen und geordnet werden. Als Mitglied dieses Ausschusses wurde ich jeden Monat wenigstens einmal zur „Begehung" eines Unternehmens irgendwohin geschickt. In München kam dann mein Schlafwagen morgens gegen 6 Uhr an; so hatte ich Zeit, mir zuerst nach einem Gesamtplan die Münchener Kirchen anzusehen und den Weg von der Gotik über die Renaissance zum Barock und zum Klassizismus konkret nachzuvollziehen. Etwa alle drei Wochen kam ich auch zum Hochkreuz zwischen Bonn und Bad Godesberg, um dort den Schritt zu den immer weiter wachsenden Gebäuden der Deutschen Forschungsgemeinschaft zu lenken.

Andere Forschungskomplexe führten in verschiedene Städte. So sprach ich (von Georg Picht vermittelt) in Lemgo in Ostwestfalen zur Eröffnung der dortigen Universitätstage über Philosophie im Beginn der Weltzivilisation. Lemgo war eine alte Hansestadt, doch war es überflügelt worden von der fürstlichen Stadt Detmold. Natürlich zeigte eine Ausstellung die einstige Hexenverfolgung. Es gab eine bürgerliche Kultur des Wohnens in stattlichen Häusern. Dass allzu differenzierende Gedankengänge sofort aufgefasst würden, konnte man nicht erwarten. Ich wies darauf hin, dass die moderne Physik, aber auch die Geisteswissenschaften den Begriff der „Idee" neu bestimmt hatten. So musste ich am anderen Tag in einer der Stadtzeitungen lesen: „Philosoph leugnet, dass es Ideen gibt." Von Werner Marx nach Freiburg eingeladen, traf ich mich mit Martin Heidegger, um über sein Verhältnis zu Paul Celan zu sprechen. Da Werner Marx in Bollschweil wohnte, lernte ich den Ort kennen, wo so viele alte Familien auf ihren angestammten Höfen saßen und sich mit jungen Intellektuellen trafen.

Durch lange Fahrten in überhitzten D-Zügen ohne Kühlanlagen bekam ich einen Nierenstein. Im Krankenhaus wollte man die Koliken als nervöse Störungen deuten, wie sie bei Professoren infolge der Studentenunruhen üblich seien. Zum Glück fand der Hausarzt, frei von medizinischen Apparaturen, die richtige Ursache und sorgte für den Abgang des Steins. So konnte ich 1973 zusammen mit meiner Familie ein Gastsemester an der Pennsylvania State University in State College verbringen. Da wir auftragsgemäß mit einer isländischen Fluggesellschaft flogen, sahen wir vor dem Abflug in Luxemburg die vornehmen Golfplätze; durch eine Rundfahrt lernten wir die Stadt mit ihren alten Kirchen, Palästen und Klöstern kennen, auch die neuen Gebäude der Europäischen Wirtschaftsgemeinschaft. Ein Aufenthalt in Reykjavik ermöglichte uns eine Fahrt ins Land. Die Krater, die Lava-Felsen, der Gullfoss und die Gletscher, dazu Thingvellir und eine neu entstehende Insel vor der Küste blieben unvergesslich. Natürlich fuhren wir in New York hinaus nach Staten Island.

Ich war von den Phänomenologen nach Amerika gerufen worden; Joseph J. Kockelsmans vermittelte viele Einblicke. Da wir das Haus von Stanley Rosen anmieteten, hatte ich eine Bibliothek zur Verfügung mit den Büchern von Leo Strauß, aber auch mit ungedruckten Interpretationen von ihm und Nachschriften seiner Vorlesungen. Strauß sah Xenophon auf der Höhe von Platon; er konnte Maimonides wirklich zu Thomas von Aquin stellen. In Deutschland hatte Martin Heidegger die verschiedensten Tendenzen in der Philosophie, der Theologie und der Zuwendung zur Dichtung und Kunst zusammenführen können. Dabei entließ er bedeutende Schüler bald in die Eigenständigkeit. Was Leo Strauß leistete, blieb ihm verwehrt: Spezialisten auch für die hebräischen und arabischen Traditionen zu haben und so die Verflechtung der griechisch-römischen und der jüdisch-christlichen Geschichte in den abendländischen Zusammenhängen sichtbar zu machen. Durch die Hilfe der Schüler von Strauß konnte ich mich konkret in diese mir neue Sicht der Geschichte einarbeiten.

Es gab alte deutsche Traditionen in Pennsylvanien; doch war Deutschland schließlich fern gerückt. Die amerikanischen Kinder schellten bei uns an der Haustür und wollten nur eines: einmal „a real German" sehen. Man feierte ein Old German Oktoberfest, aber so, dass man es mit den Liedern vom Rhein verband (im Dirndl-Kleid gesungen). Ich erntete Befremden, als ich darauf hinwies, dass der Rhein nicht durch Bayern fließe. Unsere Kinder integrierten sich schnell in den Schulen, die für die Förderung des einzelnen Kindes und ein aggressionsfreies Verhalten eintraten. Doch verblüffte es uns, dass die Schüler sich nicht sicher waren, ob Japan westlich oder östlich von Amerika liege. Wenn wir morgens frühstückten. aßen draußen vor den Fenstern ein shipmonk und ein squirrel (also ein graues Eichhörnchen und ein Streifenhörnchen) mit uns. Als meine Frau beim Einkaufen mit den Kindern deutsch sprach, kam eine Amish-Frau erfreut, um sie zu begrüßen. Sie sagte auch, dass sie noch ihre deutsche Bibel zu Hause hätten. Leider machte meine Frau einen großen Fehler, indem sie betontte, wir hätten auch Bibeln, eine griechische, eine lateinische, dazu viele in den modernen Sprachen. Die Amish-Frau drehte sich brüsk ab; wir mussten uns die Reaktion erst erklären lassen: Wer mehr als die eine, richtige Bibel hat, der kommt vom Teufel. Die Amish durften natürlich auch die Elektrotechnik nicht nutzen. Da viele Autos auf ihre Wägelchen auffuhren, willigten sie nach langen Verhandlungen ein, dass diese Wägelchen Rücklichter bekamen, die ohne Elektrizität waren, aber aufleuchteten, wenn Scheinwerfer auf sie trafen. Die intensive Landwirtschaft der Amish war unübertroffen. Wenn über die Fernstraßen die schweren Lastzüge durch dies Land fuhren, trafen unterschiedliche Welten aufeinander.

Im Mai 1974 sprach ich in Amerika über *Philosophie im Schatten Hölderlins.* Wie stellten Hegel und Heidegger sich in unterschiedlicher Weise diesem Dichter? Die Hymnen, Elegien und Fragmente Hölderlins in der Neuen Welt zu lesen, war eine eigentümliche Erfahrung, doch gab es dazu Vorbereitungen. Eine andere Welt tat sich auf, als ich im November in Beirut an der Stelle Martin Heideggers (der in seinem hohen Alter die Reise nicht mehr unternehmen konnte) über Geschichtlichkeit im Spätwerk Heideggers sprach. Der Islam hat, anders als Judentum und Christentum, keine „Bibelkritik" entwickelt, ja nicht entwickeln dürfen. So gelang ihm auch die freie Übernahme von wissenschaftlicher Forschung und Technologie nicht. Gerade die Intellektuellen, die in Europa studiert hatten, verwarfen die Wissenschaft und banden sich geradezu fanatisch wieder an den Koran. Ich hätte gern arabisch gekonnt, um nachzuprüfen, wie man Hölderlin und Heideggers Bezug auf ihn in dieser Sprache aufnahm. Zu meinem Schrecken stellte ich fest, dass man von einem „nationalen" Dichten und Denken sprach. So verstärkte sich bei mir die Distanz auch zu Heidegger. In Biblos, das sich als älteste Stadt der Welt vorstellte, stand ich auf der Kreuzfahrerburg und hatte die unterschiedlichen Tempel- und Kirchenreste aus den verschiedenen Jahrtausenden vor mir. Rot ging die Sonne über dem Meer unter; da begann ein Muezzin von einem nahen Minarett (mittels Lautsprecheranlage) sein Abendgebet. Als ich zurückfliegen musste, ließ man mich durch das Telefon die Schüsse von den ersten Kämpfen im Norden des Landes hören.

Ich konnte viele Universitäten im In- und Ausland besuchen; dabei ging es immer um den Ausbau von Arbeitsbeziehungen. Ende 1975 hatte ich einen Ruf an die New School in New York. War das nicht eine einmalige Gelegenheit, die deutsche Tradition in Amerika einzubringen? Doch lief die Aufgabenstellung inzwischen darauf hinaus, die Schule in den amerikanischen Medien vorzustellen – für mich ein völlig fremdes Terrain. Als auch noch Hannah Arendt starb, brach für mich eine entscheidende Figur in den Beziehungen weg. Am 26. 5. 1976 starb Martin Heidegger. Wir hatten kurz vorher von Delos aus einen Gruß an ihn geschickt. Er war mit seinem Denken für mich in die archaische Phase Griechenlands geflüchtet, deren Wirklichkeit er aber nicht zur Kenntnis nahm. Dass Griechenland anders war, als man es von Winckelmann oder Heidegger her sehen wollte, zeigten uns unsere vielen Besuche dort.

Werner Heisenberg und Carl Friedrich von Weizsäcker, von meinem Lehrer Oskar Becker aus gesehen, hatten meine Auffassung des Verhältnisses von Philosophie und Politik geprägt. So musste ich es begrüßen, dass von Weizsäcker in Starnberg ein Institut zur Erforschung der Lebensbedingungen in der zukünftigen Welt einrichtete und dabei Jürgen Habermas zu sich holte. Carl Friedrich von Weizsäcker, auch auf Weltreisen bemüht um den Weltfrieden, überließ die Tätigkeit in Starnberg allzu sehr wenig ausgebildeten jungen Leuten. Diese legten im April 1973 eine Arbeit *Die Finalisierung der Wissenschaft* vor. Hatte eine Theorie wie die klassische Physik nicht einen Abschluss erreicht? Um diese Frage hatte Werner Heisenberg sich bemüht Nun wurde eine Abschließbarkeit der wissenschaftlichen Arbeit vorausgesetzt, die deren Einbindung in die Zwecke des Lebens einer Gemeinschaft (die „Finalisierung“) sicherstellen sollte. Ende März 1976 diskutierte ein Arbeitskreis „Wissenschaftsforschung in der Bundesrepublik Deutschland“ drei Tage lang in München und gab dann das erarbeitete Ergebnis heraus. Es enthielt eine vernichtende Kritik der geforderten „Finalisierung“.[79] Habermas kehrte zurück nach Frankfurt. Leider hatte das Scheitern des Starnberger Versuches zur Folge, dass die Max-Planck-Gesellschaft, anders als erhofft, sich wieder von der Forderung geisteswissenschaftlicher Institute zurückzog.

Meinen Interessen entsprechend konnte ich innerhalb dieser Tagung (ein fremder, nur geduldeter Gast) sprechen über *Forschungspolitik und Geisteswissenschaften*. Als ich Jahrzehnte vorher in Bonn studierte, machte ich die Erfahrung, dass die Welt von den geschlagenen und auch verhassten Deutschen eines immer noch erwartete: große Philosophie und große Musik sowie deren Aufarbeitung! Für die Philosophie hatte ich meine eigenen Erfahrungen. Für die Musik konnte ich mich berufen auf Yehudi Menuhin. Dieser hatte in einem Geleitwort zu einem Band über die Musikerausgaben die Arbeit an den Gesamtausgaben anerkannt und gefördert sehen wollen „as the act of reference and survival which it represents for the whole Western World". Mit Bezug auf die faktisch bestehende Situation fuhr er fort: „It is fitting too that this should happen in Germany." Die Universität Humboldts hatte einst den Geisteswissenschaften eine herausragende Rolle zugestanden. Der Abschied vom Zusammenhang des humboldtschen Gymnasiums und dieser Universität brachte eine neue Verflechtung geisteswissenschaftlicher Arbeit mit Museen, Bibliotheken und Literatur-Archiven und verlangte neue Regelungen. Der Vorschlag wurde verwirklicht, die Akademien der Wissenschaften maßgeblich an der Betreuung der materialerschließenden Projekte wie der Editionen, der Wörterbücher verschiedenster Art und der Reallexika zu beteiligen.

Ich konnte mit Unterstützung der Thyssen-Stiftung im Herbst 1976 in Köln, dann im Frühjahr 1977 in Kronberg im Taunus einen Arbeitskreis zusammenbringen, der die Probleme der Geisteswissenschaften nicht nur in den einzelnen Fächern darstellte, sondern auch in Bezug auf die forschungsfördernden Institutionen sowie die Museen und Literatur-Archive. Dabei konnte z.B. Gerhard Ebeling darlegen, dass im deutschsprachigen Bereich die theologische Arbeit nach ihren vielen Disziplinen hin vor allem gefördert wurde innerhalb der Theologischen Fakultäten an den Universitäten. Das bedeutete, dass diese Fakultäten entsprechend unserer Geschichte und gemäß den Aufgaben der Gegenwart (anderen Vorschlägen entgegen) an der Universität zu halten seien.[80] So konnten auch die Geisteswissenschaften in dem deutschsprachigen System von Forschung und Lehre ihre spezifische Rolle behalten.

Um Ostern 1977 konnte ich in Belgrad sprechen, der „Weißen Stadt". Ich war eingeladen von den Studenten und wurde dementsprechend argwöhnisch beobachtet von den offiziellen Kreisen. Auch Stift Zwettl wurde Reiseziel; durch Erich Heintel von Wien aus zur Tagungsstätte erkoren, verwies die Anlage zurück auf die Zisterzienser: Sie hatten einst in einsamen Vorstößen den Urwald erschlossen und mussten jung (etwa mit 23 Jahren) ihr Leben abschließen (von wenigen Ausnahmen abgesehen, die dann das Gedenken bestimmten). Auf der Rückfahrt machte ich in Regensburg Station; hier hatte einmal Karl V. mit Barbara Blomberg Don Juan d'Austria gezeugt (den Sieger von Lepanto). Aber auch Hölderlins Freund Isaak von Sinclair war der Tagungsstadt des Reichstags verbunden gewesen. An diese Geschehnisse wollte ich mich am Ort selbst erinnern. Die Sommerferien führten meine Familie nach London, in der zweiten Ferienwoche nach Bournemouth an die Küste, aber auch nach Stonehenge. Im November zeigte Chicago mit der einmal bahnbrechenden Architektur von Sullivan eine völlig andere Welt. Meine Verbindungen in die Welt hinein hatten es mit sich gebracht, dass die deutschen Phänomenologen mir eher fremd geblieben waren. Doch hielt ich im Frühjahr 1988 bei ihnen in München einen Vortrag. Es gab Probleme bei den Wahlen; Gerd Brand veranlasste mich, in die Gesellschaft einzutreten. Dann wurde ich eine halbe Stunde später zum Präsidenten gewählt. Doch fiel die Katholische Akademie in München, bis dahin die wichtigste Tagungsstätte, aus (man wollte Heideggers Einfluss zurückdrängen). Aber es bot sich eine Alternative: Ernst Wolfgang Orth übernahm die Aufgabe, in Rheinland-Pfalz (mit Hilfe von Hannah Renate Laurien) Trier als Tagungsstätte aufzubauen. Oft fuhr ich per Auto mit der ganzen Familie zu den Tagungen. Diese waren wohl der schönste Teil meiner Betätigung in der phänomenologischen Philosophie.

Am Anfang des Sommersemesters 1978 nahm ich in Bad Homburg an einer Tagung über Dialektik teil; dabei hatte ich ein Gespräch mit John Findlay. Hegels *Phänomenologie des Geistes* war ins Englische übersetzt worden; Findlay sagte im ersten Satz seines Vorworts, Hegel habe die *Phänomenologie* als Einleitung in sein System betrachtet. Dazu gab Findlay eine korrigierende Erläuterung: Die *Phänomenologie* sei „meant to be a forepiece that can be dropped and disdarded once the student, through deep immersion in its contents, has advanced through confusions and misunderstanding to the properly philosophical point of view“ (wie die *Enzyklopädie* als Abriss des Systems ihn gebe). Demgegenüber stellte Hans-Georg Gadamer in seinen Studien zur *Phänomenologie des Geistes* mit seinem Lehrer Martin Heidegger das System zurück in die „Geschichte“, wie die *Phänomenologie* sie in verschiedenen Ausgestaltungen vermittle. Auf der genannten Tagung sagte Findlay mir, Husserls phänomenologische Analysen seien sicherlich wertvoll; warum aber wolle ich von Heidegger ausgehen? Ich rechtfertigte mich durch die These, dass Husserl auf der Theorie die anderen Verhaltensweisen des Menschen aufbaue. Auch seine späten Arbeiten über die Krisis der europäischen Wissenschaften blieben auf eine abschließende Theorie bezogen. Martin Heidegger suche in den gleichzeitigen *Beiträgen zur Philosophie* aus der Geschichte heraus einen neuen philosophischen Ansatz zu entwickeln.

Wir wurden nach Schloss Vollrads eingeladen, wo die Schwester von Nikolaus Lobkowicz als Gräfin Matuschka-Greiffenclau residierte. Als ich vom Schloss herabsah auf den Rheingau, konnte ich ausmachen, wo die Brentanos gelebt hatten und die unglückliche Caroline von Günderode den Freitod gewählt hatte. Draußen spielten die beiden Grafenkinder. Ich konnte ihr Schicksal nicht ahnen: Am 19. 8. 1997 setzte sich Erwein Graf Matuschka-Greiffenclau auf eine Bank oberhalb von Schloss Vollrads und erschoss sich mit seinem Revolver. Er hatte den Konkurs des Weinguts seiner Familie nicht überleben wollen. Doch wo war die „Ritterlichkeit“ gegenüber der Tochter geblieben? Zwei Jahre später gab es einen Streit in der Familie; eine offenbar unbegründete Furcht vor einer Niederlage führte dazu, dass Ernst Graf Matuschka-Greiffenclau sich im Wald erhängte – wegen „vermeintlich schwerer Ehrverletzung“, wie seine Frau sagte. Der Stammbaum der Familie Greiffenclau lässt sich bis ins 11. Jahrhundert zurückverfolgen, der Weinanbau bis 1211. Im 19. Jahrhundert heiratete der schlesische Graf Matuschka die Nichte des letzten Greiffenclau; König Wilhelm I. gestattete ihm, die beiden Namen und die Wappen zu vereinigen. Die Grafen, ausgezeichnet als Manager in verschiedenen Bereichen, wollten nicht sehen, dass ein Weingut nicht mehr Grundlage einer Adelsfamilie sein konnte, zumal dann nicht, wenn Billigweine andrängten. Doch war diese Auffassung gräflicher Ehre nicht ebenso überholt wie das Bedürfnis nach Autonomie bei den westfälischen Bauern?[81]

Als ich zur Prüfung der Luther-Ausgabe wieder nach Tübingen musste, ging ich am Vortag mit Scharen von Wanderern zur Wurmlinger Kapelle. Ich sah wirklich einen Hirtenknaben, dem nach Uhlands Gedicht auch schon der Gesang zu seinem Begräbnis zugedacht ist. In meiner Freude bedachte ich nicht, dass der Hirtenknabe wohl von einem Tourismus-Verband dort hingestellt war. Anfang 1979 kam ich nach Wien, um über topische Verfahren in Jurisprudenz und Philosophie zu sprechen. Natürlich besuchte ich nicht nur Erich Heintel, der als Patriarch über den Kreis seiner Schüler herrschte. Ich ging auch zu Karl Ulmer, der 1972 sein abschließendes Werk *Philosophie der modernen Lebenswelt* vorgelegt hatte. Nach diesem Buch ist auch nach dem Abschied von der Humboldt-Universität die Universität mit Schelling auf die Einheit der Wissenschaften zu gründen; ihr Bildungsauftrag muss auf das System der Berufe bezogen werden.[82] Trotz meines Themas sah man in mir den Anhänger Heideggers; so begründete Ulmer seine zeitweilige Zuwendung zu diesem: Der Husserl-Schüler Oskar Becker habe als Person an der Universität nichts dargestellt; Rothacker habe Witze erzählt; Heimsoeth sei ins Historische geflüchtet. So sei er zu Heidegger gegangen (von dem er sich inzwischen affektiv distanzierte).

Karl Ulmer zeigte mir auch das Descartes-Bild in seinem Arbeitszimmer und sagte, es habe drei Soldaten in der Philosophie gegeben: Sokrates, Descartes und dann ihn selbst (der Junggeselle Ulmer war Offizier gewesen). Ein Aufsatz von Ulmer über Dilthey konnte mich nicht beeindrucken (schon gar nicht als Weg von Heidegger weg). Längst hatte Karl-Otto Apel das kontinental-europäische Philosophieren zwischen den dialektischen Materialismus des Ostens und den analytischen Traditionen des Westens angesiedelt. So verwandte ich meine Zeit in Wien auf die Staatsoper und das Burgtheater, die Hofburg, die Ringstraße, die Vielfalt der Museen und Bibliotheken. In der Ungargasse suchte ich die Häuser, die mir aus Ingeborg Bachmanns Roman *Malina* bekannt waren. Wegen Celans Erzählungen ließ ich *Am Hof* nicht aus. Die Zeichnungen, die Hegel in Wien bewundert hatte, konnte ich nicht sehen, denn die Albertina war gerade wegen Einsturzgefahr geschlossen. Trotz vieler Vorbehalte kam mir Reinhold Schneiders *Winter in Wien* nahe; darin ging es nicht nur um das „Erbe" Habsburgs, sondern um den Fall in die Verzweiflung, den man durchstehen muss, ehe man neu den Weg in eine andere Zukunft finden kann.

Vielfältige Bemühungen konnte ich einbringen, als ich am 18. April 1979 in Düsseldorf in der Akademie der Wissenschaften über *Fragen der Forschungspolitik gegenüber den Geisteswissenschaften* sprach. Ein paralleler Vortrag galt dem Thema *Fragen der Forschungspolitik aus der Sicht des Biowissenschaftlers.* Es gab eine lebhafte Diskussion, in die sich auch der zuständige Minister einschaltete. Ich plädierte für eine „Gewaltenteilung" in der Forschungspolitik, wie sie bei der Einrichtung von Sonderforschungsbereichen bereits bestand: Universität, Deutsche Forschungsgemeinschaft, Ministerium, Wissenschaftsrat sollen beteiligt sein; den Akademien der Wissenschaften soll vorrangig die Betreuung langfristiger geisteswissenschaftlicher Projekte zugewiesen werden (wie es dann auch geschah).[83]

In der zersiedelten Banlieue von Paris, in Fontenay aux roses, gab es eine Tagung über Hegels Rechtsphilosophie. Karl-Heinz Ilting, mir vom Studium in Bonn her bekannt, hatte seine Platon-Studien zur Seite gelegt und sich auf Hegel gestürzt. Er wollte zeigen, dass Hegel nach den Karlsbader Beschlüssen in seinen Veröffentlichungen seine kritische Sicht der Verfassungserörterungen verschwiegen, sie aber in Nebenbemerkungen der Vorlesungen geäußert habe. Indem er sich an so gut wie alle Zeitungen und Zeitschriften wandte, konnte er Aufmerksamkeit für seine fixe Idee gewinnen. Als er in Fontenay sprach, erwarteten die französischen und italienischen Kollegen meinen

Widerspruch. Doch war ich zu den Museen in Paris gefahren und fand im Centre Pompidou auch die so lange gesuchte Werkstatt Brancusis, mir von Paul Celan her vertraut. Karl-Heinz Ilting hatte mich als Direktor des Hegel-Archivs verpflichten wollen, ihn zu unterstützen, wie richtige Archiv-Direktoren das zu tun haben. Er hatte einen Staatssekretär aus Saarbrücken gewonnen, seine Forderungen an das zuständige Ministerium in Düsseldorf zu schicken. Ich konnte Wolfgang Kluxen nur bewundern, wenn er als Vorsitzender der Hegel-Kommission durch einen Düsseldorfer Ministerialdirektor, also einen Beamten aus dem nächst niederen Rang, antworten ließ, das Hegel-Archiv sei ein Archiv anderer Art, gehöre nicht in die Reihe wirklicher „Archive". Karl-Heinz Ilting, an Immunschwäche erkrankt, musste vom Sterbebett aus aktiv werden, und so verbanden sich die abwegigen Auseinandersetzungen mit persönlicher Tragik. Nach drei Jahrzehnten weiterer Bemühungen ist das, was damals als aktuell ausgegeben werden konnte, völlig überholt.

Im April 1979 habe ich auf einer Tagung der Evangelischen Akademie in Bad Herrenalb zum Thema *Wovor die Angst sich ängstet ge*sprochen. Der Vortrag führte von den Anstößen Kierkegaards bis zu Heideggers Hinweis auf die Gelassenheit. Meine Bemühungen liefen parallel zu japanischen Ansätzen: Ryosuke Ohashi hatte 1975 in München sein Buch *Ekstase und Gelassenheit. Schelling und Heidegger* veröffentlicht. Die Begegnung mit Japan, für mich schon länger wichtig, prägte mein Denken.[84] Der Direktor der Evangelischen Akademie Bad Herrenalb, Wolfgang Böhme, unterstützte durch eigene persönliche Interessen die Zuwendung zur Mystik (die sonst im protestantischen Raum eher perhorresziert wurde). Meine Darlegungen *Mystische Motive im Denken Heideggers und im Dichten Celans* wurden von ihm in wichtigen Sammelbänden herausgebracht. Schwierige Fragen waren aufgeworfen: Kann genuin protestantisches Denken die Mystik voll aufnehmen? Folgt Paul Celan in seinem Bezug zu Meister Eckhart und zu Martin Heidegger nicht doch anderen Motiven als Heidegger? War für Heidegger das Eingehen auf Laotse grundlegend? Für Paul Celan war im letzten Jahrzehnt seines Lebens Martin Heidegger der Denkende, der aus einer Besinnung auf die Not der Zeit heraus auf Hölderlin verwies; dieser sollte uns wieder dichterisch wohnen lassen. Celan glaubte, dass er selbst mit seinem Dichten Hölderlin wiederhole in einer Zeit vernichtender Verfolgungen (darauf wurde schon hingewiesen).

Ließen diese Ansätze des Denkens und Dichtens sich aufarbeiten in der gemeinsamen Arbeit Forschender? Anfang Oktober 1979 konnte ich in der Werner Reimers-Stiftung in Bad Homburg ein Kolloquium *Homburg vor der Höhe in der deutschen Geistesgeschichte* veranstalten. Der Homburger Industrielle Werner Reimers hatte am Ende seines Lebens eine Stiftung für die wissenschaftliche Forschung gemacht; die Stiftung konnte dann das erweiterte Wohnhaus des Stifters am Wingertsberg als Tagungsstätte nutzen. (Mit ihrer Nähe zur Stadt, zum Schloss, zu den Wäldern war die Tagungsstätte wohl eine der schönsten in Deutschland.) Der ehemalige Universitätskurator und Staatssekretär Konrad Müller war aufmerksam geworden auf mich, weil ich mich darüber beschwerte, dass bei einer Führung durch das Schloss die Namen von Kleist und von Hölderlin nicht genannt wurden. Ich habe mich dann konkret den Orten der Stadt zugewandt, die mit Hölderlin und seinem Freund Isaak von Sinclair verbunden waren. Konrad Müller war leider am Herzinfarkt verstorben, als unsere Tagung stattfand. Die Referate, die gehalten wurden, erschienen 1981 als Buch. Auf diesen ersten Band über die junge Generation der Goethezeit folgten weitere Tagungsbände: Der Titel *Frankfurt aber ist der Nabel dieser Erde* folgte einer Formulierung Hölderlins; der Titel *Mainz – „Centralort des Reiches“* nahm Worte Hegels auf. Der Band über Hegels Geburtsort folgte mit dem Titel *O Fürstin der Heimath! Glükliches Stutgard* Versen Hölderlins. Es ging um den Nachweis, dass nicht nur Jena, Weimar und Berlin die Goethezeit prägten, dass es vielmehr auch bedeutsame Zentren in Westdeutschland gegeben hatte. (Später folgten Tagungen über Düsseldorf und über die Leistung der Brüder Boisseée, auch über Jena und Heidelberg; leider nicht mehr über Dresden.) Wenig Zustimmung fanden wir in Frankfurt; diese Stadt ließ ihre Geschichte hinter sich und wollte sich eher als Drehkreuz zwischen Amerika und Europa etablieren. Umso freundlicher wurden wir in Mainz und Stuttgart begrüßt. Der frühere Mainzer Oberbürgermeister Jockel Fuchs war bewegt, als ich nicht nur über den Untergang von Mainz zur Zeit der Französischen Revolution sprach, sondern auch bemerkte, dass ich nach dem Zweiten Weltkrieg keine zerstörtere Stadt gesehen habe als Mainz. Jockel Fuchs hatte Mainz wieder aufgebaut, dabei aber vordringlich die sozialen Belange beachtet. Nun wollte man auch die alten Adelshöfe wieder in den Blick nehmen. Mir dagegen ging es darum, das Schicksal meiner Generation sich spiegeln zu lassen im Schicksal jener, die einst mit so jungen Jahren vor Mainz gelegen hatten und sich durchaus von Goethe und Schiller absetzten. Kleist war noch keine fünfzehn Jahre alt; Clausewitz wurde als Gefreiter-Korporal während der Belagerung von Mainz dreizehn Jahre und Fähnrich. Vierzehn Jahre später, als Clausewitz als preußischer Offizier in die Internierung nach Frankreich musste, schrieb er seiner Frau, dass ihm die Ruinen von Kostheim und Mainz „nicht bloß Wehmut, sondern Schwermut“ erweckten. Am 28. Januar 1807 schrieb der Stabskapitän: „Bedenke, dass ich ein Sohn des Lagers bin, aber aus der wirklichen, nicht aus Schillers poetischer Welt.“ Im zwölften Lebensjahr sei er in die Laufgräben von Mainz gekommen; „da trug, als Mainz ein Raub der Flammen wurde, die wir angefacht, das Jauchzen des rohen Soldatenhaufens auch meine kindliche Stimme empor.“[85] Mussten wir nicht zufrieden sein damit, dass wir erst mit fünfzehn Jahren aktiv in den Krieg verwickelt worden waren?

Um 1980 war die kurzlebige Mainzer Republik hoch gelobt worden; doch konnte gerade das Schicksal von Georg Forster auch erschrekken. Mich interessierte, wie das „goldene Mainz“ mit seiner Pracht, aber auch mit seiner Zerstörtheit den Weg durch das alte Deutsche Reich und durch die Franzosenzeit gegangen war, nach dem Zweiten Weltkrieg schließlich doch Hauptstadt von Rheinland-Pfalz wurde. Die Mainzer selbst fassten ihr Überleben unter der Konkurrenz der großen Mächte anders: „Mer lävve länger.“ Die Grenzen zwischen der französischen und der amerikanischen Besatzungszone führten dazu, dass Mainz abgeschnitten wurde vom Rheingau und sein rechtsrheinisches Gegenüber verlor. Musste man nicht endlich dem § 29 des Grundgesetzes folgen und die so schnell geschaffenen Abgrenzungen der Bundesländer korrigieren? Doch blieb es bei dem, was nach dem Zweiten Weltkrieg sich bald an neuen Grenzen und Verflechtungen entwickelt hatte.

Manfred Rommel unterstützte unsere Bemühungen um Stuttgart und den alten württembergischen Landtag in vielfältiger Weise. Auch da gab es Probleme: Die Badener, aber auch die Gebiete der früheren Reichsstädte und Ritterschaften südöstlich von Württemberg konnten nur schwer Stuttgart als Hauptstadt und zudem als Mittelpunkt eines industriellen Bereichs anerkennen. Doch die Bildung neuer Schwerpunkte wie Stuttgart und München setzte sich durch. Vom 9. – 13. 3. 1980 war ich in Rom. Wegen eines Lotsenstreiks musste unser Flugzeug beim Landeanflug warten und kreiste in den niedrig hängenden Wolken. Ich blickte zum Fenster hinaus; plötzlich war ich geblendet. Die Maschine machte einen Hupser; ich sah uns schon in Trümmern auf die Erde herabregnen. Doch der Flugkapitän sagte: „Das war spektakulär, aber völlig gefahrlos. Wir waren in einem Blitzschlag.“ Auf Ägina dachte Martin Heidegger bei einem Blitz noch: „Zeus“. Wir erinnerten uns bei den beruhigenden Worten des Kapitäns an den Faradayschen Käfig, von dem wir in den Physikstunden gehört hatten.

Bei der Fahrt vom Flugplatz zur Stadt standen nach dem reinigenden Gewitter die Albaner Berge klar am Horizont. Als wir am Palatin vorbeifuhren, fragte ich mich: Warum konservieren die Römer diese düsteren Trümmer? Warum verwehren sie es der mildtätigen Natur, den Schutt zu überwuchern? Warum immer noch mit den Gespenstern von Cicero, Augustus, Nero, Theoderich leben? Rom war voll von Touristen – auch z.B. von Studenten, die bei mir studiert hatten, von Schülerinnen meiner Frau. Im Kulturattaché Minwegen traf ich einen ehemaligen Mitschüler aus Hoffmeisters Lehrveranstaltungen, in seiner Frau eine Schülerin von Wilhelm Grenzmann. In einem dreitägigen Seminar wurde offenbar, dass Heidegger über Marx gesiegt hatte, aber zusammen mit Nietzsche. In den Erinnerungen an Hans-Georg Gadamer habe ich schon darauf hingewiesen, wie ich mit Gadamer diese Tage verbrachte. Gleich am ersten Abend rief er mich an, und wir tranken zusammen eine Flasche Wein. Seine Frau hatte ihm gerade am Telefon gesagt: „Denk an 75!" Er meinte etwas verstört, er sei doch schon achtzig. Aber dann fiel ihm ein, sie wolle, dass er mit seinem Idealgewicht zurückkäme. Frau Gadamer nannte uns telefonisch jeden Morgen ein schönes Lokal zum Essen. Einmal wollten wir asketisch sein und aßen nur einen Apfel. Nachmittags bei den Vorträgen und Diskussionen, wo die Scheinwerfer auf uns gerichtet waren, wurde uns doch etwas flau, und Gadamer meinte, das mit dem Apfel sei doch nicht das richtige. Da wir morgens frei hatten, machten wir lange Spaziergänge (er immer mit seinem Stock): zum Kapitol, zum Forum, usf. An S. Ignacio bewunderten wir innen die Illusionsarchitektur, außen den schönen Platz mit dem Blick auf die Stadt. Als wir es Valerio Verra gegenüber rühmten, noch bei der Rückkehr zum Hotel begrüßten uns an der Piazza Navona freundliche junge Damen, meinte dieser: „Ja, sehr schön ist es dort. Doch meine Tochter könnte nicht dahin gehen; das würde missverstanden." Da verstanden selbst wir, dass Rom auch Bordelle anbot. Wir bekamen die Farnesina gezeigt: In der Renaissance konnte ein Bankier durch Raffael und dessen Schüler nackte Mädchen ins Spiel von Amor und Psyche an die Decke malen lassen. Gadamer musste bei Sankt Paul vor den Mauern auch ein Stück weit die alten Pilgerzüge nachgehen, die mit Schiffen gekommen waren und dann zum „Paulusgrab" strebten, wo man zur Weihung Zettel mit Bitten oder Amulette am Faden herunterließ. Wegen des Terrors war Rom mit vielen Polizisten so etwas wie eine belagerte Stadt.

Immer wieder hieß es, Abschied zu nehmen von Mitstrebenden. Leben und Tod waren auch in der Gemeinschaft der Philosophierenden eng verknüpft. Gerd Brand hatte durch die Thyssen-Stiftung in

Köln in vielfältiger Weise unsere Bemühungen um die phänomenologische Philosophie gefördert; er starb nach schwerer Krankheit. Als wir in der Trauerhalle eines Kölner Friedhofs auf die Beisetzung warteten, ging ein Gebläse los; ich sagte meiner Frau: „Jetzt schicken sie einen durch den Schornstein." Dann ging auch der Sarg unseres Freundes in die Tiefe des Krematoriums hinunter. Durch ein Fenster sahen wir, wie er in der einsetzenden Glut sich auflöste. Der Wärter erläuterte uns das Verfahren, stolz auf die Errungenschaften. Es gab eine große Abschiedsfeier mit vielen hundert Gästen. Gedankengänge, die Gerd Brand einmal hatte darstellen können und die ihm dann in seinen nicht endenden Diktaten entglitten, entfalteten sich weiter.

Der Kongress der Phänomenologischen Gesellschaft in Trier vom 9. – 12. April 1980 galt dem Thema „Literatur". Ich war mit meiner Familie im Zentralhotel Fassbender untergekommen, dem alten „Fetzenreich". Meine Frau hörte auf dem Verkehrsbüro noch die Auffassung, die Phänomenologen analysierten Phänomene – also okkulte Dinge in spiritistischen Sitzungen. Doch bot Trier genügend Anlass für die Erörterung, um welche Sachen es der Phänomenologie gehen müsse. So wies ich zur Eröffnung des Kongresses darauf hin, dass es zwei Jahrhunderte kunstgeschichtlicher Bemühung bedurft hatte, ehe man eine gotische Kirche (wie die Trierer Liebfrauenkirche) nach ihren verschiedenen Aspekten hin begreifen lernte. Die Phänomenologie könne sich nicht beschweren, wenn sie erst in jahrzehntelanger Bemühung dazu gekommen sei, die verschiedenen Seiten der Sache „Literatur" aufzufassen. Glänzend waren die Vorträge von Hans-Georg Gadamer und Helmut Kuhn, bei denen man die lebenslangen Bemühungen der Referenten nicht übersehen konnte. Neues kam von Seiten Jüngerer; ein Koreaner analysierte Ostasiatisches, ein Türke die Folklore von Anatolien. Gerard Radnitzky war zu Gast und meinte vom Gehörten: „Als Popperianer bin ich dagegen provinziell." In der Tat war die phänomenologische Philosophie, wie schon der deutsche Idealismus mit Kant und mit Hegel, zu einer Weltsprache der Philosophen geworden.

Ein Weg in die Weite der Geschichte war es auch. wenn wir im April 1980 im Haus „Zum Kapellchen" in der Bonner Brüdergasse den 75. Geburtstag von Wilhelm Perpeet nachfeiern konnten (dessen Termin auf einen Karnevalstag gefallen war). Mit den Brüdern, nach denen die Gasse genannt wurde, waren die Minderbrüder gemeint, also die armen Franziskaner. Perpeet erinnerte an die Arbeit von Franz Schultz über die „Göttin Freude" und verteidigte auch den Genuss. Als Heinrich Lützeler sagte: „Freude ja, aber Genuss?", erinnerte ich an den Sprachgebrauch um 1800, in dem Genuss mit Genießen und Nießbrauch zusammengehörte. Wilhelm Perpeet war nicht wie Werner Marx Kind reicher Juden aus Mülheim, sondern der Sohn eines Hochofenschmelzers von dort. Auf dem Photo in der Festschrift gehen die strahlenden Augen zusammen mit einem Mund, dem Bitterkeit nicht fremd ist.[86] Ich lud ihn nach Bochum ein, doch meinte er vom Ruhrgebiet: „Da komme ich her, da gehe ich nie wieder hin." Aber nach dem Sterben der Kohlengruben und der Aussiedlung der Stahlwerke wurde aus dem Ruhrgebiet etwas völlig anderes, eher Kleinbürgerliches mit entsprechenden kleineren Betrieben und neuen Branchen, dazu einem der Opel-Werke und der großen Ruhr-Universität.

Schon in meiner Zeit am Gymnasium in Attendorn war der Ruf Bochums als Theaterstadt legendär; nur der fortschreitende Krieg verhinderte die Fahrt unserer Schulklasse nach Bochum. Wie hatte man ausgerechnet im Ruhrgebiet so treue Zuschauer gewinnen können? Nach dem Ersten Weltkrieg hatte Saladin Schmitt mit seinen Shakespeare-Aufführungen Bochum zur führenden Theaterstadt gemacht. Helmut Domke schreibt in einem seiner schönen Landschaftsbücher davon: „Theater des Ruhrgebietes, Arkadien unter der Fördertürme Schatten." Waren die Kleist-Wochen nicht noch wichtiger als der Shakespeare-Zyklus? „Ein ganzer Schwarm junger Studenten, waren wir hingefahren, um die stets somnambulen Verse des *Homburg* und die selten aufgeführte *Penthesilea* zu erleben… Wurde uns der zwiespältige *Amphitryon* nicht zu einem Symbol unserer eigenen Epoche – diese mit einer Spur Auflehnung gewürzte Ratlosigkeit des Schlusses, in die soviel Ergebung gemischt ist, das vieldeutige ‚Ach' der Alkmene. Umriss es nicht der Menschheit ganzes Schicksal, des Daseins Doppeldeutigkeit und Unbegreiflichkeit?" Domke spricht von „begnadeten Stunden": „Iphigenie und Alkmene, des Daseins Traum und gesegnete Wirrnis, Botinnen einer anderen, inneren Wirklichkeit in den Schwaden der grauen Landschaft."[87] Nach dem Zweiten Weltkrieg tauschte man nach Hamburg hin Kohle gegen Kunst und es kam zu den Ruhr-Festspielen. In Bochum selbst erlebten wir noch das Ende der Ära von Hans Schalla. Peter Zadek versuchte etwa im *Othello* alles Gewohnte umzukehren und aufzulösen. Reinhild Hoffmanns Tanztheater blieb leider ein kurzes Intermezzo (man musste weiterhin nach Wuppertal fahren zu Pina Bausch). Doch konnte Claus Peymann mit *Iphigenie* und *Tasso* und mit der Zuwendung zu Thomas Bernhard neue Wege gehen. Es verblüffte die Bochumer, dass Peymann in die „Provinz" ging, ans Burgtheater in Wien. Aber er führte das Burgtheater auf neue Wege, ehe er nach Berlin wechselte.[88]

XI. Letzte Lehrjahre

In den abschließende beiden Jahrzehnten meiner Lehrtätigkeit musste ich den Einladungen jener folgen, die aus aller Welt zum Studium nach Bochum gekommen waren und meine Gegenbesuche erwarteten. Am 27. 4. 1980, einem Sonntag, flog ich zu einem Kolloquium über Franz Rosenzweig nach Jerusalem. Auf Rosenzweig war ich früh durch Ernst Michel aufmerksam geworden. Im Abschnitt über die ersten Nachkriegsjahre habe ich notiert, wie Michel 1949 in den Streit um Goethe eingriff. Da mein Studium auf die Sozial- und Wirtschaftsgeschichte konzentriert war, wurde Michels *Sozialgeschichte der industriellen Arbeitswelt* für mich bedeutsam. Zu meiner Verblüffung bemerkte ich, dass Michel durch den Einbruch des Nationalsozialismus in die deutsche Geschichte in wachsendem Maße gezwungen worden war, auch theologisch den Widerstand zu formulieren. Die schreckliche Zeit am Ausgang des Zweiten Weltkriegs (als Michels Sohn Wolfgang an der Narwa fiel) führte bei ihm zu einer Lebenskrise mit einer Unterbrechung aller Bemühungen und einem Weg in die Einsamkeit. Im Vorwort zu seinem Buch *Der Partner Gottes* von 1946 sagt Michel: „In der stillen Arbeit am Boden und seinem Pflanzenwuchs drängte dann im Frühjahr und Sommer 1945 allmählich empor, was in der vorliegenden Schrift zu Wort kommt."[89] Ich kam zu spät zum Studium nach Bonn, als dass ich noch Tagungen (in Benndorf) hätte mitmachen können, bei denen sich Bonner Studenten nach dem Zweiten Weltkrieg durch Ernst Michel und Walter Dirks orientieren ließen. Doch die Schriften Michels wurden für mich wichtig, so auch der Hinweis auf Franz Rosenzweig (und zwar nicht auf dessen Buch über Hegels Staatslehre, sondern auf das, was zur späteren Zusammenarbeit mit Martin Buber gehört). Ernst Michel zitierte die These Rosenzweigs, die Juden hätten keine „Religion" hervorgebracht.[90] Dass Gott den Menschen mit Namen ruft, wird Grundlage eines partnerschaftlichen Dialogs. Ihm gegenüber wird Religion als Kunst und Ritus, die kantianische Ausrichtung von Religion auf die Ethik, die Wortverhaftung des Biblizismus Sache des „Gesetzhaften". Dieses aber ist im Glauben an sein Ende gekommen. Auch Hölderlins Wort aus der Patmos-Hymne, es sei der „feste Buchstab" zu pflegen und „Bestehendes" gut zu deuten, muss dann als eine „Rückwärtsbindung" an die Götter und Mächte einer Satzung überwunden werden.[91]

Was mir früh nahe gekommen war, das sollte 1980 seine Erfüllung finden. Beim Anflug der El-Al-Maschine auf den kleinen Flughafen Lod erklang aus allen Lautsprechern „Israel Schalom". Ein Taxi brachte uns an den historischen Orten vorbei zu den Hügeln und Bergen von Jerusalem. Gleich am ersten Morgen wanderte ich mit Reiner Wiehl in gleißender Sonne zum Ölberg; ich hatte mir Paul Celans späte Jerusalem-Gedichte mitgenommen und verifizierte sie: Wo hatte Celan gestanden, als die Gedichte ihm in den Sinn kamen? Erschreckend war die Grabeskirche mit dem Streit der Konfessionen; man wollte uns unbedingt in irgendeinen Orden aufnehmen. Vor Golgatha lag ein Mann auf den Knien – nicht nur die Umgebung, auch zweitausend Jahre Geschichte waren für ihn ausgelöscht. Die Abessinier hatten ihre Zellen auf dem Dach. Das Komische mischte sich mit dem Erschrekkenden. Später wollten die arabischen Wächter uns, wohl wegen unseres jüdischen Führers, nicht in den Felsendom lassen; doch öffneten sie sofort, als Werner Marx erklärte, wir seien „deutsche Professoren". Die meditative Stille dort kommt aus dem Schweigen der Unendlichkeit.

In Mea Schearim sah ich am Sabbath die Juden mit den Pelzmützen; diese kamen noch von den deutschen Patriziern des Mittelalters her. Schon die jüngsten Knaben hatten ihre gekräuselten Schläfenlocken. Es gab die aufdringlichen Bettler, die uns Handküsse zuwarfen. (Das wurde noch als Folklore vorgeführt; die Zeit war noch nicht da, dass orthodoxe Kommandos von dort die Geschäfte der säkularisierten Juden lahm legten.) Als wir mit dem Taxi zum Herodion fuhren, gerieten wir in einen Sandsturm. Vorbei an Shepherd's field kamen wir nach Bethlehem: Vor Rahels Grab saß ein israelischer Soldat, wohl ein Sepharde, und spielte unablässig auf seiner Flöte. Am Siloah Teich wusste ich: Hier war Jesus gegangen. Der Taxifahrer riet ab, nach Hebron zu fahren; in der Tat wurden dort zu gleicher Zeit fünf Juden ermordet, viele andere verletzt.

Ich hatte für die Konferenz vor allem die neu edierten Briefe von Franz Rosenzweig studiert, dazu Martin Buber und Gershom Scholem. Auf der Tagung sprachen die Israelis ein schlechtes Englisch (die Älteren ein gebrochenes Oxford-Englisch, die Jüngeren ein amerikanisiertes Englisch). Ernst Simon gebrauchte in der Schluss-Sitzung provokativ die deutsche Sprache, mochten auch größere Gruppen Jüngerer, die deutsch nicht verstanden, den Saal verlassen. Emmanuel Levinas sprach französisch. Wenn er, klein und gedrungen, mit seiner Frau im Frühstückssaal saß, verstand ich, dass bei ihm die Tochter neben dem Sohn nicht vorkommt, aber in geradezu archaischer Weise ihre große Rolle bekommt als Frau des Hauses. Prof. Heering aus Leiden erklärte mir, Levinas habe seine bedeutende Rolle in Holland und Belgien bekommen, weil den Protestanten die naturrechtliche Tradition, den Katholiken der Thomismus abhanden gekommen sei. Ein Abend bei Bar-On zeigte, dass dieser Emigrant aus Russland gegen die Tradition von Hegel und Rosenzweig auf Wissenschaft und Industrie setzte und allenfalls Husserl und Berkeley schätzen konnte.

Emil Fackenheim geleitete mich durch die Straßen, die historische Bedeutung hatten. Er erzählte unablässig Anekdoten von seinen einstigen deutschen Professoren. Raphael Rosenzweig war die Idee seines Vaters in ihrem Anderssein, so etwas wie ein guter Atheist mit politischen Ambitionen. Er war in Bubers Familie aufgewachsen und sprach von Martin Buber nur als von einem großen Tyrannen. Ich verharrte aber vor dem Garten, in dem Buber zuletzt gesessen und gearbeitet hatte. Ergreifend war Weltsch, halb erblindet und auf den Stock gestützt. Er hatte einst die Parole ausgegeben: „Tragt ihn mit Stolz, den gelben Stern." Werner Marx informierte mich, dass der Historiker Mosse aus jenem großen Zeitungs- und Verlagshaus kam, das in Berlin einmal neben Ullstein gestanden habe. Mosse ging auf den Historismus von Meinecke zurück, zitierte gar den „Wanderer zwischen beiden Welten" (von Walter Flex, der im Ersten Weltkrieg gefallen war). Die Tradition der deutschen Musik, selbst der Hausmusik, war in Jerusalem noch lebendig. So konnte ich Mozart hören. Ein Geschenk war der Abend bei Stephane Mosès, dem einzigen Germanisten in Israel. Er war aus Algerien und Paris gekommen; seine Frau war eine französische Malerin. Er hatte mit Celan verkehrt; mit ihm teilte ich die Bemühung um Celan. So konnte Jean Bollack in seiner Polemik Mosès und mich verbinden, weil wir Celans Jerusalem-Gedichte auf das Land Israel und dessen Geschichte bezogen.[92]

Werner Marx wohnte während eines Gastsemesters in dem Haus, in dem die Familie Scholem ihre Wohnung hatte. Als ich dort hinstrebte, fragte ich zwei Juden auf der Straße in Englisch nach dem Weg; sie antworten freundlicher Weise auf Englisch, doch als ich weiterging, sprachen sie miteinander auf Deutsch weiter. Als Ernst Simon Gershom Scholem „Gerhard" rief, dachte ich, sie seien ja noch in Deutschland miteinander bekannt gewesen. Doch auch Frau Scholem, aus dem Osten kommend, rief, als ich anschellte: „Gerhard, Herr Pöggeler ist da." Scholem saß ruhig und gesammelt bei einem kleinen Licht in der Zelle seiner Bibliothek. Unter den Philosophen hatte er die Sämtlichen Werke von Schelling und von Leo Strauß. Mit einem sicheren Griff holte er Molitors *Dynamik der Geschichte* heraus. Wir hatten die Arbeit dieses Freundes von Isaak von Sinclair bei unseren Kolloquien aufgearbeitet. Dabei hatten wir die Unterstützung von Greive (der dann von einer Kölner Univerversitäts-Assistentin in einem fanatisierten Philosemitismus erschossen wurde, weil er am Sabbath Lehrveranstaltungen gab). Scholem sagte gegen Greive, Molitor habe sich bei der Teilung der Frankfurter Loge nicht gegen die Juden gestellt, sondern im Einverständnis mit ihnen zu retten versucht, was zu retten war. Das bewiesen die Akten des Freimaurerarchivs im Haag.[93]

Scholem warf mir immer wieder jiddische Brocken an den Kopf, um meine Ungebildetheit zu erweisen: Die jiddische Sprache habe die deutsche und die hebräische Sprache in sich vereinigt und sei die höchste Sprache gewesen. Leider hatte Scholem sich durch Jean Bollack weismachen lassen, Celan sei ein Artist und habe aus Scholems Schriften beliebige Zitate montiert, ohne die Gedankengänge zu beachten. Auch reduziere er alle Gehalte auf das Verstummen hin; er habe gar die *Todesfuge* als Rhetorik ausgegeben. Celan bleibe überhaupt unverständlich. Ich widersprach ihm in allen Einzelheiten und sagte, Celan habe in der jüdischen Mystik Interpretamente für sein Bemühen gesucht, in Verfolgungen zu widerstehen. Frau Scholem bestand darauf, dass ich wenigstens ausreden durfte. Scholem selbst meinte zu meiner Kritik schließlich: „Dann verlange ich einen Kommentar, wie Raschi ihn für den Talmud gegeben hat.“ Ich sagte ihm, diesen Kommentar werde es geben.[94] Meine Kritik an Walter Benjamin verstärkte Scholem noch: Das Moskauer Tagebuch Benjamins, das er gerade ediere, zeige, wie abwertend Benjamin über den Moskauer Sozialismus gedacht habe genau in dem Augenblick, als er ihn öffentlich pries. Sein Marxismus sei ein experimenteller gewesen, ein Probieren, bei dem sich erst zeigen sollte, was standhalte.

Natürlich besuchte ich auch den Schrein des Buches im Israel-Museum. Am letzten Tag meines Aufenthalts fuhr ich am Herzl-Berg vorbei nach Yad Vashem. Als ich zur Halle des Gedächtnisses ging, war der Wärter mit mir im Einverständnis: Ich brauchte keine Kopfbedeckung aus Pappkarton, ich hatte meine eigene in der Tasche. Das Dach ist etwas über die Grundmauern angehoben; so zwitscherten die Vögel in der Stille. In der Mitte brennt die Flamme des Gedenkens; die Minuten vor ihr waren der Höhepunkt meines Besuches in Israel. Als ich schließlich zum Flugplatz zurückfuhr, stoppte eine israelische Polizistin barsch unsern Kleinbus und verlangte die Pässe. Solche Kontrollen waren mir bekannt; neu war der Anteil der Frauen. Beim Anflug auf Frankfurt gab es statt versengter Wüste Wiesen, Felder und Flüsse – ein gelobtes Land! Ein Panzerfahrzeug gab uns Geleitschutz; ich suchte in den Augen der jüdischen Passagiere zu lesen, was sie von diesem Schutz durch die Söhne ihrer einstigen Verfolger dachten. Doch nach einem ersten kleinen Schrecken war man froh über die Sicherheit.

Zu weiteren Reisen und zu vielen Begegnungen kam im Sommer der Familienurlaub in Irland. Waren die ersten Einwanderer aus Spanien gekommen oder über die einstige Nordsee, wenn im Winter das Eis nicht abschmolz? Die Vergangenheit ist jedenfalls noch Gegenwart: Die Rothaarigen und Sommersprossigen gehen auf die Ureinwohner zurück, die Schwarzhaarigen auf die Kelten, andere auf Normannen und Engländer. Sicherlich wurde Europa kultiviert durch die Klöster der Benediktiner und die Schulen der Kathedralen. Wenn jedoch der Wüstenheilige aus der Thebais zu den Atlantikklippen kam, verwies schon sein Glaube auf die Ewigkeit und gab entscheidende Anstöße für Europa. Zwischen 520 und 800 blühten die frühchristlichen Klöster; Clonmacnois wurde zu einem Zentrum der Gelehrsamkeit. Die Kelten hatten mit Kampfwagen und Forts die besseren Waffen; doch zu den Kriegern traten bei ihnen Druiden und Barden. Ein Gelage in Tara muss seltsam gewesen sein. Es wurde ins Komische versetzt, wenn wir auf Bunratty Castle wie im Mittelalter mit den Fingern essen mussten, ein rundbäuchiger und glatzköpfiger Amerikaner sich als König feiern ließ. In St. Patrick in Dublin zeigten die Engländer sich mit ihren Trophäen immer noch als Sieger. Doch mit Hilfe der Europäischen Gemeinschaft konnten die irischen Landwirte ihr Fleisch auf dem Pariser Markt für den fünffachen Preis verkaufen. So musste der Fleischkonsum in Irland selbst eingeschränkt werden. Die Bauern konnten sich neue Häuser bauen (die verfallenden alten Häuser blieben einfach neben den neuen stehen). Die jungen Damen strebten zum Männerfang nun auf das Land, von dem sie früher geflohen waren. Das Land produzierte die meisten Priester, aber auch die Literatur des Untergangs von Swift bis O'Neill, Joyce und Beckett. Ich hielt mich an Yeats, dessen neue Mythologie an die langen Leiden der Unterdrückten anschließt.

Im Februar 1981 war ich in Freiburg, um mit Medard Boss und Ernesto Grassi Vorträge über Heidegger zu halten. Max Müller als Leiter der Veranstaltung bestärkte mich darin, von Aristoteles her eine praktische Philosophie aufbauen zu wollen und von daher auch Heidegger zu sehen. Er sagte mir noch einmal, wie gern er mich als Nachfolger in Freiburg und dann in München gesehen habe; doch sei ich zu „norddeutsch" gewesen. Mich verwunderte es etwas, dass man Bonn und Bochum nach Norddeutschland verlegen konnte, obwohl von da nach Hamburg noch drei Stunden Fahrt nötig sind und dann nach Sylt noch einmal drei Stunden. Hartmut Buchner hatte als Mitglied der Berufungskommission in München mich durchsetzen wollen; aber ich hatte ihm geschrieben, einen Lehrstuhl, der mit einer kirchlichen Bindung doch noch etwas von einem Konkordatslehrstuhl habe, könne ich nicht annehmen. Das war also das „Norddeutsche".

Auf der Tagung in Freiburg griff Hermann Heidegger zuerst Grassi, dann mich wegen unseres Vorgriffs auf den „Heidegger-Nachlass" an. Zu meiner Überraschung kam Jörg Heidegger und bat mich, mit zum Essen zu gehen. Ich fragte ihn erstaunt, ob er nicht die Worte seines Bruders gehört habe. Er meinte jedoch, ich habe philosophisch argumentiert und in diese Argumentationen wolle er sich nicht mischen. Jörg kommt ganz auf den Vater; wir meinten, Hermann käme ganz auf die Mutter, doch dazu lächelte er verlegen. Wir wussten nicht, dass für die Freiburger Hermann Heidegger seinem leiblichen Vater, dem Arzt Cäsar, wie aus dem Gesicht geschnitten schien. Meine Frau mahnte immer, den schwierigen Lebensweg nicht zu vergessen, den Hermann Heidegger hatte gehen müssen. Als Oberst gehörte er zur Generalität; doch sah er nicht, dass er als Nachlassverwalter eine ähnliche Stellung nicht zur Geltung bringen konnte.

Im April 1981 benutzte ich eine Schleiermacher-Tagung in Kiel, um mit dem Bus durch die kleinen Städte des Landes nach Lübeck zu fahren und dort vor dem Altar Memlings zu sitzen. Dann war ich zehn Tage in Löwen, um Husserls Nachlass zu studieren; auf Hegels Spuren besuchte ich Brüssel, Gent und Brügge. Die vierzehn Tage eines Kurses über Hegels Rechtsphilosophie in Dubrovnik führten in eine andere Welt! Das Berliner Projekt einer Ausstellung über Preußen wurde damals als „Preußen-Jahr" deklariert; darin fügte sich das Gedenken des 150. Todestages von Hegel ein. So konnten wir eine Ausstellung *Hegel in Berlin. Preußische Kulturpolitik und idealistische Ästhetik* am 11. November in Berlin, am 20. Januar in Düsseldorf eröffnen.[95]

Dafür war ich mit meiner Frau einige Tage in Berlin. So sahen wir im Hebbel-Theater Friedrich des Großen Montezuma-Oper. Das Rokoko-Spiel kann vor existenzielle Probleme stellen: Preußen wird wie die alten Indianer-Reiche untergehen, wenn es sich nicht behauptet, nicht seinerseits selbst angreift! Die Preußen-Ausstellung war überladen, der Gropius-Bau noch feucht mit schlechtester Luft. In der Prinz Albrecht-Straße stand ein Schild: „Sie stehen hier auf den Folterkellern der Gestapo." Die Mauer, mit Volkspolizei und russischen Truppen, trennte wichtige Gebäude ab. In der Neuen Staatsbibliothek führte der Direktor uns durch die Räume: Alle Türen und Schranken öffneten sich vor uns wie von selbst. Die Chefs der Museen und beider Universitäten waren beim Vortrag da. Aber es gab auch die Nähe zur Mauer und durchaus Gefahren auf dem Weg zur schönen Neuen Staatsbibliothek.

Im Winter-Semester 1981/82 machte ich mit Hellmut Flashar in Bochum ein Seminar über das sechste Buch der *Nikomachischen Ethik*. Das war ein Text, der mir, vor allem durch die Interpretationen des jungen Heidegger, zu einer geistigen Heimat geworden war. Von ihm und seinem spannungsvollen Verhältnis zur Aristotelischen *Metaphysik* her erschloss ich mir Aristoteles und überhaupt die antike Philosophie. Konnten diese Ansätze noch an der Massenuniversität geltend gemacht werden? Hans-Georg Gadamer war sehr erstaunt, als ich ihm nachwies, dass auf den Bochumer Gymnasien vor allem Arbeiterkinder Griechisch lernten. Sie hatten noch nicht bemerkt, dass das für die anderen, die sich für besser orientiert hielten, zu einem abgesunkenen Kulturgut geworden war! In unserem Seminar bestanden die Altphilologen auf Akkuratheit, ohne die philosophischen Fragestellungen aufzunehmen. Den Philosophen fehlte die genaue Kenntnis des Griechischen, und einige wollten gar mit der deutschen Übersetzung auskommen. Mein Vorstoß, den Philosophen ein Minimum an Griechischkenntnissen zu vermitteln, vor allem Vokabeln, scheiterte am Widerstand der Philologen. So wurde die Altphilologie zu einer Spezialwissenschaft; die Philosophen kamen auch ohne Griechisch aus. Die schönen Tage mit Bultmann und Heidegger in Marburg, für deren Schüler Griechischkenntnisse noch selbstverständlich waren, sanken in tiefe Vergangenheit.

Ende März, Anfang April 1982 konnte ich in Löwen mit Emmanuel Levinas ein Kolloquium halten. War das nicht ein Affront gegen die herrschende Orientierung an Heidegger? Levinas hatte bei Husserl studieren wollen, war dann aber durch Heidegger geprägt worden. Nach Heideggers Weg zu Hitler glaubte er, Heideggers einseitige Bindung an das Dichten Hölderlins sei mitschuldig an dieser Verirrung. Werner Marx äußerte sich erbittert: Ich zerstöre, was er aufgebaut habe, nämlich eine Weiterführung des späten Denkens von Heidegger zum Ethischen hin. Schon in Amerika habe er diesen seinen Bezug auf Heidegger gegen Hans Jonas verteidigen müssen. Das Kolloquium in Löwen brachte zum Schluss das, was ich gesucht hatte, in einem Dialog zwischen Ludwig Landgrebe und Emmanuel Levinas. Muss das „kritische" Anliegen der Phänomenologie abgesichert werden durch den Bezug auf ein transzendentales Ich, das nicht etwas Gegebenes ist, sondern etwas Normatives? Oder muss die Dialogik, mehr von Franz

Rosenzweig als von Martin Buber her, so weiter geführt werden, dass ein Dritter in das Zwiegespräch wieder eine Ausrichtung auf das „Allgemeine" der Gerechtigkeit bringt? Die beiden Schüler von Husserl wie von Heidegger führten die Problematik der phänomenologischen Philosophie zum entscheidenden Streitpunkt hin. Vom 10. – 12. März 1983 folgte dann im Löwener Husserl-Archiv ein weiteres Kolloquium mit Levinas.[96]

Es war für mich nicht leicht, meinen eigenen Ansatz darzustellen. Schon in Bad Herrenalb hatte mir ein Barthianer gesagt, mit der Forderung der „Gelassenheit" werde ich zum Stoiker, der dem Glauben des Paulus nicht gerecht werden könne. Doch ging es mir darum, „hermeneutisch" die Motive menschlichen Existierens in der Geschichte aufzunehmen, um in sie dann die ethischen, politischen und religiösen Entscheidungen einzutragen, diese so gegebenenfalls auch von der Philosophie her zu modifizieren bzw. zu korrigieren. Damals sagte man mir, jetzt müsse ich kandidieren, wenigstens für die Position eines Vizepräsidenten der Deutschen Forschungsgemeinschaft; dann brauche ich nach zwei Amtszeiten nicht mehr in die Lehre an der Universität zurückzukehren. Doch wandte ich mich der Aufgabe zu, meinen philosophischen Ansatz darzustellen, so seit 1983 in den Büchern *Heidegger und die hermeneutische Philosophie* und *Die Frage nach der Kunst*, dann in *Spur des Worts* mit Ausführungen über das Dichten Paul Celans. Speziell mit Werner Marx setzte ich mich auseinander in dem Vortrag *Gibt es auf Erden ein Maß?*, der 1985 in seiner Heimatstadt Mülheim an der Ruhr auf einem Kolloquium zu seinen Ehren gehalten wurde.[97]

Mitten im Sommersemester 1982 war ich für zwei Wochen im philosophischen Institut des Rechtsanwalts Marotta in Neapel. Bei meinen Vorlesungen über Heidegger nahm man mich als Nachfolger Gadamers; ein Vortrag über Vico wurde aufgenommen als Huldigung an die Stadt. In Salerno verfolgte man sehr genau unser Jahrbuch *Hegel-Studien*; mein Buch über Hegels *Phänomenologie des Geistes* wurde übersetzt. Vor unserem vornehmen Albergo Vesuvio in Neapel lagen die Boote der Zollpolizei und der Schmuggler einträchtig beieinander. Draußen kreuzte ein amerikanischer Zerstörer und ein Flugzeugträger – der Libanon brannte! Nach München kam ich, als man mit Konzerten, Opern und Gemälde-Ausstellungen die achthundertjährige Geschichte der Stadt feierte. Die Schackgalerie zeigte mir etwas, das ich als verwandt empfand. Hatte Nossack nicht recht, wenn er in seinem Roman *Nach dem letzten Aufstand* München nicht nur eine massive Religiosität zeigen lässt, sondern in den Tragödien auf den Bühnen auch den Versuch, das Leben durch die Kunst unter ein letztes Maß zu stellen (was auch ein Nachhall von Religion ist)?

In Kopenhagen stand ich im Frihed-Museum vor dem „Mantel des Saboteurs", von dem Celan spricht. Der Minister Schmude mit seiner Familie und drei „Begleitgorillas" kam in das Boot, das wir schon bestiegen hatten; er senkte (vergebens) den Blick, um nicht erkannt zu werden. Wir (mein jüngster Sohn und ich) wunderten uns, dass Thorwaldsen neben seine antiken Gestalten den Hohenstaufen Konradin, ja Jesus und seine Jünger gestellt hatte. Eine sog. „Wikinger-Fahrt" brachte uns in ein altes Gang-Grab, dann zu den Wikinger-Booten und dem Dom in Roskilde. In Kopenhagen wurde nur zu deutlich, dass die Zeit der Ausfahrt der Wikinger, aber auch des Kreises um Klopstock sehr lange vorbei ist. Die Erinnerung an Kierkegaard und seine Zeichnung exaltierter Bewegungen menschlicher Leidenschaften brachten Häuser und Straßen nahe. Das Hamlet-Schloss Kronberg, die Überfahrt zum schwedischen Malmö mit seinen billigen Essensangeboten zeigten verschiedene Welten nahe beieinander.

Während eines Vortrags in Heidelberg ging ich (gemäß dem Hinweis Erich Rothackers) zum Jettenbühl und zur Wolfsschlucht („Wo des Wolfes große Macht Mutter Jetten umgebracht"). Mit dem Aufsuchen dieser Wege war ich völlig allein (wie Rothacker das wohl auch gewesen war). Der November führte mich nach Poitiers und so in eine Landschaft, wo man die allzu vielen alten Kirchen einfach zerfallen lässt (nur um einige ausgesuchte kann man sich kümmern). Das war völlig anders als etwa im Rheinland. Dort konnte ich in einem Gasthof am Rhein essen, in dem schon die Brüder Boisserée gesessen und auf das Plätschern des Stroms gehört hatten.

Das Jahr 1983 brachte die Trierer Tagung über Dilthey und die Phänomenologie. Meine Hoffnung war gewesen, die Ansätze von Dilthey und Husserl zusammenführen zu können. Doch ging man lieber die jeweils eigenen Wege. Das war letztlich auch so bei einer Tagung über Sophokles in München oder über den Geschichtsschreiber Johannes von Müller in Bad Homburg vor der Höhe. Beim Levinas-Kolloquium Anfang März in Löwen verblüffte ich die Teilnehmer dadurch dass ich sie zu den Bildern von Dirk Bouts führte und diese kunsthistorisch einordnete. Nur ausnahmsweise hatte ich an kunsthistorischen Lehrveranstaltungen teilgenommen. Was ich jedoch einmal bei Franz Steinbach in der Wirtschafts- und Sozialgeschichte gelernt hatte, wandte ich nun auch auf die Kunst und die Philosophie an: Beide differenzieren sich in ihrer Geschichte gemäß den großen europäischen Regionen und den dort gestellten Aufgaben.

Max Beckmann war für uns der Maler geworden, der die schönen und schrecklichen Seiten der ersten Hälfte des 20. Jahrhunderts ins Bild gebracht hat. So ließen meine Frau und ich 1984 die Beckmann-Ausstellung in München nicht aus. Auf der Rückreise quartierten wir uns im alten Fuggerhaus in Augsburg ein, das auch als vornehmes Hotel die Erinnerung an glanzvolle Zeiten bewahrte. Im April 1984 führte eine Konferenz über Heidegger in Leiden ins Wasserland Holland, aus dem die alten Städte herausragen. Gadamer sprach von einem „Durchbruch", da Heidegger endlich auch im reformierten Holland anerkannt werde. Doch blieb die philosophische Konstellation durchaus konfus. Zum altvertrauten Löwen, zu Gent und Brügge trat Amsterdam. Das amerikanische Hotel kaufte dort seine Nachbarschaft auf, z.B. eine Kirche, die zum Kongresszentrum wurde. Es bot „Splash-Räume" an, wo die holländischen Guides die Reisenden aus Übersee in Badewannen zu versorgen hatten – ich verstand den Hass, den die Amerikaner (auf ihrer Durchreise zu den Passion-Plays in Oberammergau) auf sich zogen. Mehr als das Reichsmuseum sprach uns das Rembrandt-Haus an, vor allem das van Gogh-Museum. Der Maler, einst wie ein räudiger Hund verstoßen, konnte nun die Besucherscharen auf sich ziehen, vor allem die Jugend. Die Predigt in der reformierten Hauptkirche vermittelte eine Gläubigkeit, die sich mit rationaler Bürgerlichkeit und weltläufigem Geist verband. Im September flogen meine Frau und ich zur Tagung der irischen philosophischen Gesellschaft in Mainooth bei Dublin. Dort waren einst die irischen Priester ausgebildet worden; noch zwölf Jahre vorher hatten die Theologen auch die Lehrer der Philosophie gestellt. Doch die proklamierte Emanzipation führte nun z.B. dahin, dass schwangere Frauen ostentativ rauchten, die Männer vergebens im Auto vor dem Beifahrersitz ein „No-smoking" an die Scheibe klebten. Guiness dekorierte seinen Empfangsraum mit Zeichnungen von Beuys, ohne dass ein wirklicher Bezug zur zeitgenössischen Malerei zustande gekommen wäre.

Im Dezember gab ich in Marburg einen Vortrag über Hölderlins Antigone-Übersetzung im Spiegel von Hegels und Heideggers Sophokles-Deutung. Die Fahrt mit dem Auto führte im dicksten Nebel durch die „hessische Senke" zwischen Frankfurt und Kassel, in der der Basalt den Vogelsberg und die Amoneburg aufgebaut hat. Beim Religionsgespräch unter Philipp dem Großmütigen hatte Luther mit Kreide auf den Tisch geschrieben: „Das ist mein Leib"; doch Zwingli blieb bei seinem „bedeutet mein Leib". Ohne philosophische Einschlüsse, die zu klären waren, kam also die Theologie nicht aus! An Savignys Häuschen unter dem Schloss hatte man die ersten beiden Buchstaben seines

Namens mit „SS" kombiniert. Pasternaks expressionistisches Pathos in seiner Schilderung von Marburg war mir nahe. Die große Kirche für die heilige Elisabeth blieb mir fremd. Elisabeth, mit vierundzwanzig Jahren gestorben, wurde gleich nach ihrem Tode Symbolfigur. Der Deutsche Orden verwaltete die Wallfahrtsstätte. Doch nun hatte man den Leichnam von Hindenburgs, der die Niederlage des Ordens bei Tannenberg gerächt haben soll, nach Marburg „gerettet". Diese Geste machte mir die Kirche nur noch fremder. Vom dritten Weihnachtstag bis in das neue Jahr waren meine Frau und ich in Venedig. Wir hatten die großen Gebäude, mehr aber noch die anziehenden kleinen Gassen für uns. So konnte ich in meinem Aufsatz *Der schärfere Pfeil* Baudelaire, Hofmannsthal und Celan von Hofmannsthals Erzählung *Andreas* her verbinden.[98]

Das Spanien-Festival in Brüssel beeindruckte vor allem durch die Schönheiten und Schrecken Goyas; doch dann reisten wir nach Spanien selbst und sahen Goya im Prado. Rubens spricht wohl nirgendwo so an wie dort. Velasquez erweist sich als groß auch in einer Zeit des spanischen Niedergangs. Karl V. und Philipp II. sind wirklich mit Malern umgegangen. Ganz allein fuhren wir im Schnee nach Avila. Wir kehrten in einer alten Keller-Gaststätte ein, wo man gerade den großen Kamin anzündete. Wir sahen uns schon darin schmoren, waren uns jedenfalls nicht sicher, ob wir wieder lebendig ans Tageslicht kommen würden. Umso schöner war die mehr als freundliche Bewirtung. So stellte ich in meinem Celan-Buch die Mystik der Theresa von Avila, in der die Weltmacht Spanien sich nach innen wendet, zur Mystik des Isaak Luria, in der der Rest eines vertriebenen Volkes sich in Safed in Obergaliläa auf sein furchtbares Schicksal besinnt. Wilhelm von Oranien, auf den Karl V. sich bei seiner Abdankung in Brüssel stützte, hat jene Toleranz durchgesetzt, die später dem Leben und Wirken eines Spinoza Raum ließ. In solchen geschichtlichen Zusammenhängen fand ich das, was Paul Celan „Gespräche der Grundwasserspuren" genannt hat. Hier wird nicht jeder Historiker folgen wollen, doch bleibt es eine Aufgabe, in der Vielfalt des Historischen das aufzuspüren, was uns selbst zu einem anderen und neuen Leben führt.

Am 5. Mai 1986 sprach ich bei Manfred Riedel an der Universität Erlangen über Hegels Antigone-Deutung. Wieder einmal machte mir die Stadt Nürnberg anschaulich klar, dass einst die Kaufleute dort die Altäre ihrer Kirchen nicht hatten aus der Hand geben wollen, da sie diese doch so teuer bezahlt hatten. So behielt Nürnberg seinen alten Glanz. Unter den Kolloquien, an denen ich teilnahm, ragt eins vom Mai 1986 in Jerusalem heraus. Die Auseinandersetzungen in Israel bestürzten mich: Die Orthodoxen zerstörten Straßenbahnhaltestellen, weil dort Frauen in Badeanzügen plakatiert waren; die Emanzipierten malten dafür Hakenkreuze selbst an Synagogen. Doch konnte ich sehr schön unter Montefioris Mühle gegenüber dem Zionsberg wohnen. Ich musste aber zur Kenntnis nehmen, dass die israelischen Studenten bei drei Jahren Militärdienst die Zeit zum Lernen der deutschen Sprache nicht mehr aufbringen konnten. Von Derrida, dem Star der Tagung, wurde ich freundlich begrüßt; doch gerieten wir in Konflikt, da ich den „Realismus“ Paul Celans betonte. Dazu erklärte mir ein freundlicher Anglist aus Haifa, die „humanistisch“ gebildeten Juden wollten sich durch Celan nicht den Boden unter den Füßen wegziehen lassen; wenn ich schon von Spur spräche, dann solle ich mich auf Goethe beziehen (doch war der Begriff eher gegen dessen Symbolik gewandt). Eine amerikanisierte Mafia, Schülerinnen von Paul de Man, suchte mich mundtot zu machen. Man wollte mich auf die Rezeptionsästhetik von Hans Robert Jauß verpflichten, ohne zu beachten, dass dieser Offizier der Waffen-SS gewesen war, dass vor allem seine Baudelaire-Interpretation von mir nicht zu übernehmen war. Als ich 1987 meinen Vortrag *Passing-by and trace* über Heidegger, Levinas, de Man und Derrida an der Yale-Universität wiederholte, wurde zu meiner Überraschung meine Kritik an de Mans Hölderlin-Interpretation zustimmend aufgenommen. Bei der Rückkehr ins Hotel las ich in der Zeitung, de Mans Verwicklung in die Politik seines Onkels mit Tendenzen zur Kollaboration seien aufgedeckt worden. Diese Weise, von vorschnellen politischen Invektiven oder gar Verdächtigungen auszugehen, konnte ich nicht akzeptieren.[99]

Auf einer Heidegger-Tagung in Trier Anfang Juni führte mein Vortrag von Heideggers frühem Bezug auf Schleiermacher bis zu den *Beiträgen zur Philosophie*, die mit Hölderlin vom Vorbeigang des letzten Gottes sprechen. Dieser Gott ist nicht der letzte in einer Reihe; vielmehr hebt er alles erschienene Göttliche in seine Letztheit, die das Eschatologische verwandelt aufnimmt und alles Sichzeigen von Göttlichem jeweils auf seinen Ort und seine geschichtliche Stunde bezieht. Auf der Hinfahrt holten meine Frau und ich Ludwig Landgrebe ab. Der alte einsame Mann aus Wien servierte uns in seinem schönen bergischen Haus zuerst einmal ein Stück Sacher-Torte! Im September 1986 war das Hegel-Archiv zu Gast in Oxford; Pelczynski, der beim Warschauer Aufstand dabei gewesen und über die polnische Armee nach Oxford gekommen war, hatte uns eingeladen. Wir lebten im Pembroke College wie die Collegiaten mit ungewohntem Bedienungszeremoniell. Collingwood war dort gewesen und dann T. M. Knox (später Principal of St. Andrews); mit Knox hatte ich über viele Jahre Briefe gewechselt, deren Sammlung mir gezeigt wurde. Gegenüber dem Pembroke College lag das viel reichere Christchurch. Im Merton College lernten wir die Bibliothek genauer kennen. Für das Ashmoleon Museum hatten wir nur wenig Zeit, doch besuchten wir Theater und Konzert, auf dem Weg von einem Regensturz überrascht. Vom 2. – 6. Dezember war das Hegel-Archiv in Poitiers, um die Aufarbeitung Hegels weiterzuführen und auf Eduard Gans auszudehnen, aber auch auf eine Edition und Kommentierung der Exzerpte Hegels. Wir machten Station in Paris und aßen gegenüber dem Chor von Notre Dame – für mich der ansprechendste Ort von Paris, der viele Erinnerungen weckt. Im Dezember besuchte ich den Rosenzweig-Kongress in Kassel, hatte freundliche Begegnungen, aber auch die Mahnung, beim Bezug zum Jüdischen von Celan abzulassen. Bei den Fahrten nach Kassel ließen meine Frau und ich nie die Wilhelmshöhe aus, denn die Rembrandt-Bilder dort hatten es uns angetan. Im folgenden Frühjahr konnte ich in Wolffenbüttel dort stehen, wo Lessing und Mendelssohn sich getroffen hatten – das war ein Muss für Germanisten wie Philosophen. Mich interessierte vor allem die Sammlung der „Malerbücher" in der schönen Bibliothek.

Der Sommerurlaub führte uns immer wieder zur Perlenkette jener Inseln, die der ostfriesischen Küste vorgelagert sind (am schönsten zu sehen aus großer Höhe bei einem Flug über den Atlantik). Norderney, von Besuchermassen überströmt, das vornehmere Juist waren vertraut. Im Nordfriesischen machten wir von Amrum aus 1988 die schwierige Fahrt nach Seebüll zu den Bildern und zum Garten Noldes. Im Ostfriesenhof auf Borkum konnten wir wie später im Hotel Vierjahreszeiten noch aus unserem Fenster heraus das Meer sehen. Langeoog liebte ich besonders, weil man oben auf den Dünen den Weg parallel zum Meeressaum gehen kann. Wangerooge hatte noch Bäuerliches; ich vergaß nicht, dass es für den Oldenburger Rudolf Bultmann das „irdische Paradies" gewesen war. Die holländischen Inseln ließen wir so wenig aus wie die griechischen. Samos, von dem aus wir nach Patmos fuhren, hatte gelegentlich auch seine gefährlichen Seiten; der Sommer 1987 brachte mit seiner übergroßen Hitze einigen Besuchern sogar den Tod. Ganz anders war auf Long Island Montauk, das wir 1988 von Stony Brook aus besuchten. Die Möwen ließen die Muscheln aus der Höhe auf die Felsen fallen, so dass sie sich für den Verzehr öffneten, und so gab es riesige Muschelfelder. Bei Sturm kam der Atlantik mit zehn Meter hohen Wellen. (Es verblüffte uns, wie wenig Max Frisch sich dieser Landschaft hatte öffnen können.)

Durch die Deutsche Forschungsgemeinschaft wurde ich eingeschaltet in die Bemühungen um die Ausgabe der Werke und Briefe Paul Celans. Es war mir klar, dass diese Aufgabe (entgegen dem Plan) nur in vielen kleinen Schritten zu bewältigen war. Paul Celan selbst hatte sie Beda Allemann anvertraut; doch dieser wurde gehemmt durch Herzinfarkte. Bernhard Böschenstein war eingeschaltet. Es gab viele Treffen, auf denen ich auch Gisèle Celan wiedersah. Ich konnte mit Jean Bollack Seminare in Bochum machen. Vom 5. –10. 3. 1986 war ich mit meiner Frau in Paris. Als wir in der Stadtwohnung Bollacks hoch im Wohnturm in einem merkwürdig abgedunkelten Zimmer diskutierten, stürzte sich ein junger Mann draußen von oben in den Tod. Man wusste sofort, um welchen Kranken es sich handelte. Das Gespräch war abgebrochen – für immer. Frau Celan erklärte uns, dass Jean Bollack nur sich und seine Gedanken kenne; doch habe sie niemand anderen für juristische Fragen. Es folgte eine Celan-Tagung in Heidelberg. Mit Gadamer kam ich gut ins Gespräch. Doch wollten die jungen Leute ihm zeigen, wie überholt er sei. Mein Hinweis, dass Paul de Man in dem wohl meist kopierten literaturkritischen Aufsatz der damaligen Jahre vom Gegensatz Symbol-Allegorie ausgehe, überführte sie des Provinzialismus, denn er verwies auf Unbekanntes. Jean Bollack trennte sich von mir, weil ich über den Menschen Celan spreche, er über die Gedichte. Doch blieb Bollack mit diesen unhaltbaren Antithesen allein und einsam. Vom 25. 4. bis zum 3. 5. 1987 war ich mit meiner Frau in Chicago. Das Palmer House, das berühmte Hotel aus alter Zeit, hatte seine labyrinthischen Gänge und seine peinliche Ordnung. John Sallis brachte uns nach einem Besuch bei ihm in Evanston mit dem Auto wieder *downtown*; dabei waren die erleuchteten Fenster oben in den Wolkenkratzern wie Sternenheere. Ganz unscheinbar blieb das Häuschen, in dem Mies van der Rohe wohnen geblieben war. Nur unter lebensgefährlichen Autostraßen her kam man an den stillen See. In der Northwestern University konnte ich alle meine Arbeiten einsehen, auch jene, die ich selbst verlegt oder verloren hatte. Bei Theodore Kisiel in Winfield besuchten wir auch das Fermi-Laboratorium: Über den unterirdischen Atombeschleunigern hatte man die Prärie mit weidenden Büffeln wiederhergestellt!

Im Frühjahr 1988 nahm ich für drei Monate eine Gastprofessur an der New York Universität in Stony Brook auf Long Island wahr. Gerade erschien auf englisch mein Heidegger-Buch von 1963. Bei Heidegger war man in Amerika über den Forschungsstand vor fünfundzwanzig Jahren kaum hinausgekommen; bei Hegel war es eher noch schlimmer. Unser Aufenthalt in Penn State anderthalb Jahrzehnte früher war für mein Denken wie für meine Familie eine Neuorientierung gewesen. Doch nun musste ich mich behaupten an einer Universität, die nur zu sehr an Bochum als Neugründung auf freiem Feld erinnerte. Wir hatten ein kleines Haus gemietet; es lag wie die Nachbarhäuser auf einem kleinen Hügel, als ob es von Hopper gemalt worden wäre. Weil auf Long Island die Schulen besser waren als auf Manhattan, nahmen die Väter morgens und abends jeweils zweieinhalb Stunden Fahrt zu ihrer Arbeitsstätte auf Manhattan in Kauf. „Peak", wo man doppelt bezahlen musste, war morgens um vier Uhr. Zur Erholung fuhren die Amerikaner an die Küste und sahen vom Auto aus auf das Meer. Da wir zu Fuß lange Spaziergänge machten, gab es zuerst eine große Unruhe (die Wachhunde wurden uns direkt gefährlich). Doch schließlich akzeptierte man die seltsamen Deutschen. Im Nachbarhaus flimmerte abends unaufhörlich der Fernsehapparat – unsere Nachbarin, Bloody Mary genannt, brauchte wenigstens fünf Tote, ehe sie einschlafen konnte. (Als plötzlich der Apparat nicht mehr flimmerte, war sie einsam gestorben.) Eine Übung über Heideggers Kunstwerkaufsatz brachte mir den Kontakt zu Künstlern, die z.B. Eisenplastiken à la David Smith verfertigten. Einige junge Leute verlangten ein zusätzliches Seminar über Paul Celan. Bei einem Besuch in Buffalo sahen wir auch die Niagara-Fälle, die leider durch Spielhöllen und Reklamen beeinträchtigt wurden. Natürlich ließen wir Besuche in Manhattan nicht aus.

Für das Jahr 1989 galt: zweihundert Jahre nach Ausbruch der französischen Revolution, hundertster Geburtstag von Martin Heidegger. Es überraschte, dass der Geburtstag des Philosophen stärker beachtet wurde als der Ausbruch der Revolution. Natürlich musste ich an vielen Orten über Heidegger sprechen. Als ich im Februar in Neapel war, ging es mir auch darum, die Kunstschätze der Kirchen zu sehen. Mein Begleiter half mir dabei, indem er mich (in meinem dunklen Anzug) einem Pfarrer vorstellte als „Theologieprofessor aus Köln". Meine Bedenken, dass es in Köln gar keine theologische Fakultät gebe, aber wohl in Bonn, wurden beiseite geschoben: Bonn habe mit Politik zu tun, nicht mit Theologie! Mit dieser Unterscheidung hatte mein Begleiter durchaus Erfolg. Als ich später mit meiner Frau nach Madrid flog, sahen wir unter uns den Golf von Biskaya und die schöne Dordogne, die in die Garonne und mit ihr zum Meer fließt. Das war Hölderlins Landschaft, aber nun im großen Überblick vom Flugzeug aus gesehen! Beim Rückflug beeindruckten uns die Schneegipfel der Pyrenäen. Die spanischen Universitäten wurden nun in den europäischen, vor allem französisch-deutschen Gesprächszusammenhang integriert.

Im April nahm mein Flugzeug nach Japan den Weg über den Nordpol und Anchorage. Im Eismeer gab es noch hochragende Felsen, die windseitig ganz abgewetzt waren – eine Todeslandschaft! Wir überholten die Sonne, so dass es in den achtzehn Stunden des Flugs nie dunkel wurde. In Tokyo erschienen mir die Schilder in den Straßen sehr poetisch – weil ich den Namen des Besitzers oder die Reklame nicht buchstabieren konnte! Mein Vortrag in der Kaiserlichen Universität wurde Passage für Passage in japanischer Sprache wiederholt. Natürlich ging ich zum Kabuki- und Noh-Theater, wenn ich auch weder die ritualisierten Gesten noch die Sprache verstand. Der Meiji-Schrein und sein Umfeld waren eine neue Welt für mich. In Kyoto hatte nicht nur mein Heidegger-Buch gewirkt, sondern auch die Sammlung zur hermeneutischen Philosophie. Es gab Heideggerianer und Hermeneutiker. Ich konnte dem Streit zwischen ihnen nur entgehen, indem ich am einen Tag die einen, am anderen Tag die anderen traf.

In Hiroshima bestürzte es mich, dass ein Mensch, verbrannt im Atomblitz, nur noch ein Schatten auf einem Stein war. Die Hälfte der Bewohner des einstigen kleinen Kriegshafens war im atomaren Feuer gestorben; doch nun lebte dort eine Million Menschen und feierte in großen Massen unbekümmert unter den Kirschblüten. Da ich die japanische Sprache nicht verstand, suchte ich mir die Geschichte und die Gegenwart Japans aus seiner Kunst verständlich zu machen; so fuhr ich von Kyoto aus mit dem Auto nach Nara zu den Tempeln und zum Museum. Wie anders als In Europa war das Gedenken hier! Als wir zu Nishidas Grab gingen, empfing uns ein Abt oder Prior mit einer Teezeremonie. Zwei junge Mönche führten uns zum Grab im Klostergarten. Dort stand der buddhistische Name, den Nishida nach der Erleuchtung bekommen hatte, dazu das Zeichen für „Genius". Über Nishidas Grab wurde feierlich Wasser gegossen, dann wurden Räucherstäbchen verbrannt. Nishitani, fast neunzig Jahre alt, hatte nach dem Tod seiner Frau Probleme, sich im Alltagsleben zu orientieren. Der Besucher, den er im deutschen Siebengebirge kennen gelernt hatte, regte seine geistigen Kräfte so an, dass es zu einem schönen Gespräch kam. Er fragte mich direkt: „Haben Sie die Erleuchtung gehabt?" Ich bestand auf dem Gegensatz zwischen Philosophie und Religion, der aber in Japan nicht gilt. Natürlich unterdrückte ich die Frage, wie er (ähnlich wie Heidegger) junge Leute zum Einsatz für einen totalitären Staat hatte führen können. Vieles Alltägliche konnte ich nicht mitmachen – z.B. nicht den Alkohol mit den lebenden kleinen Fischen trinken. Rohen Fisch zu essen, wurde mir geläufig. Dass ich im japanischen Hotel von den Mädchen auf Knien bedient wurde, verwirrte mich. Aber ich konnte jene besuchen, die einst zu mir nach Deutschland gekommen waren. In der Stille der Tempelgärten gewann ich wieder meine Fassungskraft für das viele Neue und oft so Fremde zurück.

Auch die Alexander von Humboldt-Stiftung wollte (Ende April 1989 in Bonn) des Geburtstages von Martin Heidegger gedenken. Es meldeten sich immer neue Stipendiaten, die einmal um Heideggers willen nach Deutschland gekommen waren. So musste die Möglichkeit zur Anmeldung einfach abgebrochen werden, als man über hundert Teilnehmer angenommen hatte. Drei Bände mit Referaten von Besuchern aus den verschiedensten Ländern der Welt wurden dann gedruckt.[100] Beim abendlichen Ausklang ließ Hans-Georg Gadamer es nicht bei einer Flasche Wein bewenden; ich brachte ihn zu seinem Zimmer, während er immer weiter redete. Als er bei seinen Sachen war, war er sofort wieder orientiert! Bei der Heidegger-Tagung der phänomenologischen Gesellschaft Ende Mai in Wuppertal lud die Oberbürgermeisterin in kalten Kellergewölben zum ortsüblichen Bier ein. Ich wusste, dass Gadamer es nicht vertrug, konnte aber nicht eingreifen. So war er am anderen Morgen krank und musste vorzeitig nach Hause reisen. Mein Vortrag über die Theologie in den *Beiträgen zur Philosophie* wurde so zum Schlussreferat. Noch im Mai ging es nach Rom. Dort hatte man Pasolinis Aufstand der Entrechteten aus den Slums um die Stadt abgewehrt, dafür die Parks zur Freizeitgestaltung freigegeben. Dass die Menschenmassen nun ihre Notdurft an den alten Statuen verrichteten, schockierte mich denn doch. Karl-Otto Apel, der vor Jahrzehnten mit Dilthey und Heidegger zu philosophieren begonnen, dann auf den amerikanischen Pragmatismus gesetzt hatte, konnte nur lächeln, wenn Heideggers späte Sprechweise als neuer Ausgangspunkt vorgebracht wurde. Mein Referat über Heidegger und die Politik hatte seine Brisanz schon in der Fragestellung.

Für die Jahresfeier der Düsseldorfer Akademie der Wissenschaften hatte ich einen Vortrag *Philosophie und Nationalsozialismus – am Beispiel Heideggers* übernommen.[101] Der Vortrag wurde auf Einsprüche der ängstlichen Landesregierung mehrfach abgesetzt und dann doch wieder erlaubt. Dabei spielte der „Jenninger-Schock“ eine Rolle: Der Bundestagspräsident Philipp Jenninger hatte sich am 10. November 1988 mit seiner Rede zum 50. Jahrestag der „Reichskristallnacht“ durch missdeutbare oder absichtlich missdeutete Formulierungen um sein Amt gebracht. Clemens Menze bestand als geschäftsführendes Präsidialmitglied der Akademie darauf, dass wir die Vergangenheit unserer Fächer ohne Restriktionen diskutieren müssten und auch dürften. Nach dem Vortrag gab es auch von politischer Seite nur Lob. Die

Mediziner sagten mir freilich, sie dürften gar nicht sagen, wer um 1933 nicht alle für den „Aufbruch" gewesen sei. Bernhard Kötting, katholischer Theologe aus Münster und mehrfach Akademiepräsident, legte mir dar, nach der Machtübernahme des Nationalsozialismus sei der gewählte Bischof von Münster von Goering nicht akzeptiert worden (wegen seiner Nähe zur Zentrumspartei). Mit Hilfe des Nuntius Pacelli sei der Deutschnationale von Galen ohne Wahl bestellt worden. Dieser habe ihn, den Ruhr-Kaplan, sofort einbestellt und ihm auferlegt, seine antimilitaristische Tendenz abzulegen und in eine der nationalsozialistischen Organisationen einzutreten: man müsse diese unterlaufen! Die Wende des Bischofs zum entschlossenen Widerstand als „Löwe" von Münster falle in die späteren Jahre. (Problematisch war ja auch das Verhalten des Erzbischofs Gröber in Freiburg gewesen.) Durch diese Diskussionen wurde mir klar, dass eine wirkliche Aufarbeitung der Wege der Wissenschaftler, Politiker und Geistlichen durch den Nationalsozialismus nicht in einer relativ kurzen Bemühung zu leisten ist. Das Problem der „belasteten" Begriffe blieb. Im Jahre 2009 erschienen dazu die zwei Bände *Wörterbuch der „Vergangenheitsbewältigung"* von Thorsten Eitz und Georg Stölzel mit etwa 2000 Vokabeln. In Freiburg neigte die Universität sowieso dazu, Heidegger als Sündenbock in die Wüste zu schicken und sich so freizusprechen von einer wirklichen Aufarbeitung der eigenen Vergangenheit. Heidegger selbst schilderte mir offen, wie er sich Anfang der dreißiger Jahre geirrt habe. Auf meine Frage, warum er das nicht auch öffentlich gesagt habe, meinte er, dass man dann nicht nur ihn, sondern auch seine Familie vernichtet hätte. Trotzdem blieb es unverständlich, dass er für den *Spiegel* zur posthumen Veröffentlichung das hervorholte, was er einst vor dem „Bereinigsausschuss" vorgebracht hatte (wo er als Angeklagter das Recht hatte, sich zu seinen Gunsten zu äußern).

Im Juni 1989 diskutierte das Politische Departement der Universität Chicago mit wenigen Gästen unter der Leitung von Allan Bloom in Paris. Es befremdete mich, wenn Rorty Heidegger wie einen Baudelaire aufnahm, Lyotard wie ein Streuner auftrat und sich durch Dieter Henrich keine Systemtheorie aufzwingen lassen wollte. Für die langen Essenszeiten hatte man die besten Restaurants ausfindig gemacht. Musste Paris sich so von zahlungskräftigen Amerikanern kaufen lassen? Doch imponierte es, dass die Schule von Leo Strauß Experten auch für die hebräische und arabische Sprache hatte. Leo Strauß hatte sich dem Historismus seines Freundes Alexandre Kojève entgegengestellt; er konnte die Diktatur als eine mögliche Abkürzung der Wege der Geschichte nicht anerkennen. Bloom, dann Kronprinz der Schule, hatte in *The Closing of the American Mind* (1987) einen Bestseller vorgelegt. Er machte den „Schweizer" Rousseau, dann Hegel, Nietzsche und Heidegger dafür verantwortlich, dass die Deutschen nach dem verlorenen Kriege über die Philosophen von Paris noch einmal versuchen konnten, die amerikanische Demokratie und Freiheit zu unterlaufen. Fukuyama, Amerikaner japanischer Abstammung und Regierungsberater in Washington, führte durch seine Thesen in *Das Ende der Geschichte* auf neue Wege. Hatte „Hegel" darin recht, dass mit der Entfaltung der Gewerbetätigkeit und des freien Welthandels hervorgetreten war, was die Geschichte an substanziellen Möglichkeiten in sich trug? War in diesem Sinne ein „Ende der Geschichte" erreicht? Oder verlangten, wie Fukuyama es dann selbst vortrug, die Erfolge der Biotechnik auch neue politische Ansätze? Blooms langjähriger Freund, der Schriftsteller Saul Bellow, legte in seinem Roman *Ravelstein* (2000) eine bittere Satire auf Bloom und seinen Tod an Immunschwäche vor. Den platonischen Ansatz, sich durch den Eros zur Welt der Ideen tragen zu lassen, wollte Bellow im eigenen Leben beibehalten. So fragwürdig manches in diesen Diskussionen blieb, so gaben sie doch eine Einweisung in die entscheidenden Problemzusammenhänge. Dieser zu folgen, führte über ein bloß editorisches und interpretatorisches Bemühen hinaus.[102]

Am Ende des Sommersemesters 1989 wiederholte ich meinen Vortrag über Heidegger und die Politik an der Lessing-Hochschule in Berlin. Es wunderte mich nicht, dass Berlin als hochsubventioniertes „Schaufenster" des Westens zum Osten frustrierte Rebellionen gezeigt hatte. In Marburg beglückte es mich, dass George Steiner es als eine Ehre empfand, mich begrüßen zu können – er hatte mein Celanbuch gelesen! In Pittsburgh ging es wieder um Heidegger und die Politik; doch konnte ich auch – vor ehemaligen Czernowitzern – über Celan sprechen. Yale brachte Widersprüchliches, etwa die historische Besinnung von v. Klemperer und die Zynismen Rortys. Karsten Harries (zu sehr mit seinen Gedankengängen allein) war von seiner Frau verlassen worden; er schenkte mir das Büchlein, das er ihr noch gewidmet hatte. Darin wurde die moderne Kunst als „light without love" charakterisiert. Ich fand bei Paul Klee durchaus anderes! Zu meinem Vortrag über Hannah Arendt an der New School kam auch Hans Jonas angereist; doch differierten unsere Ansichten. Als ich dann die Briefe und Gedichte lesen konnte, die Hannah Arendt und Heidegger gewechselt hatten, erschienen sie mir als gestylter Kitsch. Die Japaner waren da in einer besseren Situation, weil sie die sprachlichen Gewaltsamkeiten nicht wahrnahmen.

Vom 31. 10. bis 6. 11. war ich mit meiner Frau in Budapest. Dass ich von Hannah Arendts Bestehen auf dem Politischen ausging, gab der Heidegger-Tagung eine glückliche Note.[103] Der schönste Augenblick kam, als wir an einem Abend bei der Rückfahrt zum Hotel Burg, Kettenbrücke und Parlament angestrahlt sahen – ein städtisches Panorama, das seinesgleichen nicht hat! Doch noch war Budapest von der Schwerindustrie umstellt; der Leiter des Goethe-Instituts, Graf Westerholt, war ein freundlicher Gastgeber; er litt aber an Asthma und sollte die Tagung nicht lange überleben. In den folgenden Wochen stürzte die DDR, erzitterte Prag. Auch die Philosophie musste sich auf neue politische Konstellationen einstellen.

Anfang Dezember besuchte ich mit meiner Frau ein Kolloquium über Husserl und Heidegger in Mailand. Kunst und Geschichte interessierten uns dort (nicht nur Lionardo). Während eines Kolloquiums über Hegels Religionsphilosophie im Februar 1990 in Madrid waren wir lange im Prado. Da faszinierte uns auch ein junger Soldat, der eine Madonna Murillos geradezu in sich hineintrank. Wie sollte einmal eine ganz und gar irdische Frau ihm gerecht werden können? Die Kunst hat auch ihre Gefahren! Vom 1.– 4. 3. 1990 war ich zu einem Vico-Kongress in Neapel. In meinem Vortrag ging ich aus von Erich Auerbach, der Vico übersetzt und interpretiert und die abendländische Literaturgeschichte neu aufgeschlüsselt hatte. Abends, beim Rechtsanwalt Marotta, erzählte Ernesto Grassi vom Schicksal des Nachlasses von W. Szilasi. Frau Szilasi hatte ihn gerufen, aus „Willys Papieren" jene auszusondern, die Bezug auf Heidegger hatten. Als er in Brissago angekommen sei, habe sie freiwillig das Leben verlassen, die Heidegger-Papiere vernichtet gehabt. Heidegger, so hatte ich vorher aus Freiburg gehört, habe sich auch einmal der späteren Frau Szilasi zugewandt – die jüdische Millionärstochter aus Ungarn und der mittellose Theologieadept! Es hatte viele Besuche Heideggers und auch seiner Söhne in Szilasis Villa in Feldafing gegeben. Dann kam der Krach, wohl ausgelöst durch Frau Heidegger. Von Szilasi als Lehrstuhl-Vertreter Heideggers nach dem Zweiten Weltkrieg hörte ich immer nur, wie er die Studentinnen in seinem Direktorzimmer bedrängt habe. Der Sprachwissenschaftler Johannes Lohmann habe in der Fakultätssitzung ausgerufen: „Das Buch unseres Kollegen Szilasi ist ein Witz – ein Witz, meine Herren!" Später verteidigte Georg Picht mir gegenüber Szilasi als den Großindustriellen und den Philosophen, der neue Wege gegangen sei (etwa zur Naturphilosophie). Mir war es erst unbekannt, dann gleichgültig gewesen, dass man Szilasis Buch *Macht und Ohnmacht des Geistes* (1946) mit großen Teilen als ein Plagiat von Heideggers Vorlesungen denunzierte; es wurde für mich zusammen mit den Berichten von Oskar Becker eine Hinführung zu den schönsten Jahren der phänomenologischen Philosophie mit Husserl und Heidegger in Freiburg gleich nach dem Ersten Weltkrieg.

Anfang April 1990 sprach ich in Genua über die Zukunft der hermeneutischen Philosophie. Nur ein paar Blicke konnte ich in die alten Paläste werfen; an die Bilder von Rubens und van Dyk kam ich nur ausnahmsweise heran. Gern hätte ich genauer gesehen, wie stolz Kaufleute sein können, die einmal von Genua aus mit Venedig und Neapel über die Herrschaft im Mittelmeer konkurrierten. Beim 90. Geburtstag Gadamers konnte ich noch einmal (wie lange vorher in meiner Heidelberger Antrittsvorlesung) in der Alten Aula der Universität Heidelberg sprechen. Doch wandte ich mich gegen die These, Gadamer habe den Provinzialismus Heideggers urbanisiert. Max Scheler und Oskar Becker, dann auch Emmanuel Levinas und Jacques Derrida schienen mir systematisch (aber auch in bezug auf Nietzsche) anderen Ansätzen zu folgen als Heidegger und Gadamer. Auf der Rückfahrt besuchten meine Frau und ich in Worms den Dom, aber auch das Raschi-Haus, die Synagoge, den jüdischen Friedhof. Es ging nicht nur darum, dass die Philosophie ihren Grundgedanken folgte; vom Leben und von der Geschichte her waren Kräfte und Mächte im Spiel, die sich durchhielten und auch von der Philosophie beachtet werden mussten.

Im Juni hielt ich einen Vortrag über Heidegger und die Politik in Freiburg im Breisgau, wo das Rektorat im damaligen Streit um Heidegger vermitteln wollte. Anschließend konnte ich mit anderen zu jenem Hotel gehen, in dem Celan mit Heidegger gesprochen hatte. Einen Nachmittag verbrachten meine Frau und ich in Bollschweil mit Werner Marx. Bei ihm wechselten überschwängliche Freundlichkeiten ab mit Verdächtigungen auch gegen Nahestehende. Man erzählte uns, dass er nachts einsam in seiner Wohnung wandere, so dass die unter ihm Wohnenden immer seine Schritte hörten. Er stellte sich nun zu den Juden, konnte mit der jüdischen Gemeinde aber nichts anfangen. Das lebenslange Miteinander mit Werner Marx hatte auch seine bestürzenden Erfahrungen.

Als wir nach Colmar zum Isenheimer Altar und nach Straßburg fuhren, beeindruckte das Rheintal: hier die elsässischen Orte und die Vogesen, dort der Schwarzwald. Zwei Wochen auf Rhodos, wo wir Lindos nicht ausließen, zeigten uns ein Griechenland, das durch seine italienische Zeit geprägt war. Auf Kos überraschte uns ein Sommergewitter und bedrohte dann unser kleines Schiff. Auch auf byzantinischen

Ikonen suchten wir noch die griechische Begegnung mit dem Göttlichen (Erhart Kästner mit seinen Reisebüchern war uns eine große Hilfe).

Auf dem Kongress der Philosophen in Hamburg Ende September fiel Manfred Riedel ein wenig aus der Rolle in seiner Freude, dass seine Heimat wieder frei sei; die Besucher aus Leipzig wollten nüchterner bleiben. Meine Frau konnte eine Ausstellung über Camille Claudel besuchen – der Ausgangspunkt für weitere Bemühungen um die Tragik in einer bedeutenden Familie. Zu Celans 20. Todestag gab es eine Ringvorlesung in Bochum, wo ich über Celan und Shakespeare sprach. Anfang November 1990 war ich auf der Heidegger-Tagung zum Andenken an Chiodi in Turin. Fast vierzig Jahre vorher hatte ich vom Großen St. Bernhard ins Aosta-Tal herabgesehen. Nun rissen beim Hinflug vor unserer kleinen Propeller-Maschine die Wolken erst auf, als wir die Alpen schon fast überquert hatten. Von den schneebedeckten Gipfeln kamen wir zu den Seen und zur Poebene und schließlich zum Hügelland von Mosferrato. Da wir Turin von Südosten her anflogen, standen die französischen Alpen mächtig vor uns. Vom Hotel aus eilte ich gleich zum Haus Nietzsches. Nietzsche hatte recht: Die Gebäude der Stadt zeigen durchaus einen aristokratischen Bauwillen. Der herbstliche Schlosspark war wie ein Bild von Claude Lorrain. Wie nur konnte Nietzsche endlos durch die Arkaden wandern, da man dort den Himmel nicht sieht? Bei meinem Vortrag war Norberto Bobbio der Diskussionsleiter; er stellte vorweg die entscheidenden Fragen. Chiodi habe *Sein und Zeit* übersetzt und über die späteren *Holzwege* gearbeitet. Er sei aber Partisan gewesen. Wie passe das zusammen? Ich verwies darauf, dass *Sein und Zeit* ein Buch in der Hand von Widerstandskämpfern (auch in Polen) gewesen sei, nicht ein Buch in der Hand von Nationalsozialisten. Mit René Char habe Heidegger schließlich den gewaltlosen Widerstand des Dichtens und Denkens gegen die technisch verfügbar gemachte Welt gesucht. Könne der Partisan in seiner Ausnahmesituation aber nicht auch autoritär werden? Jedenfalls sei Heidegger so zum Nationalsozialismus gekommen. Ich lernte den dortigen Wein, Barolo und Barbaresco, kennen, dazu den Parmesan-Käse. Die Mitbringsel bereicherten auf Dauer zuhause unsere Küche.

Anfang Dezember folgte ein kleines Celan-Kolloquium in Madrid. Als unser Flugzeug Paris passierte, klärte sich das Wetter auf; die geschwungene Küste der Biskaya lag noch einmal vor uns. Allemann, Böschenstein, Bollack und ich – wie ging das zusammen? Während meines Vortrags saß Bollack wie ein Blitze schleudernder Zeus vor mir. Doch wurde sein Vortrag so esoterisch, dass die Leute den Saal verließen und Böschenstein kaum noch Hörer hatte. Meiner Frau und mir waren der Prado und der Escorial nicht genug; wir fuhren in den Norden bis Segovia, das an die Tempelritter erinnerte.

Anlässlich der Pensionierung von Heinz Kimmerle sprach ich am 14. Dezember in Rotterdam über die Anstöße, die Vincent van Gogh den Dichtern und Philosophen gegeben hatte. Wir aßen in einem Lokal hoch über dem Strom; die Fülle der Museen und Ausstellungen war beeindruckend. Später erinnerten wir uns in Hörnum auf Sylt daran, dass die Seeräuber dort einst ihre „Hexen" aus Amrum geholt hatten. Wir besuchten die alten Kirchen, doch fragte ich mich: Zeigt der „Gnadenstuhl" nicht einen Gottvater, der seinen Sohn erbarmungslos dem Kampf und Tod überlässt? Auch in dem, was der Tourismus anpreist, kann plötzlich der Schrecken aufbrechen.

Am 12. Oktober 1991 flog ich von Frankfurt aus nach Seoul. Sehr schnell wurde es Nacht, ebenso schnell stieg rot die Sonne wieder auf. Unter uns lag ein riesiges Gebirge, dann kam matschiges Land – Sibirien, sagte der Geschäftsreisende neben mir. Nach der Zeremonie des Empfangs in Seoul musste ich gleich in den ersten Palast; wie anders war er als unsere barocken Schlösser! Am anderen Morgen ging es mit Bahn und Auto nach Hae-In-Sa. Ich meinte, auf eine Sportgruppe zu treffen; doch es waren amerikanische Manager, die geschult wurden. Im Kloster waren von 200 Bewerbern 20 geblieben; die zwei jungen Mönche, mit denen ich sprach, strahlten, da sie den rechten Weg gefunden zu haben glaubten. Als die Dolmetscherin den einen fragte, was seine Eltern bei seinem Eintritt ins Kloster gedacht hätten, schwieg er. Er ließ die Tür offen – offenbar, weil eine Frau mit im Zimmer war. Wir sahen die berühmte Bibliothek; der junge Mönch hatte uns gesagt, dass er um der Lektüre willen sich maximal vier Stunden Schlaf gönne. Pusan erschreckte mich mit seinem riesigen Fischmarkt. Ich hatte es möglichst vermieden, Fleisch zu essen; das Fangen der Fische fand ich weniger grausam als das Schlachten der Tiere. Doch das Schlachten und Verkaufen von über tausend Fischarten konnte durchaus entsetzen: Das brutale Monster Mensch raubt auch die Meere leer. Der Übersetzer in Seoul war ein Herr Lee – der „koreanische Pöggeler", so wurde er genannt, weil er meine Arbeiten für seine Studenten in koreanischer Übersetzung hektographiert hatte. Bei einem Empfang mit dem zuständigen Minister gewann ich die Herzen, als ich sagte: Der 3. Oktober, der koreanische Gründungstag, sei nun der Tag der deutschen Wiedervereinigung, und diese wünsche ich auch für Korea. Die Wiedervereinigungsplaketten, die ich mitgenommen hatte, waren das passendste Geschenk. Verschiedene Völker sind verbunden, wenn sie sich auf gemeinsame geschichtliche Probleme beziehen, vom Weg des anderen Hoffnung für sich aufnehmen können. Es verblüffte mich, dass auch ein Gymnasialdirektor, der sich um mich kümmerte, in die Disco ging. Vor dem Rückflug hatte mich der Minister zur VIP erklärt; als ich meine vornehme Lounge verließ, salutierten zwei Soldaten. Ich musste mich hüten, zu lachen; immer noch hielt sich bei mir durch, dass wir bei den Nationalsozialisten die angeordneten Zeremonien nur hatten verspotten können. Es fällt schwer, in den wechselnden Situationen der Geschichte sofort die angemessene Einstellung zu finden.

Vom 14. – 16. November 1991 wurde in Neapel Lugarini zum 70. Geburtstag geehrt. Ich selbst lag eher quer zur hegelianischen Orthodoxie seines Kreises. Bei meinem Vortrag hatte ich als Hörer im „Saal der Engel" einige Dutzend Abiturientinnen, denen einmal ein deutscher Professor vorgeführt werden sollte. Gleich am ersten Tag wanderte ich am Vomero. Gegen alle Mahnungen brachte ich mich in Lebensgefahr, da ich (im dunklen Anzug) allzu weit herumzog. Ich nahm wahr, wie mich im Fenster eines Hochhauses jemand erspähte; dann sah ich durch das Glas des Treppenhauses ihn zur Straße herunterstürzen. Doch auch ich konnte laufen und erreichte so die sichere Bahnstation. Wie anders war der 19. und 20. November in Straßburg, wo der Rechtsanwalt Marotta die Vico-Übersetzung vorstellte und für die Unterstützung von Übersetzungen warb. Das europäische Parlament war mit seinen vielen Sprachen und dem Wirrwarr der Kommissionen ein einziger Bienenkorb. Das elsässische Essen am Abend bedrohte uns geradezu, weil wir zuerst statt der Kostbarkeiten nur den Küchengeruch wahrnahmen, aber nicht als Vorwegnahme des Kommenden schätzen konnten. Mich interessierte das Münster und die mittelalterliche Plastik, aber auch die Sammlung moderner Kunst von Baselitz bis Immendorf. Als ich am 19. 3. 1992 in Mailand sprach, führte Valerio Verra mich ein, indem er alle meine Arbeiten aus der Dissertation über Hegels Kritik der Romantik herleitete. Doch hatte ich diese Dissertation nur geschrieben, weil die erste geplante Dissertation zur Toposforschung nach der Emeritierung von Curtius nicht mehr erlaubt wurde. In jedem Fall ging es in meiner Dissertation um den Grundriss einer Epoche, der deutschen Goethezeit, die durchaus neben anderen europäischen Epochen zu bestehen vermag. Es folgten vier Tage in Neapel mit der Vorstellung der italienischen Übersetzung meines Buches über den Denkweg Heideggers. Ich lernte, wie gut und vornehm man über Neapel auf den Höhen wohnen kann. Eine Ausstellung zeigte Ribera, der in das düstere Blau der Kreuzigung ein helleres Blau als Hoffnung einbringt. Natürlich mussten wir auch zu jener

Kapelle, wo der Fürst angeblich die Adern seiner Diener durch das Eingießen von Blei fixiert hatte. Im Mai 1995 konnte ich noch einmal im geliebten Turin sein. Dann kam mir durch eine Tagung Warschau nahe, in einigen Distrikten immer noch bedrohlich.

Das Hegel-Archiv in Bochum hatte mit Gästen aus aller Welt seine interessanten Diskussionen. Ein Höhepunkt waren die drei Tage, die Bernhard Böschenstein vom 19. – 21. Dezember da war mit Vorträgen über Celans Notizen zu seiner *Meridian*-Rede und über Trakl und Celan. Noch am 13. 12. war Böschenstein auf dem Begräbnis von Frau Celan gewesen. Diese war mit Bauchspeicheldrüsenkrebs von einer Reise zurückgekommen. Wie einsam sie geworden war angesichts des französischen Antisemitismus, zeigten die Belege aus verschiedenen Zeiten, die Böschenstein anführte. „Ein Jude weniger", das wäre schon der schwesterliche Trost beim Tod von François gewesen. Dessen Grab weit draußen wurde dann der Platz auch für die weiteren Toten der kleinen Familie. Zu meinem Hinweis, dass Celans Gedicht *Bergfrühling* die Soldanellen, die Primeln und den Schnee dem *Zauberberg* entnehme, zeigte Bernhard Böschenstein, dass Thomas Mann die Soldanellen von C. F. Meyer habe, nämlich aus dem Gedicht *Himmelsnähe*. Celan habe aber Hermann Hesse Thomas Mann vorgezogen. Stefan George habe das Bild von C. F. Meyer umgeprägt, nämlich dessen Gedicht *Lethe* ins Zentrum gerückt. Meyers Gedicht sagt sehr schön: „Ich erkannte deines Nackens Demut / Und ich wußt es wieder – du bist tot." Konnte man das nicht auch von Frau Celan sagen? Doch der Versuch, Tote wieder ins Leben zu holen, ist Celan ganz fremd. Nur wenn man die Toten tot sein lässt, bleiben sie (als die Entrückten). Führte C. F. Meyer nicht zu Böcklin, dessen *Toteninsel* im Besitz Hitlers war? Meine Frage blieb, ob Celan nicht von der jüdischen Mystik ausgehe, also nicht von der Tradition, die mit den Griechen beginnt. Bernhard Böschenstein gab zu: Er habe Celans „Niemand" vom *„outis"* Odysseus her vorstellen wollen. Celan habe gemeint, was er dazu zu sagen habe, stehe in seinem Vers: „Odysseus, mein Affe…" Gegenüber seinen Erfahrungen in den Verfolgungen und der Interpretamente für sie etwa in der jüdischen Mystik blieben die anderen Herkunftsnachweise also eine Irreführung.

Am zweiten Weihnachtstag 1991 fuhren meine Frau und ich für eine Woche zum Chiemsee. Wie Ludwig II. auf Herrenchiemsee sein Versailles erstrebte, konnte erschrecken. Auf das alte Schloss, den Klosterrest, warfen wir nur einen kurzen Blick. Natürlich war hier das Grundgesetz entstanden, doch bekamen wir auch mitgeteilt, dass Hitler nach seiner Entlassung von Landsberg hier die Familie Bechstein empfangen habe, mit deren Millionen er die Partei wieder aufbaute. Schöner war für uns Frauenchiemsee. Auf dem Kirchhof liegt der Bonner Philosoph Dyroff begraben; er starb dort während eines Urlaubs. Neben ihm das Grab des Generalobersten Jodl – ein Kenotaph, denn Jodl war in den Nürnberger Prozessen zum Tode verurteilt, seine Asche dann verstreut worden. In der Demmler-Stube des Gasthofs *Linde* aßen wir unter den schönen Bildern. Trotz des Widerstands des früheren Inselwirts gegen die berufslosen Künstler hatten zwei von ihnen seine Töchter geheiratet. Mein Freund Hartmut Buchner lag krank in Rottau; wir scheuten uns, ihn zu stören. Doch eilten wir nach Urschalling. Vorbei an einer stinkenden Mülldeponie, durch einen Bauernhof mit einem bissigen Hund kamen wir zu dem alten Kirchlein, wo ein Anschlag darauf hinwies, dass die Tür klemme. Die kleine romanische Kirche wurde zum stärksten Eindruck unserer Reise. Über dem Altar stand die Majestas; unter den Fresken war Jesu Hadesfahrt gut zu erkennen. In Not und Unwetter, in Hungerzeiten und im Krieg hatten arme Menschen hier eine feste Mitte gesucht – vor allem in eschatologischen Vorstellungen! So hatten aus solchen kleinen Höhlen, in die der Glaube flüchtete, sich schließlich die Kathedralen erheben können. Salzburg hatte einst Mozart vertrieben; es machte nun mit ihm Werbung. Der Petersfriedhof verwies uns auf Trakl: Die verfallende Monarchie, die sich einmal christlich gab, prunkte bei ihren großen Gestalten noch mit Tand und Verwesungsgeruch. In Reit im Winkel suchten wir statt des Ski-Betriebs und der Schneeballschlachten einen Weg im Abseits durch die Schneeeinsamkeit. Erst im nachhinein bemerkten wir, dass solche Wege verboten waren.

Am 4. April 1992 fuhren wir für zehn Tage nach Mallorca. Wir suchten die überwältigende Natur und die große Geschichte. In der Kartause von Valldemossa hörten wir Chopin. Im Februar 94 führte uns in bitterer Kälte eine Ferienwoche nach Dresden. Erschütternd war das Gedenken an den Luftangriff ganz am Ende des Krieges. Doch fanden wir auch zu den Bildern, die unsere Jugend geprägt hatten (selbst über die sog. „Fleißbildchen“). In Venedig faszinierte uns Holligers Vertonung der späten Gedichte Hölderlins. Der August 1996 brachte uns in Schiermonnikoog eine andere Welt nahe. Als ich nach Lissabon und in den Norden Portugals musste, konnte ich die Erzählungen meiner Frau über ihren Aufenthalt dort mit einem unserer Kinder nutzen. Anfang 1997 brachte uns ein Besuch auf Malta die geschichtlich frühesten Großsteinbauten nahe. Wie war dann der Weg zu den Pyramiden und nach Stonehenge verlaufen? Zu den eigenen Unternehmungen kamen Tagungen in Bern, in Prag, in Innsbruck.

Meine Frau begleitete mich und hatte vorher immer Land und Kunst genau studiert. So ging es immer auch darum, einen Einblick zu gewinnen in die Geschichte, die zu unserer Zeit und zur erstrebten Zukunft führt.

Exkurs 4: Philosophie und Theologie

Als ich auf Fragen, die mir Leben und Geschichte stellten, bei den Historikern keine Hilfe bekam, fand ich bei Paul Celan eine Antwort. Später wurden diese Fragen nicht mehr von Buchenwalds Nähe zu Weimar her entfaltet, sondern nach den großen Prozessen von Auschwitz her; sie wurden dann unter den Titel „Holokaust" gestellt. Peter Ruzicka hat Celan gar in eine Oper eingebracht.[104] Dort begegnen sich der junge und der alte Celan, besprechen sich und kommen so zur Selbsterkenntnis. Ruzicka hat Celan kurz vor dessen Tod kennen gelernt. Aber er kann sagen, dass er dann vom Werk und Leben Celans mehr über unsere Zeit gelernt habe als aus Geschichtsbüchern. Genau so hatte ich mich auch ausgedrückt. Aber Celan kam mir als jemand nahe, der mich zur philosophischen Arbeit führte. Einen Celan I und einen Celan II gab es für mich nicht. Nach meiner Erfahrung hatte Celan schon 1963 keinen konkreten Bezug mehr zu dem, was in Deutschland in meiner Generation hervortrat. Die globale Katastrophe, die seit 2008 durch die Finanzkrise droht, lässt sich von seinen Erfahrungen her nicht begreifen. Anselm Kiefer hat als Maler Celans Verbindung von Mohn und Gedächtnis und die *Todesfuge* in eine Bekümmerung um die deutsche Geschichte einbezogen. Dabei geht es durchaus auch, in Fortführung der Anregungen von Beuys, um Provokation. Celans Zurückhaltung aber ist aufgegeben.

Paul Celan selbst wollte sich weder durch die Curtius-Schüler dem Manierismus zuordnen lassen noch von Hugo Friedrich in die moderne Lyrik gestellt werden, die durch Hans Magnus Enzensberger in ein *Museum der modernen Poesie* eingebracht wurde. Als man begonnen hatte, den Atlantik nicht mehr nur mit Schiffen wie der Titanic, sondern vor allem mit Flugzeugen zu überqueren, konnte vieles neu vermittelt werden, auch die französische und die deutsche Lyrik mit amerikanischen Versuchen. Dabei ergaben sich, so bei der Übersetzung von Dichtern durch Dichter, mannigfache Schnittflächen. Erinnert sei nur an Harald Hartungs *„Luftfracht". Internationale Poesie 1940-1990*[105] Auch in der Dichtung geht es um große geschichtliche Zusammenhänge; trotzdem darf man darauf bestehen, dass wir in einen anders strukturierten Bereich kommen, wenn wir uns um „Religion" bekümmern. Dort halten sich Vorstellungen und Riten über Jahrhunderte und selbst über Jahrtausende hinweg durch.

Der Weg, den ein Autor gegangen ist, wird von anderen nur zu oft so zurechtgerückt, dass er verstellt wird. In Bezug auf mein Studium sind zwei Legenden unausrottbar. Einmal sagt man, dass ich in Freiburg im Breisgau studiert habe (zwar habe ich fünfmal mit Martin Heidegger drei Tage verbringen können, aber das stand auf einem anderen Blatt und geschah durchaus nicht nur in Freiburg-Zähringen). Als ich in Amerika einmal betonte, ich habe nie in Freiburg studiert (sei vielmehr von Bonn nach Heidelberg gegangen), sagte man hinter meinem Rücken: „Er ist nun so mit Heidegger zerfallen, dass er selbst sein Studium in Freiburg leugnet." Dann habe ich nicht einmal ein einziges Semester Theologie studiert. Die Theologie kam mir nahe, weil für mich durch das Orgelspielen Johann Sebastian Bach gleich nach dem lieben Gott kam. Auch musste ich mich in meiner Dissertation über Hegels Kritik der Romantik näher mit Schleiermacher beschäftigen. Später war von Heidegger her Rudolf Bultmann gegenwärtig. Nur einmal habe ich eine theologische Vorlesung gehört: Heinrich Schliers Bonner Vorlesung *Exegese des Epheserbriefes* vom Wintersemester 1953/54. Sicherlich kann man (mit Hans Hübner) darüber nachdenken, wie Paulus für Luther der Wegweiser zur Reformation wurde, für Schlier aber zur katholischen Kirche zurückführte.[106] Ich selbst war nie Theologe. Die alttestamentliche Theologie blieb mir nicht fremd, weil ich in Bonn in einem Studentenheim wohnte, dem Martin Noth mit seiner Familie verbunden war. Beim Wechsel nach Heidelberg geriet ich durch den theologischen Kreis um Pannenberg unter den Einfluss des Alttestamentlers von Rad. Ich versuchte, die exegetische Arbeit in ihren Grundzügen nachzuvollziehen, habe aber nie hebräisch gelernt. Martin Buber beherrschte nach dem Zweiten Weltkrieg lange die Diskussionen. Später zog Gershom Scholen andere Leitlinien in der hebräisch-jüdischen Geschichte, vor allem in der jüdischen Mystik, die für Celan so wichtig wurde. So konnte ich das Studium Scholems nicht auslassen. Doch kam mir die Theologie nur nahe, weil sie auch für die Dichtung und die Geistesgeschichte prägend geworden ist.

Mein Bonner Lehrer Oskar Becker legte dar, wie Martin Heidegger sich in seinen frühen Lehrveranstaltungen auf Paulus und die urchristliche Eschatologie bezogen und aus ihr ein vortheologisches oder gar untheologisches Verständnis der Endlichkeit und Geschichtlichkeit des Daseins gewonnen habe. Die Weise, wie Rudolf Bultmann in seinem berühmten Aufsatz zur Entmythologisierung mit den Begriffen Heideggers das Sein des Menschen vor dem Glauben und im Glauben darstellte, war mir ein erster Weg zu *Sein und Zeit*. Noch in seiner *The-*

ologie des Neuen Testaments geht Bultmann bei der Darstellung des Paulus von Grundbegriffen wie Leib, Seele, Geist, Leben, Vernunft, Gewissen, Streben aus und trägt in diese anthropologischen Grundlagen die Entscheidungen ein, die der christliche Glaube fordert. Doch musste dieser Weg mir fragwürdig werden: War der Mensch, der da vorausgesetzt wurde, nicht selber geschichtlich, nämlich der Mensch einer bestimmten griechisch-christlichen Tradition?

Heinrich Schlier führte in eine andere Welt (etwa mit seiner Schrift *Mächte und Gewalten im Neuen Testament* von 1958). Die Mächte, die das Leben der Menschen bestimmen, sind im Aufstand gegen den, der ihnen Macht gab; sie folgen der Selbstbehauptung, die zum Gegeneinander führt und dadurch das Leben der Menschen gefährdet. So muss die Liebe Gottes (im Opfer Christi) diesen Aufstand der Mächte zurückholen in ein Bestehen der Geschichte aus jener Freiheit, die Gott schenkt. Es ist offensichtlich, dass Heideggers seinsgeschichtliche Besinnung dieser Theologie näher steht, als *Sein und Zeit* es tut. Mein eigener Bezug zu Heidegger ging weniger von *Sein und Zeit* aus als vielmehr von Heideggers frühen Vorlesungen und dann von der *Einführung in die Metaphysik*, die Heidegger 1935 vortrug und 1953 veröffentlichte. Vor die Leitfrage nach dem Sein des Seienden und damit nach der Differenzierung des Sinnes von Sein zu unterschiedlichen Bedeutungen trat die Grundfrage, mit der die Vorlesung beginnt: „Warum ist überhaupt Seiendes und nicht vielmehr Nichts?" Kann die Theologie sich auf diese Grundfrage beziehen?

Für mein Buch *Der Denkweg Martin Heideggers* von 1963 konnte ich Heideggers *Beiträge zur Philosophie* nutzen, die erst 1989 publiziert wurden. Das ist jenes zweite Hauptwerk, das mit seinem anderen Ansatz zu *Sein und Zeit* getreten war. Rudolf Bultmann orientierte sich an meinem Buch, wenn er seine *Reflexionen zum Denkweg Martin Heideggers nach der Darstellung von Otto Pöggeler* schrieb.[107] Bultmann schickte diese Reflexionen an Heidegger, der nicht antwortete, vielleicht die Sendung nicht bekam oder nicht beachtete. Er schickte die Reflexionen natürlich an Schubert M. Ogden (von dem er mein Buch bekommen hatte), dann an Oskar Hammelsbeck, an Kurt Reidemeister und Ernst Fuchs (wie mir die Bibliotheksamtsrätin Anna-Elisabeth Bruckhaus von der Universitätsbibliothek Tübingen freundlicher Weise mitteilte). Das heißt: Rudolf Bultmann wollte mit Schülern und Kollegen sein Verhältnis zu Heidegger von diesen Reflexionen her diskutieren!

Das Exemplar meines Buches, auf das Bultmann sich stützte, kam mit anderen Arbeiten Bultmanns auf seinen Wunsch hin in das evangelisch-theologische Seminar der neuen Ruhr-Universität Bochum. Dort konnte ich es benutzen – als Grundlage für Bultmanns Reflexionen, die in die Ausgabe des Briefwechsels Bultmann-Heidegger aufgenommen wurden.[108] Dort ist es entwendet worden (obwohl es im sog. Giftschrank gesichert und nur Dozenten zugänglich war). Über eine Studentin, die von Marburg nach Bonn kam, lud Bultmann mich ein, ihn zu besuchen. Leider konnte ich wegen zu vieler anderer beruflicher und familiärer Verpflichtungen den Weg ins abgelegene Marburg nicht unternehmen (eine jener Unterlassungen, die mich am meisten schmerzen).

Man darf die Bestrebungen in der protestantischen Theologie nicht vergessen, Rudolf Bultmann aus ihr auszuschließen (was den Zorn von Karl Barth hervorrief, obwohl er zum Gegner Bultmanns geworden war). Dass jemand, der wie ich von außen kam, sich in die Diskussionen mischte, erregte natürlich Anstoß. Der Bochumer Exeget Heinrich Greven wurde Ende April 1965 zum ersten Rektor der Ruhr-Universität gewählt. In der *Festschrift zur Eröffnung der Ruhr-Universität* von 1965 schrieb er seinen Aufsatz *Evangelium und Gesellschaft in urchristlicher Sicht*. In einem Ausschuss der Deutschen Forschungsgemeinschaft habe ich mich für die Unterstützung Grevens eingesetzt, der frühchristliche Urkunden verfügbar machte. Doch war es nicht im Sinne des Kreises um Greven, wenn ich an der Ruhr-Universität (als Philosoph!) Lehrveranstaltungen über Bultmann abhielt. Darum habe ich mich nicht bekümmert, doch verletzte es mich, wenn Frau Greven noch nach dem Tod ihres Mannes meine Frau (natürlich vergeblich) aus einem Kreis der Professoren-Frauen ausschließen wollte als Frau von jenem, der über Bultmann liest! Ich habe Heinrich Schlier nicht verstanden, als er testamentarisch verfügte, seinen Nachlass nach seinem Tode zu vernichten. Vielleicht wollte er verhindern, dass man mit den Briefwechseln Tendenzen wie die genannten unterstützte. Doch vermeiden lassen sich die nötigen Auseinandersetzungen nicht.

Klaus W. Müller hatte mir die vollständige Transkription von Bultmanns Einführungsvorlesung *Theologische Enzyklopädie* überlassen (die stark verkürzt als Handbuch für Studenten 1984 erschien). Er übernahm dann die Aufgabe einer Bultmann-Biographie, die der Tod Antje Bultmann-Lemke aus den Händen genommen hatte. Doch kam ihm 2009 Konrad Hammann mit einem Buch von fast 600 Seiten zuvor: *Rudolf Bultmann. Eine Biographie.* Hammanns Buch ist überaus reichhaltig. Dass man auch einiges vermisst, ist selbstverständlich. So kommen die Namen von Ethelbert Stauffer und Heinrich Greven nicht vor; es wird nicht gezeigt, wie Heinrich Schliers Schwester Paula im Dritten Reich Widerstand leistete und dabei mit dem Brenner-Kreis um Ludwig von Ficker in Verbindung kam. Mein Buch *Philosophie und hermeneutische Theologie* erschien gleichzeitig; so wurde nicht aufgenommen, wie Rudolf Bultmann sich der neuen Ruhr-Universität zugewandt hatte. Schließlich kam in der evangelischen wie der katholischen Theologie eine neue Generation zum Zuge, die noch einmal neu ansetzte. Das Buch *Philosophie und Theologie*, hrsg. von Klaus Held und Thomas Söding (Freiburg im Breisgau 2009) konnte ich noch nicht benutzen, die unterschiedlichen Ansätze nicht diskutieren.

Wenn der junge Karl Barth der Theologie neue Wege öffnete, suchte er die Philosophie auszuschließen. Dadurch setzte er nach Bultmanns Auffassung grundlegende Begriffe ungeklärt voraus. Um dem entgegenzuwirken, suchte Hans Hübner auch für die evangelische Bibelauslegung eine „Fundamentaltheologie", die sich auf Martin Heidegger stützte. Hans Hübner wollte das Problem einer „existentialen Interpretation" systematisch lösen, doch wurde dieser Weg von Bultmann abgelehnt. Trotzdem unterstützte Bultmann Hübners Berufung nach Marburg, die dann doch nicht zustande kam. Ich selbst wollte in diesem Zusammenhang beachten, dass die Hermeneutik des frühen Heidegger eine formal anzeigende bleibt, das spätere Denken ein vorbereitendes. Das bedeutet, dass eine Philosophie in die Motive des menschlichen Lebens auf dieser Erde einweist, aber selbst nicht entscheiden kann, ob das Sichverschuldenmüssen des Daseins zur „Sünde" tendiert, die Sinnoffenheit zu einer „Offenbarung".

Die große Wirkung, die der späte Rilke mit den *Duineser Elegien* erreichte, schloss eine neue Rede von den „Engeln" ein. Heinrich Schlier setzte bei den Mächten und Gewalten voraus, dass diese („luziferischen") Kräfte sich vom göttlichen Urgrund gelöst haben und die Menschen in das Verderben stürzen. Eine Theologie, die kirchlich eingebettet bleibt, mag sich dagegen an Karl Barths Dogmatik halten, die ohne philosophische Distanz aus der kirchlichen Überlieferung heraus spricht. Das tut Oliver Dürr, der als Pfarrer viele Gemeinden zu betreuen hat und in der oldenburgischen Synode tätig ist.[109] Für mich selbst wurde leitend, dass Heidegger und Bultmann seit 1929 in Karl Barths dogmatischer Arbeit das „Philosophische", den Ausgang von den Motiven der Menschen, vermissten.

Was die Rede von den Engeln betrifft, so konnte ich mich auf den Dichter Hans Erich Nossack stützen, wenn mir auch sein Widerstand gegen seine Mutter und seine „Mutterstadt" Hamburg fremd blieb. Nossacks Roman *Nach dem letzten Aufstand* von 1951 fragt, welche Lebensmöglichkeiten uns bleiben, wenn der Aufstand für die Beherrschung unserer Welt totalitär wird und Unterwerfung verlangt. Nossack glaubt von Engeln sprechen zu können, ohne sich auf einen Gott beziehen zu müssen. Einem jungen Mann begegnet in einer Lebenskrise (nach der Scheidung) auf einer Straße in München ein Engel, so dass er fast unter einen Autobus gekommen wäre. War es das Bild des Jugendfreundes, der das Unbedingte in der Fremdenlegion suchte? War es die Projektion eines Unbewussten, das sich gegen das bewusste Wissen und Wollen durchsetzte?[110]

Rudolf Bultmann orientierte sich weniger an Hölderlin als an der deutschen Lyrik der Goethezeit, in deren Mitte Conrad Ferdinand Meyer stand. Dass Martin Heidegger sich auf die Zen-Philosophen von Kyoto und auf den Taoismus bezog, wurde von Bultmann nicht beachtet. Für mich wurde Nossacks Weg entscheidend (der auch für den Münchener Theologen Eugen Biser ein maßgeblicher Orientierungspunkt war). Nossack weist mit Nietzsche den Menschen ins unwirtliche ewige Eis, somit in das Bestehen im Sinnlosen (des angenommenen Nihilismus). Doch war für mich wichtiger, dass Paul Celan im gefrorenen Schnee und Eis das getötete Leben der nazistischen Vernichtungsaktionen sieht; aus den Massen des Gletschers rinnt schließlich jedoch das grüne, Leben spendende Wasser. Der polnische Kollege Karol Bal sagte auf einem Hegel-Kongress: „Das 20. Jahrhundert geht seinem Ende in einer Stimmung von Trauer, Angst, Verzweiflung, Verwirrung und von schlimmen Erwartungen zu. Der Vernunft wird nicht mehr getraut… Die Begriffe: Krise, Neige, Untergang, Degeneration haben in der heutigen Sprache die Bedeutung der Begriffe: Fortschritt, Entwicklung, Vollendung verdrängt." Mit Hegel und gegen ihn müssen diese Erfahrungen durchgestanden werden, damit ein neuer Anfang gelingen kann.[111]

Sicherlich stehen vor uns nicht nur die Wege, die sich von Karl Barth und Martin Heidegger her öffneten. Schon als Gymnasiast war ich mit einem anderen Schüler unseres Attendorner humanistischen Gymnasiums bekannt geworden, weil dieser unserer Schulbücherei nach dem Kriege interessante Bücher schenkte: Carl Schmitt. In der Zeit meines Studiums in Bonn hörte ich von Schmitts Ehewirren und las seine Angriffe auf den Parlamentarismus. (Von seinem Kampf gegen das Judentum in der deutschen Jurisprudenz erfuhr ich erst später.) So kam ich zu dem Vorsatz, von diesem Menschen niemals mehr eine Zeile zu lesen. Der Vorsatz ließ sich in Italien nicht durchhalten, aber auch nicht in Amerika. Als ich dort zu einem Vortrag über Carl Schmitt nicht hingehen wollte, sagte man, der deutsche Gastprofessor wolle nichts wissen von dem größten Juristen des zwanzigsten Jahrhunderts.

Von Reinhart Koselleck hörte ich, die deutsche Geschichte des zwanzigsten Jahrhunderts lasse sich ohne Carl Schmitt nicht verstehen. Koselleck wies einen akzeptablen Weg der Vergegenwärtigung von Carl Schmitt: Man solle etwa Schmitts Schrift über den Begriff des Politischen mit ihren verschiedenen Auflagen, den ungedruckten Materialien, aber auch der kontroversen Diskussion ihrer Gedanken drucken und aufarbeiten. Nicht zu übersehen war, dass Schmitt und Hans Frank einmal in der Akademie für deutsches Recht zusammenarbeiteten, ehe Frank im Kriege Generalgouverneur von Polen wurde und für seine Taten in Nürnberg gehängt wurde. Beim Begräbnis Schmitts predigte der Bruder von Ernst-Wolfgang Böckenförde, der Priester Werner Böckenförde, über Ostern und Auferstehung. Es bleibt makaber, dass vorher der jüngste Sohn von Hans Frank nach Plettenberg kam, sich in der Friedhofskapelle den Sarg öffnen ließ und meinte, seinen Vater zu erblicken.[112] Dass Schmitt gegen die „Verjudung" der deutschen Jurisprudenz gekämpft hat, gehört mit zu seinem Leben und Werk, und so kann es ein zu einfaches Ja oder Nein ihm gegenüber nicht geben.

Heinrich Meier hat 1994 sein Buch *Die Lehre Carl Schmitts* unter Berufung auf Leo Strauß damit geschlossen, einen „unaufhebbaren Gegensatz" zwischen der Politischen Philosophie und einer Politischen Theologie zu konstatieren, da die Theologie auf eine göttliche Offenbarung zurückgreife. Die Philosophie müsse erkennen, was sie nicht sei. „Der Beitrag, den Schmitts Politische Theologie zu solcher Klärung leistet, ist für uns seine vorzügliche Lehre. *Inter auctoritatum et philosophiam nihil est medium.*"[113] In der dritten Auflage von 2009 legt Meier dar, dass Schmitt die Auseinandersetzung von Hans Blumenberg mit ihm zurücklassen könne, weil sein Glaube in einem schlechthin einmaligen Ereignis der Offenbarung gründe. Im Geflecht Carl Schmitt, Leo Strauß, Martin Heidegger ist jedoch Heideggers Lehre vom Begriff entscheidend, also die formal anzeigende Hermeneutik.

Der Missionarssohn Hermann Hesse, der sein Elternhaus verließ, hat in seinem Spätwerk, dem *Glasperlenspiel*, das Chinesische und Indische mit ihrer Eigenart zum Abendländischen gestellt. Schließlich verlässt Joseph Knecht, der kein Wilhelm Meister sein will, sein Kloster neuer Art. Er stellt sich ungeschützt den Aufgaben, die sich zeigen, und nimmt das Scheitern in Kauf. Unter neuen Konstellationen müssen auch wir im Gespräch mit anderen Kulturen von den Aufgaben her, die uns aufgegeben sind, den Weg in eine offene Zukunft suchen.[114]

XII. Der Herbst des Lebens

Zum 1. 4. 1994 wurde ich ordnungsgemäß noch nach alter Art emeritiert. Ich konnte mich dann drei Jahre lang selbst vertreten. Als diese Zeit im Frühjahr 1997 abgelaufen war, folgte zuerst das, was man allzu pathetisch die kaiserlose, die schreckliche Zeit nannte. Nun glaubten alle möglichen Kollegen, auf das Hegel-Archiv zugreifen und sich etwas abzwacken zu können. Die Furcht, das Archiv könne endgültig untergehen, bestätigte sich aber nicht. Doch was dann weiterbestand, war nicht mehr jenes Institut, das ich hatte aufbauen können. Dieses war weltweit durch die Kontakte in die verschiedenen Kontinente für den Deutschen Idealismus und die phänomenologische Philosophie eingetreten. Es wurde als Mitarbeiter nur angenommen, wer Hegel in einer gültigen Weise zu interpretieren verstand. Die Regel war, dass jemand, der seinen Band ediert hatte, sich habilitieren konnte. Die Habilitierten aus dem Archiv schienen in der Bochumer Philosophie ein Übergewicht zu bekommen. Das aber war nicht der Fall, da sie durchweg gleich Rufe nach auswärts bekamen. Nach neuen Tendenzen sollte dagegen das Edieren zu einem Spezialistentum führen, das eine berufliche Sicherung versprach. Es sollte gleichgültig sein, ob jemand Schelling edierte oder Hegel. Ein solcher Spezialist konnte mir schließlich sagen, er kenne nur Buchstaben und habe nie einen Gedanken gedacht. Doch ist so etwas wie ein Gedanke schon nötig, wenn man ein Wort als Wort ausmachen und dann seine Funktion kennen will. Dass alles Einzelne ein Ganzes, das Ganze das Einzelne voraussetze, ist eine alte „hermeneutische" Lehre. Das bedeutet aber auch, dass jedes Edieren in umfassende Interpretationszusammenhänge gehört.

Mir selbst ging es inzwischen nicht mehr um die Arbeit mit Studenten, die ja immer jünger und unbedarfter wurden. Ich suchte mit anderen Forschern das Gespräch über bedeutende Forschungsansätze.. Ich fand solche Gespräche etwa in der Akademie der Wissenschaften in Düsseldorf, aber auch in vielen anderen Arbeitskreisen (vor allem im Ausland). Als Antwort auf diese Bemühungen bekam ich zu den runden Geburtstagen, also alle fünf Jahre, eine Festschrift. Die Reihe begann mit den zwei Bänden *Philosophie und Poesie* von 1988. Für die zweite Festschrift *Idealismus mit Folgen* (1994 erschienen) bedankte ich mich mit den *Erinnerungen an große Lehrer*.[115] Darin trat neben und vor die anderen Bonner Historiker der Wirtschaftsgeschichtler Franz Steinbach, neben und vor den Germanisten Günther Müller Johannes Hoffmeister als letzter Schüler von Friedrich Gundolf, vor den Staatsrechtler Schätzel der Jurist Ernst Friesenhahn. Dass ich erst spät zu Oskar Becker und Erich Rothacker gefunden habe, wurde schon festgehalten. Was mich vor allem in den Bann geschlagen hatte, waren noch einmal andere – der Lyriker Paul Celan und der Philosoph Martin Heidegger.

Immer blieb mir jener Dichter gegenwärtig, den ich früh gelesen hatte, auch weithin auswendig konnte, aber dann bewusst beiseite gelassen hatte, weil er im Gegensatz zu meinem Verhältnis zur Dichtung stand: Gottfried Benn. Von ihm zitierte ich aus dem *Epilog 1949* die Losung: „Die Himmel wechseln ihre Sterne – geh!“ An diesen berühmten Vers schließt sich an:

> Das du dir trugst, dies Bild, halb Wahn, halb Wende,
> das trägt sich selbst, du musst nicht bange sein
> und Schmetterlinge, März bis Sommerende,
> das wird noch lange sein.

Als ich in einer Sitzung der Düsseldorfer Kant-Gesellschaft Ende der fünfziger Jahre die *Hegel-Studien* ankündigte, war man schockiert: Kann jemand, der noch ein halber Student ist, mit einem neuen Organ den renommierten Kant-Studien Konkurrenz machen? Das erschien als Wahn, doch war es für uns eine Wende: Der weltweite Bezug auf Hegel sollte transparent gemacht werden! Dafür konnten wir auch in den abgelegenen Ländern Mitarbeiter finden, die Bücher von und über Hegel rezensierten, Aufsätze referierten, Beiträge abfassten. Für das Hegel-Archiv war die Selbstständigkeit grundlegend; wichtig blieb die Zugehörigkeit einerseits zur Universität und zu deren Lehre, andererseits zur Deutschen Forschungsgemeinschaft und dann zur Düsseldorfer Akademie der Wissenschaften mit ihrer speziellen Zuwendung zur Forschung. Dass dieser Ansatz sich selber trage, konnte leider so einfachhin nicht gelten. Die Edition blieb immer die primäre Aufgabe des „Archivs“; heftigste Anfeindungen gab es aber, als ich davon ausging, dass man sich mit einer bloßen Edition nicht für das Fach Philosophie habilitieren könne. Doch hat diese Auffassung sich schließlich durchgesetzt. Die Spezialisierung mag der herrschende Trend sein; doch kann sie auch zu dem führen, was man Hilfswissenschaften nennt. Die eigentliche Aufgabe der Philosophie bleibt, mit freiem Denken sich einzuschalten in die geschichtlichen Notwendigkeiten des menschlichen Zusammenlebens und dann auch in die übergreifenden Verflechtungen der unterschiedlichen wissenschaftlichen Ansätze.

Anfang Dezember 1997 nahm ich teil an einem Wiener Symposium *Siebzig Jahre „Sein und Zeit"*, das von Helmuth Vetter als Tagung der österreichischen Gesellschaft für Phänomenologie veranstaltet wurde.[116] Am 11. und 12. Mai 2002 sollte ich in Wien einen Workshop geben mit Vorträgen, die von den Anstößen Heideggers ausgingen, aber über ihn hinaus zu dem führten, was ich „hermeneutische Philosophie" nannte. Es ging um Heideggers Verhältnis zu Augustinus, um seinen Weg von Aristoteles zu Kant, dann um die Zuwendung zu Natur und Kunst nach 1929, zuerst noch zusammen mit Max Scheler, dann vor allem mit einem neu gesehenen Nietzsche. Auch Heideggers Verhältnis zu Paul Celan kam zur Sprache. Der Lehrstuhl, von dem Helmuth Vetter ausging, hatte immer schon Spannungen gehabt zu jenem Lehrstuhl, den Erich Heintel so groß ausgebaut hatte. Es gab Drohungen, man werde meinen Vortrag stürmen. Unklar blieb, ob unter diesen Umständen überhaupt jemand kommen würde. Doch strömten dann viele Zuhörer vor allem aus Ungarn, Kroatien und anderen osteuropäischen Ländern zu meinen Vorträgen. Angesichts des übervollen Hörsaals hatte ein kleines Rollkommando keine Chance.

Im März 1998 gab ich einen Kurs in Zagreb. Er führte zu einer kritischen Diskussion.[117] Doch gab es darüber hinaus eindrucksvolle Fahrten in die umkämpften Landstriche. Wir mussten zur Kenntnis nehmen, dass geschichtlich eng verbundene Völker wie die Serben und Kroaten sich schroff bekämpften. Der Riss konnte durchaus durch eine Familie gehen, wo der eine auf dieser, der andere auf jener Seite stand. In den kirchlichen Räumen hatte man selbst die alten Kreuze beschossen, weil sie entweder katholisch oder orthodox gestaltet waren. Ein neuer modus vivendi musste gefunden werden.

Natürlich freute ich mich, als die Humboldt-Stiftung die einstigen polnischen und französischen Stipendiaten noch einmal in Bonn zusammenkommen ließ und ich viele alte Freunde wieder sah. Walter Biemel arrangierte auf dem aufgelösten Raketenabschuss-Gelände von Morsbroich eine Begegnung mit Künstlern. Die Schopenhauer-Gesellschaft war so etwas wie eine Sekte, die aber Minister in ihren Reihen hatte. Es verblüffte, wenn ich, von Hegel herkommend, bei ihr aufzeigte, wie sich Künstler, vor allem Max Beckmann, an Schopenhauer orientiert hatten.[118]

Anfang Oktober 1999 machte die Martin-Heidegger-Gesellschaft ihre Tagung in Messkirch zum Thema *Heidegger und Hölderlin*. Dabei ging mein Vortrag aus vom Gedicht *Stimme des Volks*, in dem Hölderlin die Völker den Strömen vergleicht, die ins Meer zurückeilen. Doch betonte ich mit und auch gegen Heidegger, dass die tragische Weise, ins All zurück die „kürzeste Bahn" zu suchen, von Hölderlin verwandelt werde in die „geschwungenere Bahn", die in Eile zögert. Ich wies darauf hin, dass Heidegger zwar die „Revolution" des Nationalsozialismus 1934/35 durch Hölderlins Umkehr der Vorstellungsarten ersetzte, aber erst in seinem „Wendejahr" 1938 in Hitler den „Räuber und Verbrecher des Jahrhunderts" erkannte und deshalb auch mit seinem Denken neu ansetzen musste. „Heidegger entfaltete langsam eine neue Sprache, die nicht mehr wie die *Beiträge* das ‚Ent-' des Entsprechens und der Antwort mit dem ‚Er-' des Erfragens und Erdenkens zum ‚Ur-' des Ursprungs führen will, sondern die ‚Spur' eines anderen Anfangs sucht." Die These, dass es nach *Sein und Zeit* und nach den *Beiträgen zur Philosophie* bei Heidegger eine dritte Phase seines Denkens gebe, führte zu heftigen Auseinandersetzungen.[119] Sechs Jahre später, Ende Oktober 2005, veranstaltete die Stadt Messkirch und das dortige Heidegger-Museum mit der japanischen Stadt Unoke und deren Nishida-Museum ein Kolloquium *Geschichtsdenken heute*. Dabei versuchte ich vom Bezug auf Meister Eckhart her zum Unterschied zwischen dem europäischen und dem fernöstlichen Geschichtsdenken zu führen. Ich musste wahrnehmen, wie die Stadt Messkirch die Heidegger-Feier durch das überlaute Läuten der Glocken der Stadtkirche übertönte. Wir waren verblüfft, als ein Messkircher Cafébetreiber uns beim Weggehen ansprach, auf das Haus der Heideggers bei der Kirche wies und alle Heideggers in seine Verdammung einschloss – auch Fritz Heidegger, der ja als Sparkassendirektor die Solidität verkörperte und seinen Bruder Martin moralisch aburteilte. Auf unser Nachfragen nach der Schwester der Brüder wusste der Mann keine Antwort; authentisch waren seine Urteile also nicht. Er war mehr als enttäuscht darüber, dass eine Heidegger-Tagung seine Kasse nicht füllte. Amerikanische Freunde hatten mir lange vorher geschildert, dass sie Messkirch in einer Art von Wallfahrt besucht hatten und dabei erschreckt hatten feststellen müssen, wie wenig man dort Heidegger schätzte. Beim Besuch des Grabes von Heidegger machten Messkircher uns deutlich, dass sie nicht Heidegger, aber Bernhard Welte schätzten. Dieser war in Messkirch geboren, aber als Freiburger Theologieprofessor in Freiburg bestattet worden. Hatte Heidegger das wirkliche Messkirch nicht ganz beiseite gelassen, als er sein frühes und sein spätes Leben mit dem Gang auf dem Feldweg in Verbindung brachte?

Ich habe es immer für abwegig gehalten, wenn man Ernst Jünger, Carl Schmitt und Martin Heidegger als jene Intellektuellen zusammenstellte, die sich zeitweise dem Nationalsozialismus angedient hatten. Die Verbindung zwischen den Brüdern Jünger und Heidegger war vielfältig. Ernst Jünger schritt nur die eingeschlagenen Wege aus, als er zum Schrecken seiner Freunde vor dem Tode katholisch wurde, um in geweihter Erde begraben zu werden. Für irreführend hielt ich es, wenn man Carl Schmitts Besuch des Gymnasiums in Attendorn und seine Plettenberger Jahre zusammenbrachte mit Heideggers Jugend in Messkirch. Messkirch war eine Poststation gewesen; später mit seinem Umland eher eine abgehängte Region im Abseits. Dagegen war Attendorn eine alte Hansestadt; das Ratshaus verwies mit der Baugestaltung auf das Lübecker Ratshaus, und über Lübeck war die Stadt verbunden gewesen mit den Außenposten der Hanse in London und Riga. (Darüber wurden wir in meiner Heimatstadt Attendorn schon als Schulkinder orientiert.) Plettenberg gehörte nicht zum kurkölnischen, sondern zum märkischen Sauerland. Dort konnte die katholische Eisenbahnerfamilie Schmitt von der Mosel sich in der „Diaspora" fühlen.

Der Unterschied zwischen Messkirch, Attendorn und Plettenberg wird sofort deutlich, wenn man beachtet, wie Heidegger sich auf Messkirch bezieht. Die Erzählung *Der Feldweg* (1949) spricht von einem Weg, der vom Schlossgarten zu den Feldern führt und für den Knaben Heidegger wie den altgewordenen Denker wichtig wurde. „In der jahreszeitlich wechselnden Luft des Feldweges gedeiht die wissende Heiterkeit, deren Miene oft schwermütig scheint. Dieses heitere Wissen ist das ‚Kuinzige'. Niemand gewinnt es, der es nicht hat. Die es haben, haben es vom Feldweg." Auf eine Anfrage hin erläuterte Heidegger 1954, dass die Etymologie des Wortes „kuinzig" nicht geklärt sei. „Der Gebrauch des Wortes beschränkt sich auf den oberschwäbischen Bereich zwischen Bodensee und oberer Donau." Die Bedeutung weise in die Richtung der Ironie des Sokrates. „Die heiter-schwermütige Überlegenheit gegenüber allem Gewöhnlichen und Üblichen, das sich stets zu wichtig nimmt, ist im Wort gemeint – aber diese Überlegenheit hat nichts Hochfahrendes, auch nicht die Art des bösartigen Spottes." Der Tiefsinn für das Wesenhafte erscheine im Unscheinbaren. Fritz Heidegger erklärte auf Anfrage: „Kuinzig, das bedeutet, einen hinters Licht zu führen, aber anders als sonst das Wort gebraucht wird. Wenn du im Licht stehst, siehst du nichts, wenn du hinter dem Licht stehst, siehst du alles. Kuinzig sein bedeutet also, sich selbst oder einen anderen hinters Licht führen." Das *Schwäbische Wörterbuch* gibt zu „keinnützig" die Variante „koinzig". Die Grundbedeutung sei „nutzlos" oder „verdorben"; sie führe aber zu „streng tadelnd" wie zu „schalkhaft", „neckisch". Seit 1972 gebe es eine Fastnachtsfigur, den

„Kuinzigen“ oder „Koinzigen“, volksetymologisch mit „kauzig“ verbunden. Inzwischen gehört das Wort zu den langsam aussterbenden Wörtern des Dialekts. Indem Heidegger das Adjektiv „kuinzig“ substantiviert, löst er es aus dem umgangssprachlichen Gebrauch. Eine Parallele gibt es in Heideggers Hinweis auf das Fragment 122 von Heraklit, das aus dem *hapax legomenon* „Anchibasie“ besteht.[120]

Wenn man die „Großen“ der Geschichte verehrt und sich an ihnen zu orientieren sucht, wird vieles Kuriose unter den Tisch gekehrt. So zeigt das Heidegger-Museum (ohne weiteren Kommentar) die goldene Uhr, die Heidegger von Husserl geschenkt bekam. Ich erinnerte mich daran, wie Fritz Heidegger in Bad Herrenalb diese goldene Uhr aus der Rocktasche zog und sagte, Husserl habe sie seinem Bruder geschenkt, aber dessen Frau Elfride habe daran gerochen und gesagt, sie röche zu jüdisch; diese Uhr bekomme der Fritz. Das Museum und weithin auch die Geschichtsdarstellung sind immer eine Reduktion des wirklichen, so vielfältigen Lebens. Als Karl Marx bei längerer Abwesenheit seiner Frau vom Dienstmädchen ein Kind bekam, war das für einen kleinbürgerlich denkenden Menschen wie ihn eine Katastrophe; der großbürgerliche Friedrich Engels sprang für ihn ein und übernahm offiziell die Vaterschaft. Doch auf dem Sterbebett wollte er mit seinem Leben abschließen und rückte mit der Wahrheit heraus. Eine der Töchter von Marx bekam einen Weinkrampf, aber er sagte nur: „Tussy wants to make an idol of her father.“ Es ist nicht nur die Perspektive des Kammerdieners, der nach Hegel nichts Großes an seinem Herrn finden kann. Das Große hat seine Brüchigkeit in sich selbst.

Als die *Urania* in Graz unter dem Titel *Weisheit für übermorgen* Ende 2000 des 100. Todestages von Nietzsche gedachte, trug mein Vortrag *Nietzsche und Heidegger* den Obertitel *Das Ende der Metaphysik?* Inzwischen wurde diskutiert, ob Nietzsche nicht mit seiner Berücksichtigung der Vielperspektivität des Lebens über Heidegger und dessen Destruktion der Metaphysik hinausführe.[121] Doch musste ich mich auch dem Versuch stellen, Ontologie und Metaphysik zu erneuern. Klaus Düsing hatte während seiner Zeit im Hegel-Archiv dazu beigetragen, sowohl die Editionsprinzipen zu sichern wie die Entfaltung von Hegels Jenaer Systementwürfen und die Geschichte von Hegels Logik neu aufzuarbeiten. Zu seinem 65. Geburtstag konnte ich 2005 in Köln *Hegels Weg mit Schiller* nachzeichnen. Die Gespräche setzten sich kontinuierlich fort, so in Klaus Düsings Beitrag über Kants Ästhetik und Edith Düsings Beitrag über Nihilismus und Tod Gottes in der mir gewidmeten Festschrift von 2009. Aus eigenen Impulsen heraus habe ich mich beteiligt, als Heinz Kimmerle im Auftrag beider Hegel-

Gesellschaften im April 2003 in Rotterdam die Eigenbedeutung der Jenaer Systemkonzeptionen herausstellen ließ.[122] Am 30. April und 1. Mai i 2004 veranstaltete die Guardini-Stiftung in Berlin ein Kolloquium *„Wenn wir in die Tiefe gewachsen sind". Philosophie und Religion bei Martin* Heidegger; dabei hielt ich einen Vortrag *Heideggers Verhältnis zum Protestantismus.* Romano Guardini hatte mit Heidegger in den Vorlesungen Rickerts gesessen. Dann hatte er die Angst, wie Heidegger sie analysiert hatte, dem „gefallenen" Menschen zugesprochen. Dieser vorschnelle Griff zur Theologie ließ ihn nicht sehen, wie der junge Heidegger mit und gegen Husserl die phänomenologische Philosophie in eine formal anzeigende Hermeneutik umwandelte und damit Philosophie und Theologie in eine neuartige Verbindung brachte (die von Bultmann genutzt werden konnte). Nach dem Zweiten Weltkrieg erwartete Heidegger von Guardini Hilfe bei seinen Entnazifierungsproblemen. Dann traten beide in den gleichen Veranstaltungen auf. Da während der Tagung in Berlin alle Hotels belegt waren, übernachteten meine Frau und ich in der Katholischen Akademie. Vom Fenster aus konnten wir direkt herabsehen auf die Gräber von Rauch, Fichte und Hegel. Fühlte ich mich nicht zu oft der Zeit um 1800 näher als der eigenen Zeit mit ihren Kontroversen und Wirren?

Vom 3. – 6. Juni 2003 hielt ich (in einer unerträglichen Hitze) ein Seminar in Neapel. Mein Hotel *Britannique* war von einem Schweizer für reisende Engländer gebaut worden, die zur Schönheit der Küste bei Amalfi strebten. Ich vergegenwärtigte mir in einem nahen Garten, was seit den Tagen Lukulls hier geschehen war. Rechtsanwalt Marotta, dem ich diesen Aufenthalt verdankte, wies auf die kurze Zeit hin, in der in Neapel eine Republik aus aufklärerischem Geist gespeist worden war. Bei meinem Vortrag über Franz Rosenzweig dominierten im Publikum würdige alte Männer, „die jüdischen Gelehrten von Neapel" (wie man sagte). Zum Vortrag über Heidegger kamen vor allem Damen, die nach Hannah Arendt fragten. Bei den Ausführungen über Gadamer (der einmal bei Marotta der bestimmende Philosoph war) traten Experten auf, die mich in vielfacher Weise zu belehren suchten. Die kopierten Bilder von Frau Celan wollte kaum jemand sehen.[123] Meine Frau meldete mir telefonisch den Tod des liberalen Politikers Möllemann; die Frage nach Unfalltod oder Freitod beschäftigte dann alle Zeitungen. Beim Hinflug sah ich die Rheinebene und die Alpen, beim Rückflug auch noch einmal die Küste von Venedig. Ich hatte für den Flug Lufthansa gebucht, aber dann hieß es beim Rückflug: „Alitalia fliegt für Lufthansa". Ich kam in Düsseldorf spät abends mit einem halben Tag Verspätung in einer anderen Maschine als der gebuchten an. Meine Familie konnte ihre besorgten Recherchen beenden, als ich (von München aus) meine Rückkunft meldete. Ich wusste: Dieses war mein Abschied von Italien! Doch haben die Städte zwischen Palermo und Meran, zwischen Venedig und Turin, dazu die Landschaften zwischen ihnen, mir immer neue Beglückung gebracht.

Am 2. Oktober 2003 sprach ich in Freiburg im Breisgau über *Heideggers Luther-Lektüre im Freiburger Theologenkonvikt.* Bei einem Gang durch Freiburg hatte Martin Heidegger selbst mir einmal ein Fenster im Theologenkonvikt gezeigt und gesagt, dahinter habe er gesessen und (am Anfang seines Studiums als Theologiestudent) Luther gelesen. Das erschien mir unglaublich – Luther bei katholischen Theologen? Doch fand ich dann, welchen „Luther" Heidegger gemeint hatte: Luthers frühe Vorlesung über den Römerbrief 1515/16, herausgegeben von Johannes Ficker. (Diese Vorlesung wurde auch für mich durch ein genaues Studium jener Zugang zum jungen Luther, der mit eigenen persönlichen Erfahrungen korrespondierte.) Heidegger hatte mich auf diese Dinge hingewiesen, weil er mit der Vorstellung aufräumen wollte, er sei erst in Marburg (durch Rudolf Bultmann) zur „dialektischen Theologie" geführt worden. Freilich galt auch von Bultmann, dass er sich schon vor der Begegnung mit Heidegger intensiv um Philosophie bemüht hatte. Ich hielt den genannten Vortrag, weil die Familie Herder den Alber-Verlag für philosophische Arbeiten wieder ins Spiel brachte. So wurde mein Vortrag im *Heidegger-Jahrbuch*, auf das er hinweisen sollte, gedruckt.[124] Dem Heidegger-Jahrbuch des Verlags Karl Alber bin ich treu geblieben. So konnte ich 2009 im Band V *Heidegger und der Nationalsozialismus. Interpretationen* meinen Aufsatz *Ethik und Politik bei Heidegger* veröffentlichen (S. 371-381). Deutlich werden sollte, dass Schüler und Enkelschüler Heideggers von Hans-Georg Gadamer bis Karl-Heinz Volkmann-Schluck und von Ludwig Landgrebe bis Joachim Ritter Heideggers politische Verirrung von 1932/33 als Anlass zu einer Rehabilitierung der Praktischen oder Politischen Philosophie nahmen und dabei Ethik und Politik neu aktualisierten. Aufsätze wie dieser führten dazu, dass die allzu Heidegger-orthodoxe Gruppe um François Fédier sich vom Jahrbuch abwandte; doch war das eher eine nötige Reinigung.

Mit meiner Frau fuhr ich im Anschluss an diese Freiburger Tage Anfang Oktober 2003 nach Riehen zu einer Ausstellung des Spätwerks von Paul Klee. Am 19. und 20. Mai 2006 gab es an der Akademie des Bistums Mainz ein Symposium zum 70. Geburtstag des Bischofs von Mainz, Karl Kardinal Lehmann. Ich konnte meinen Vortrag *Heideggers Weg von Luther zu Hölderlin* einleiten mit Auszügen aus Briefen, die Karl Lehmann noch als junger Theologiestudent um 1960 mit mir gewechselt hatte. Aus einem Brief Heinrich Schliers an mich zitierte ich, „‚Formal' ist m. E. Heideggers Denken einfach das der Hl. Schrift. Die Wahrheit, ... die sich entzieht, indem sie sich gibt, ist die *aletheia* des Johannes-Evangeliums." Hier musste ich widersprechen: Heidegger glaubte für die Wahrheit als Unverborgenheit sich auf Hölderlin berufen zu können, der die christliche Grunderfahrung verwandelt habe.[125] Bedeutsam für mich wurde, wie der Exeget James M. Robinson die Textfunde von Qumram und Nag Hammadi aufarbeitete. Doch erinnerte mich seine Weise, dem Apostel Paulus und dem Ausgang vom Kreuz entgegenzutreten, zu sehr an Nietzsches Polemik. Ich stellte aber seine Gedankengänge über den Bestseller, den Papst Benedikt XVI. 2007 mit seinem Werk *Jesus von Nazareth* vorlegte.

Niemals war ich in Todtnauberg in Heideggers berühmter „Hütte" gewesen. Sehr spät kam ich doch noch dahin. Anfang November 2006 gab ich dort eine Woche lang ein Seminar über Heideggers Kunstwerkaufsatz. Ich wohnte im Hotel *Engel*. Dort gab es ein kleines Bild von Heidegger am Kachelofen, wo er oft gesessen hatte. Ich sprach auch noch über Klee und Heidegger, denn die Interessierten fuhren mit einem Kleinbus zu den Bildern von Klee in Riehen – an der Wiese entlang, über die einst Hebel gedichtet hatte. Als Ernst Beyeler wie ein König seine Sammlung betrat, kreuzten sich unsere Wege, doch wagte ich nicht, ihn nach dem Schicksal seiner Frau zu fragen, die während der ersten Privatausstellung der Klee-Bilder in der St. Albansvorstadt von Basel die Diskussion bestimmt hatte, vor allem mit Heidegger. Todtnauberg wurde um 1200 als Bergwerkssiedlung für die Förderung von Silbererz gegründet. Todtnauberg-Dorf kam an den Abt von St. Blasien, Rütte unter österreichische Oberhoheit. Im 17. Jahrhundert gab es als Nebenerwerb die Löffelschnitzerei und die Weberei, im 19. Jahrhundert das Besenbinden. Weil die Bewohner sowieso schon zu ausgelassen lebten, wurde 1770 eine Schenke erlaubt – der Sternenhof, wo ich zum Abschied (nach einer langen Wanderung mit überwältigenden Ausblicken) aß. Ich las dann in Bultmanns Briefen an Heidegger, dass er bei Ferientagen in Todtnauberg sich auch schon auf den *Engel* und den *Sternenhof* konzentriert hatte. Ich verstand nicht, dass Heidegger sich gegen den ersten Vorsatz nicht in Todtnauberg beerdigen ließ. Doch hatte er es den Todtnaubergern übel genommen, dass sie auf die maschinelle Produktion und den Verkauf nach Amerika setzten. Wer jedoch hätte noch als Besenbinder alter Art arbeiten und dann als Verkäufer zu Fuß durch die Lande ziehen wollen?

Durch meine Schüler wurde ich auch nach Lüneburg gezogen. Meine Frau und ich wanderten von Stadtteil zu Stadtteil, von Kirche zu Kirche, im Rathaus von Zimmer zu Zimmer. Freilich kann die Stadt sich nicht Luna, dem Mond, verschreiben. Doch entfaltete und bewahrte sie mit ihren Salinen als Mitglied der Hanse eine starke bürgerliche Tradition. Die Lüneburger Heide verdankt sich dem Raubbau am Holz der einstigen Wälder, das man für die Salinen brauchte. Wir bekamen auch die Probleme der Senkung ganzer Stadtteile vorgeführt, die durch die unterirdischen Salzausspülungen entsteht. Die Universitätsinstitute können in einer der alten Kasernenbauten auf eine Großzügigkeit in der Zuteilung von Diensträumen rechnen, von der man an anderen Orten nicht einmal träumen kann. Hamburg mit seinen Theatern und Museen ist nicht weit.[126]

Es war für mich eine Freude, dass in Mainz im Erbacher Hof, in der Akademie des Bistums Mainz, vom 5. – 7. Juli 2007 die Tagung *Bergson und Deutschland – das Problem der Lebensphilosophie* stattfand. Dort sprach ich über *Bergson bei Husserl und Heidegger*. Dabei konnte ich einbringen, was ich schon in meiner Bonner Studienzeit gelernt hatte (vor allem durch Gerhard Funke, der dann nach Mainz ging). Ich sah Günther Pflug wieder, der über *Bergson und Einstein* sprach. Seine Liebe zu Bergson hatte ihm in der Philosophie keine Stelle verschafft. So baute er als Bibliotheksdirektor die große Universitätsbibliothek in Bochum auf und wurde dann zum führenden Betreuer der deutschen Bibliotheken überhaupt.

In einer Miszelle habe ich im Rückblick noch einmal von Oetinger und von Karl Ernst von Baer her das Thema *Leiblichkeit als Ende der Wege Gottes* angesprochen.[127] Für die „Schwabenväter" war es selbstverständlich, dass wir das Wort Gottes hören müssen, dass es (im Sakrament der Taufe und im Abendmahl) unsere Leiblichkeit ergreift und umgestaltet. Karl Ernst von Baer, der Begründer der Embryologie, hat schließlich eine Entwicklungsgeschichte der Tiere vorgelegt, vor allem den Menschen hineingestellt in die vom Kosmos vorgegebenen Zeitmaße; in seinen Zeitfiktionen hat er mit anderen Zeitmaßen experimentiert. Mit einem Schüler aus Estland hatte ich einmal eine Tagung vorbereitet, die helfen sollte, den Nachlass von Baers zu sichern und zu edieren. Die Auseinandersetzung zwischen den Esten und den russischen Besatzern führte dann dazu, dass der Genannte das heimische Landgut übernehmen und sichern musste. Ich war nicht mehr jung genug, um später die Bemühungen um von Baer neu aufzunehmen. Doch gehört es zum Leben, dass man auch wichtige Aufgaben schließlich anderen überlassen muss.

Das Jahr 2009 brachte mir schwierige Augenoperationen. Ich hatte nicht vergessen, dass ein Wunderdoktor zuerst die Erblindung J. S. Bachs nicht hatte kurieren können, dann in der Umgebung G. F. Händels auftauchte. Er hatte sich als Scharlatan erwiesen. In der Generation meiner Lehrer konnten die Gegenspieler Emanuel Hirsch und Rudolf Bultmann ihr Erblinden nicht verhindern. Im September 1972 schrieb Rudolf Bultmann im Geburtstagsgruß an Martin Heidegger: „Ich kann nicht mehr lesen und arbeiten und nur mit Mühe wenige Worte schreiben. Im Alter wird man einsam, aber Erinnerungen werden lebendig…" Bei mir kam niemand mit einem kleinen Messerchen auf meine Augen zu. Vielmehr wurde in einer großen Halle so etwas wie ein riesiger Kran auf meine Augen gelenkt. Am Kopf des Kranarms tanzten bunte Kugeln; die Zapfen waren wohl für die Laserstrahlen. Der operierende Professor saß tiefer und arbeitete auf einer leuchtenden Scheibe. Ich konnte mit dem nicht zu operierenden Auge sein Gesicht sehen und bewunderte die strikte Konzentration für fast eine halbe Stunde. Da die erste Operation mit lokaler Anästhesie nicht befriedigend ausgefallen war, geschah die Operation des zweiten Auges in einer Narkose von zweieinhalb Stunden. Als ich aufwachte, fuhren die Handtücher bügelnden Mädchen, bei denen man mich abgestellt hatte, mich durch das Labyrinth der Krankenhausgänge gleich zu meiner Frau. Auf ihre Frage nach meinem Befinden antwortete ich, dass es mir gut gehe; ich wolle aber auch endlich operiert werden, denn es sei doch sicher schon 9 Uhr. Sie antwortete, es sei mehr als zwölf Uhr, und ich sei längst operiert, habe einen Verband über dem einen Auge. Als ich den Verband ertastet hatte, sagte ich nichts mehr. Doch erschreckte es mich, dass man mein Bewusstsein nach genauer zeitlicher Berechnung abschalten und dann auch wieder einschalten konnte. Das Problem „Medizin und Technik" gewann für mich neue Dimensionen. Immerhin konnte ich wieder mühelos lesen, auch das Kleingedruckte.

Schon in meiner Heidelberger Zeit hatte ich mich auftragsgemäß für die neuen Klinikbauten auf dem freien Feld an der anderen Seite des Neckars interessiert. Nun lernte ich mit der Knappschaftsklinik in Bochum-Langendreer ein anderes Großkrankenhaus kennen. Es überforderte aber meine Kraft, das Gesehene (etwa in der Etage für Amputation, als der Aufzug stehen blieb und die Türen sich öffneten) zu verarbeiten. Doch können uns alle Erfolge der Medizin nicht vor dem Grab bewahren. In meiner Jugend hatte ich gemäß meiner Liebe zur See immer geglaubt, mir werde einmal ein Seemannsgrab bestimmt sein, auf dem bekanntlich keine Rosen blühen. Heute werden die alten Friedhöfe umgestaltet zu Parks, so dass man im November nicht mehr zu den Gräbern der Verwandten und Bekannten gehen kann. Doch der Tod und das Grab gehören zu unserem Leben. Das bleibt gültig, mag das Leben uns auch in immer neue Zusammenhänge bringen. Nicht nur die deutschen, sondern überhaupt die europäischen Länder prägten meine Orientierung. Dazu brachte mir Nordamerika und Ostasien entscheidende Anregungen. Dabei standen Kunst und Dichtung im Vordergrund. Doch die Religion bestimmt über Jahrhunderte hinweg die Entwicklung unseres Vorstellens und Verhaltens. Dazu tritt die Philosophie, das Aufbrechen eines Fragens, das alles Vorwegbestimmtsein aufhebt und so von einem Nullpunkt aus zu seinen Ansätzen zu kommen sucht.

Vielleicht ist es möglich, dass bei mir am Grab ein paar Worte gesprochen werden, durch die mein Leben geprägt worden ist. Diese Worte mögen die alttestamentliche Prophetie mit der tragischen Dichtung der Griechen verbinden und diese Verbindung von Hölderlin her sehen. So kann sie mit Martin Heidegger und Paul Celan vergegenwärtigt werden. Celan beschloss den Gedichtband *Lichtzwang*, dessen Druckvorlage er noch vor dem Tode fertig stellen konnte, mit drei Gedichten, die von Meister Eckhart ausgehen.[128] Er gebrauchte das mittelhochdeutsche Wort „Gehugnis" für Erinnerung oder Gedächtnis. So konnte er von sich sagen, er habe das Band nach Jerusalem zerschnitten (sei nicht nach dort ausgewandert, wie es der Vater gewollt hatte). Doch von der Erinnerung, dem Gedächtnis her wird dieses Band neu geknüpft. So kann Celan die Verse des Jesaja „Auf, werde Licht, Jerusalem" nach einer Predigt des Meisters Eckhart zitieren, aber am Schluss den hebräischen Text geben. Jerusalem steht für das untergegangene Judentum, aber auch für sein Wiederaufleben. Auf Hölderlin, der von Martin Heidegger vergegenwärtigt wurde, verweisen Celans Gedichte von seiner Reise nach Israel. Das „Du sei wie Du" mag das irdische Jerusalem mit dem Streit in ihm verbinden mit dem himmlischen Jerusalem der Verheißung. Von dieser Gleichung her kann Paul Celan (können wir mit ihm) den Weg des Lebens gehen.

> Mache dich auf (Jerusalem), werde licht! Denn dein Licht kommt,
> und die Herrlichkeit des Herrn geht auf über dir.
> Denn siehe, Finsternis bedeckt das Erdreich und Dunkel die Völker,
> aber über dir geht auf der Herr, und seine Herrlichkeit erscheint über dir.
>
> (Jesaja 60)

Ungeheuer ist viel. Doch nichts
Ungeheurer, als der Mensch.
… Allbewandert,
Unbewandert. Zu nichts kommt er.
Der Toten künftigen Ort nur
Zu fliehen weiß er nicht.

(Sophokles. Antigone)

Nämlich immer jauchzet die Welt
Hinweg von dieser Erde, dass sie die
Entblößet; wo das Menschliche sie nicht hält. Es
bleibet aber eine Spur
Doch eines Wortes, die ein Mann erhaschet. Der Ort war aber
Die Wüste

(Hölderlin. Der Einzige)

Das Seyn als Ereignis – zögernde Versagung als Verweigerung.
Reife: *Frucht* und *Verschenkung*…
Lichtung für das Sichverbergen.:

(Heidegger. Beiträge zur Philosophie. Nr. 9)

DU SEI WIE DU, immer.

Stant up Jherosalem inde
erheiff dich

Auch wer das Band zerschnitt zu dir hin,

inde wirt
erluchtet

knüpfte es neu, in der Gehugnis,

Schlammbrocken schluckt ich, im Turm,

Sprache, Finster-Lisene,

kumi
ori.

(Paul Celan: Lichtzwang)

Anmerkungen

1 Vgl. Jens Hacke: Philosophie der Bürgerlichkeit. Die liberalkonservative Begründung der Bundesrepublik. Göttingen 2006. S. 30.

2 Vgl. Otto Pöggeler: Erinnerungen an große Lehrer. In: Kunst und Geschichte im Zeitalter Hegels. Hrsg. von Christoph Jamme unter Mitwirkung von Frank Völkel. Hamburg 1996. S. 257-273, vor allem 272.

3 Vgl. Jens Hacke (s. Anm. 1). S.29.

4 Vgl. Otto Pöggeler: Schicksal und Geschichte. Antigone im Spiegel der Dichtungen und Gestaltungen seit Hegel und Hölderlin. München 2004. S. 20.

5 Vgl. Helmuth Euler: Als Deutschlands Dämme brachen. Stuttgart, 13. Aufl. 1994. S. 95 ff.

6 Vgl. Horst A. Münter: Luftkrieg über dem „Sorpe-See". Luftwaffenhelfer im Einsatz. Dortmund 2001. S. 119.

7 Vgl. Euler (s. Anm. 5). S. 99 f.

8 Vgl. Münter (s. Anm. 6). S. 114. – Zum folgenden vgl. Jörg Echternkamp: Kriegsschauplatz Deutschland 1945. Leben in Angst – Hoffnung auf Frieden: Feldpost aus der Heimat und von der Front. Paderborn 2006.

9 Vgl. Georg Picht: Die Macht des Denkens. In: Erinnerung an Martin Heidegger. Hrsg. von Günther Neske. Pfullingen 1977. S. 197 ff., vor allem 198.

10 Vgl. Otto Pöggeler: Romantische oder existenzielle Deutung des Dichterischen. In: Perspektiven der Lebensphilosophie. Hrsg. von Michael Großheim. Bonn 1999. S. 157-168.

11 Vgl. Guido Knopp: Die Gefangenen. München 2003. S. 268.

12 Vgl. Herbert Reiners: Kriegsgefangenenlager Wickrathberg 1945. Mönchengladbach 1998. S. 82, 36, zum folgenden 91 ff.

13 Vgl. Reiners (s. Anm. 12). S. 113.

14 Vgl. Manfred Messerschmidt: Entstehung und Ende der Million-Legende. Frankfurter Allgemeine Zeitung 1. 2. 1994. Zum folgenden vgl. ebenda 10. 2. 94.

15 Vgl. Reiners (s. Anm. 12). S. 318.

16 Vgl. P. Bonifatius Gatterdam O. S. B.: Kleine Schule der Choralbegleitung. Regensburg 1929.

17 Vgl. Pöggeler: Schicksal und Geschichte (s. Anm. 4). S. 156.

18 Vgl. Otto Pöggeler: Schritte zu einer hermeneutischen Philosophie. Freiburg / München 1994. S. 248 ff.

19 Vgl. Johannes Hoffmeister zum Gedächtnis. Hrsg. von Friedhelm Nicolin und Otto Pöggeler. Hamburg 1956. S. 27.

20 Vgl. jetzt Agnes Launhardt: Topik und Rechtstheorie. Eine Untersuchung zu Rezeption und Relevanz der Rechtstheorie Theodor Viehwegs. Frankfurt am Main usf. 2010. Vgl. auch Otto Pöggeler: Topik und Philosophie. In: Topik. Hrsg. von Dieter Breuer / Helmut Schanze. München 1981. S. 95-123.

21 Vgl. Otto Pöggeler: Philosophie und hermeneutische Theologie. Heidegger, Bultmann und die Folgen. München 2009. S. 283 ff.

22 Meine Dissertation „Hegels Kritik der Romantik" erschien überarbeitet und erweitert München 1999. Nach einer Fülle von Tagungen über westdeutsche Zen-

tren der Goethezeit konnte ich einen Beitrag „Hegel und die Jenenser Romantik" einbringen in: Evolution des Geistes. Jena um 1800. Hrsg. von Friedrich Strack. Stuttgart 1994. S. 543 ff.

23 Vgl. z.B. Mythologie der Vernunft. Hegels „ältestes Systemprogramm des deutschen Idealismus". Hrsg. von Christoph Jamme und Helmut Schneider. Frankfurt am Main 1984.

24 Vgl. Rudolf Alexander Schröder: Achtzig Gedichte. Eine Auswahl aus den „Weltlichen Gedichten". Frankfurt a. M. 1951. S. 69, zum folgenden 90, 107.

25 Vgl. Pöggeler: Philosophie und hermeneutische Theologie (s. Anm. 21). S. 254 ff.

26 Vgl. Ergriffenes Dasein. Deutsche Lyrik 1900-1950. Ausgewählt von Hans Egon Holthusen / Friedhelm Kemp. Ebenhausen bei München 1953. S. 258, 339.

27 Vgl. Otto Pöggeler. Spur des Worts. Zur Lyrik Paul Celans. Freiburg / München 1986. S. 8 f., 59 ff.; Otto Pöggeler: Der Stein hinterm Aug. Studien zu Celans Gedichten. München 2000. S. 7 f., 48.

28 Vgl. Carl A. Willemsen: Kaiser Friedrich II. und sein Dichterkreis. Staufisch-sizilische Lyrik in freier Nachdichtung. Krefeld 1947. S. 27, 58, 102; zum folgenden 101, 57.

29 Man findet die leitenden Themen bei Georg Droege: Deutsche Wirtschafts- und Sozialgeschichte. Frankfurt/M. – Berlin – Wien. 1972 und 1976.

30 Vgl. Erwin Metzke: Coincidentia Oppositorum. Gesammelte Studien zur Philosophiegeschichte. Hrsg. von Karlfried Gründer. Witten 1961.

31 Vgl. Johannes Hoffmeister zum Gedächtnis (s. Anm. 19). S. 13.

32 Vgl. Ergriffenes Dasein (s. Anm. 26). S. 353.

33 Vgl. De profundis. Deutsche Lyrik in dieser Zeit. Eine Anthologie aus zwölf Jahren. Hrsg. von Gunter Groll. München 1946. S. 255.

34 Vgl. Pöggeler: Der Stein hinterm Aug (s. Anm. 27). S. 29-39.

35 Vgl. Paul Celan – Klaus und Nani Demus: Briefwechsel. Frankfurt am Main 2009. S. 100.

36 Ingeborg Bachmann / Paul Celan. Herzzeit. Briefwechsel. Frankfurt am Main 2008 bzw. 2009. S. 197.

37 Vgl. Bachmann / Celan (s. Anm. 36). S. 99. – Zum folgenden vgl. Otto Pöggeler: Wort und Bild. Paul Celan und Gisèle Celan-Lestrange. In. Sprache und Literatur 89. 33. Jahrgang 2002. S. 3-42.

38 Vgl. jetzt den Abdruck in: Über Paul Celan. Hrsg. von Dietlind Meinecke. Frankfurt am Main 1970. S. 77 ff., vor allem 92 f., zum folgenden 90.

39 Vgl. Paul Celan – Die Goll-Affäre. Dokumente einer ‚Infamie'. Hrsg. von Barbara Wiedemann. Frankfurt am Main 2000. S. 791 ff.. vgl. auch S. 503 ff. zwei der Briefe Celans an mich.

40 Vgl. Inge Jens: Unvollständige Erinnerungen. Reinbek bei Hamburg 2009. S. 27, 61, 73, zum folgenden 102, 266 f., 308.

41 Vgl. Celan / Demus (s. Anm. 35). S. 469. Vgl. dazu Pöggeler: Der Stein hinterm Aug (s. Anm. 27). S. 9, 151.

42 Vgl. Otto Pöggeler: Heidegger und Celan in der französischen Diskussion. In: Phénoménologie française et phénoménologie allemande. Hrsg. von Eliane Escourbas & Bernhard Waldenfels. Paris / Offenburg 2000. S. 609 ff.; Otto Pöggeler: Die Mittagslinie. Paul Celan und Martin Heidegger. In: Geist und Literatur. Modelle in der Weltliteratur von Shakespeare bis Celan. Hrsg. von Edith Düsing / Hans-Dieter Klein. Würzburg 2008. S. 327 ff.

43 Vgl. Pöggeler: Spur des Worts (s. Anm. 27). S. 404.

44 Vgl. Paul Celan: Der Meridian. Endfassung – Entwürfe – Materialien. Hrsg. von Bernhard Böschenstein und Heino Schmull. Frankfurt am Main 1999. S. 128, 10, 227. – Zum folgenden vgl. Pöggeler: Der Stein hinterm Aug (s. Anm. 27). S.171.

45 Vgl. Otto Pöggeler: West-östliche Schreibkunst. In: Humanität in einer pluralistischen Welt? Festschrift für Martin Bollacher. Hrsg. von Christian Kluwe / Jost Schneider. Würzburg 2000. S. 263 ff.

46 Der Aufsatz „Sein als Ereignis" wurde wieder gedruckt in Otto Pöggeler: Heidegger und die hermeneutische Philosophie. Freiburg / München 1983. S. 71-138.

47 Vgl. Wilhelm Perpeet: Heideggers Kunstlehre. Hrsg. von Frank-Lothar Knoll mit einer Einleitung von Otto Pöggeler und einem Briefwechsel zwischen Martin Heidegger und Wilhelm Perpeet. Bonn 2005.

48 S. Anm. 23.

49 Auszug aus dem unveröffentlichten Briefwechsel zwischen Martin Heidegger und Otto Pöggeler. Hrsg. von Kathrin Busch und Christoph Jamme. In: Studia Phaenomenologica. Vol I, Nr. 3-4. Bucharest 2001. S. 11 ff.

50 Vgl. Ernst Bertram: Möglichkeiten. Ein Vermächtnis. Hrsg. von Hartmut Buchner. Pfullingen 1958. S. 277.

51 Vgl. G. W. F. Hegel : Gesammelte Werke. Band 5. Hamburg 1998. S. 380, 382.

52 Zu Hogrebe vgl. Pöggeler: Schritte zu einer hermeneutischen Philosophie s. Anm. 18). S. 266, 292. – Mein Aufsatz über hermeneutische und mantische Phänomenologie wurde aufgenommen in: Heidegger. Perspektiven zur Deutung seines Werkes. Hrsg. von Otto Pöggeler. 1959 u.ö. S. 321 ff. Vgl. auch Otto Pöggeler: Phänomenologie und philosophische Forschung bei Oskar Becker. In: Die Philosophie und die Wissenschaften. Zum Werk Oskar Beckers. Hrsg. von Annemarie Gethmann-Siefert und Jürgen Mittelstraß. München 2002. S. 13-25.

53 Vgl. Der Nihilismus als Phänomen der wissenschaftlichen Diskussion unseres Jahrhunderts. Hrsg. von Dieter Arendt. Darmstadt 1974. S. 307-349.

54 Vgl. Otto Pöggeler: Die Frage nach der Kunst. Freiburg / München 1984. S. 249 ff.: Die Architektur und das Schöne.

55 Vgl. Hans-Georg Gadamer: Philosophische Lehrjahre. Frankfurt am Main 1977. S. 195 ff.

56 Vgl. On Heidegger and Language. Edited and translated by Josphe J. Kockelmans. Evanston 1972. S. 123.

57 Vgl. Gadamer: Philosophische Lehrjahre (s. Anm. 55). S. 174. Ich verwende im folgenden eine Darstellung, die erstmals erschienen ist in Studia Phänomenologica. Romanian Journal for Phenomenology. II. 2002. S. 157 ff.

58 Vgl. O. Pöggeler in: N. Blüm u.a.: Reden anlässlich der Fusion der Philosophischen Seminare A und A der Rheinischen Friedrich-Wilhelms-Universität Bonn am 6. 5. 1998. S. 37-48.

59 Zu Clauß vgl. Pöggeler: Schritte zu einer hermeneutischen Philosophie (s. Anm. 18). S. 74-80.

60 Vgl. Wilhelm Perpeet: Erich Rothacker. Philosophie des Geistes aus dem Geist der Deutschen Historischen Schule. Bonn 1968.

61 Vgl. Jean Grondin: Hans-Georg Gadamer. Eine Biographie. Tübingen 1999. S. 217; zum folgenden vgl. Gadamer: Philosophische Lehrjahre (s Anm. 55). S. 115; zur anderen Datierung vgl. Grondin S. 380.

62 Vgl. Hegel-Studien. Band 1 (1961). S. 189. – Zum folgenden vgl. Klaus Düsing: Hegel und die Geschichte der Philosophie. Darmstadt 1983. S. 91, 140-142.

63 Vgl. Gadamer: Philosophische Lehrjahre (s. Anm. 55). S. 195-198, zum folgenden 197.

64 Vgl. Gadamer: Philosophische Lehrjahre (s. Anm. 55). S. 25-26. – Nach einer Abwendung von Scheler bin ich schließlich wieder davon ausgegangen, dass Scheler den Ansatz Heideggers in einigen Aspekten übertrifft, vgl. meinen Eröffnungsvortrag zum II. Internationalen Kolloquium der Max-Scheler-Gesellschaft: Vom Umsturz der Werte in der modernen Gesellschaft. Hrsg. von G. Pfafferott. Bonn 1997. S. 7-19.

65 Vgl. Gadamer: Philosophische Lehrjahre (s. Anm. 55). S. 117, zum folgenden 32. – Vgl. auch Otto Pöggeler: Eine nötige Erinnerung an Richard Kroner. In: Archiv für Geschichte der Philosophie 74 (1992). S. 203 ff.

66 Vgl. Gadamer: Philosophische Lehrjahre (s. Anm. 55). S. 118 f.; zum folgenden vgl. Grondin (s. Anm. 61). S. 241.

67 Vgl. Johann Gottfried Herder. Geschichte und Kultur. Hrsg. von Martin Bollacher. Würzburg 1994. – Zum folgenden vgl. Hegels Denkentwicklung in der Berner und Frankfurter Zeit. Hrsg. von M. Bondeli, H. Leinweber-Lammerskitten. München 1999. S. 75-85.

68 Vgl. Otto Pöggeler: Neue Wege mit Heidegger. Freiburg / München 1992. S. 248; zum folgenden vgl. Grondin (s. Anm. 61). S. 228 ff.

69 Vgl. Gadamer: Philosophische Lehrjahre (s. Anm. 55). S. 56-57, zum folgenden 134; vgl. ferner Grondin (s. Anm. 61). S. 207.

70 Auch Hanne und Hermann Lenz sprachen im März 1960 von der Mandeloperation, aber auch von dem damals aufflammenden Antisemitismus vgl. Paul Celan / Hanne und Hermann Lenz: Briefwechsel. Frankfurt a. M. 2001. S. 136.

71 Vgl. Gedenkreden auf Karl-Heinz Volkmann-Schluck (1914-1981). Kölner Universitätsreden 59. S. 10. – Den im folgenden genannten Heidegger-Vortrag vgl. jetzt in Pöggeler: Heidegger und die hermeneutische Philosophie (s. Anm. 46). S. 139-170.

72 Vgl. Rehabilitierung der Praktischen Philosophie. Hrsg. von Manfred Riedel. Freiburg 1964. Band II. S. 261 ff.

73 Vgl. Grondin (s. Anm. 61). S. 349. – Zum folgenden vgl. Otto Pöggeler: Erklären – Verstehen – Erörtern. In: Transzendentalpragmatik. Ein Symposion für Karl-Otto Apel. Hrsg. von Andreas Dorschel u.a. Frankfurt a. M. 1993. S. 410-441.

74 Vgl. Otto Pöggeler: Ein Streit um Platon: Heidegger und Gadamer. In: Platon in der abendländischen Geistesgeschichte. Hrsg. von Th. Kobusch und B. Mojsisch. Darmstadt 1997. S. 241-254.

75 Zu Blumenberg vgl. Pöggeler: Philosophie und hermeneutische Theologie (s. Anm. 21). S. 236 ff.

76 Vgl. Hegel-Bilanz. Zur Aktualität und Inaktualität der Philosophie Hegels. Hrsg. von Reinhard Heede und Joachim Ritter. Frankfurt am Main 1973. S. 214, zum folgenden 41 ff.

77 Diese Thematik blieb auf der Tagesordnung, vgl. Die Eigenbedeutung der Jenaer Systemkonzeption Hegels (Tagung Rotterdam 2003). Hrsg. von Heinz Kimmerle. Berlin 2004.

78 Vgl. Otto Pöggeler: Die ethisch- politische Dimension der hermeneutischen Philosophie. In: Probleme der Ethik zur Diskussion gestellt. Hrsg. von Gerd-Günther Grau. Freiburg / München 1972. S. 45 ff.

79 Vgl. Kurt Hübner, Nikolaus Lobkowicz, Hermann Lübbe, Gerard Radnitzky (Hrsg.): Die Politische Aufgabe der Wissenschaft. Gegen eine ideologisch verplante Forschung. Hamburg 1976. S. 129.

80 Vgl. Hellmut Flashar, Nikolaus Lobkowicz, Otto Pöggeler (Hrsg.): Geisteswissenschaft als Aufgabe. Kulturpolitische Perspektiven und Aspekte. Berlin, New York

1978. Vgl. vor allem S. 99 ff. G. Ebeling: Zur gegenwärtigen Lage der Theologie im Hinblick auf ihre Partizipation an den Geisteswissenschaften.

81 Vgl. die Bilder der Grafen Erwein und Ernst sowie den Bericht über ihr Leben in Frankfurter Allgemeine Zeitung 8. 1. 2000.

82 Vgl. zu Karl Ulmer Pöggeler: Schritte… (s. Anm. 18). S. 329.

83 Vgl. Otto Pöggeler / Heinz Breuer: Fragen der Forschungspolitik. Opladen 1980.

84 Vgl. jetzt Otto Pöggeler: Neue Wege mit Heidegger (s. Anm. 68). S. 142 ff., zum folgenden 426 ff., 387 ff.

85 Vgl. Mainz – „Centralort des Reiches". Politik, Literatur und Philosophie im Umbruch der Revolutionszeit. Hrsg. von Christoph Jamme und Otto Pöggeler. S. 31 f., zum folgenden 40.

86 Vgl. Kulturwissenschaften. Festgabe für Wilhelm Perpeet zum 65. Geburtstag. Bonn 1980.

87 Vgl. Helmut Domke: Westfalen und Land an der Ruhr. 2. Aufl. München 1965. S. 175 f.

88 Vgl. Zum einzelnen Uwe-K. Ketelsen: Ein Theater und seine Stadt. Die Geschichte des Bochumer Schauspielhauses. Köln 1999.

89 Vgl. Ernst Michel: Der Partner Gottes. Weisungen zum christlichen Selbstverständnis. Heidelberg 1946. S. 10.

90 Vgl. Michel (s. Anm. 89). S. 45.

91 Vgl. Ernst Michel: Gläubige Existenz. Heidelberg 1952. S. 53.

92 Zu den Kontroversen über Celans Jerusalem-Gedichte vgl. Pöggeler: Der Stein hinterm Aug (s. Anm. 27). S. 57 Anm., 61, 107 ff., 186 ff.

93 Über Hölderlin, Molitor, Scholem und Celan vgl. Pöggeler: Spur des Worts (s. Anm. 27). S. 196 ff., 410.

94 Vgl. Pöggeler: Der Stein hinterm Aug (s. Anm. 27). S. 55 f., 57 Anm.160.

95 Vgl. den Ausstellungskatalog Hegel in Berlin. Preußische Kulturpolitik und idealistische Ästhetik. Berlin 1981. – Von den begleitenden Kolloquien vgl. z.B. Kunsterfahrung und Kulturpolitik im Berlin Hegels. Hrsg. von Otto Pöggeler und Annemarie Gethmann-Siefert. Bonn 1983.

96 Vgl. dazu Käte Meyer-Drawe: Totalität und Unendlichkeit. Das Lévinas-Kolloquium im Husserl-Archiv in Leuven vom 10. bis zum 12. März 1983. In: Phänomenologische Forschungen 15 (1983). S. 148-157.

97 Vgl. Pöggeler: Schritte… (s. Anm. 18). S. 356 ff.

98 Vgl. Pöggeler: Spur des Worts (s. Anm. 27). S. 300 ff., zum folgenden zu Avila und Safed vgl. ebenda S. 46 f.

99 Vgl. Otto Pöggeler: Neue Wege mit Heidegger (s. Anm. 68). S. 315 ff. – Zu Paul de Man vgl. Pöggeler: Der Stein hinterm Aug (s. Anm. 27). S. 9.

100 Zur Philosophischen Aktualität Heideggers. 3 Bände. Hrsg. von Dietrich Papenfuss und Otto Pöggeler. Frankfurt am Main 1991, 1990, 1992.

101 Vgl. Otto Pöggeler: Philosophie und Nationalsozialismus – am Beispiel Heideggers. Opladen 1990. Vgl. schon Otto Pöggeler: Philosophie und Politik bei Martin Heidegger. Freiburg / München 1972 und erweitert 1974.

102 Vgl. dazu Otto Pöggeler: Hegels Idee einer Phänomenologie des Geistes. 2. Aufl. Freiburg / München 1993. S. 403 ff. Vgl. auch Klassiker auslegen. G. W. F. Hegel: Phänomenologie des Geistes. Hrsg. von Dietmar Köhler und Otto Pöggeler. 2. Aufl. Berlin 2006.

103 Vgl. Wege und Irrwege des neueren Umganges mit Heideggers Werk. Ein Deutsch-ungarisches Symposium. Hrsg. von István M. Fehér. Berlin 1991. Vgl.

auch Pöggeler. Philosophie und Politik bei Heidegger und Hannah Arendt. In Otto Pöggeler: Heidegger in seiner Zeit. München 1999. S. 138-148.

104 Vgl. den Fernsehfilm von 2009 *Ins Dunkle, ins Offene. Der Komponist Peter Ruzicka. Buch und Regie Klaus Voswinkel.*

105 Frankfurt am Main 2001.

106 Vgl. Hans Hübner: Der katholische und der evangelische Heinrich Schlier. Zu Reinhard von Bendemans Schlier- Monographie. In memoriam Hubert Jedin. In: Kerygma und Dogma 17 (2000). S. 265-301. – Zu Schlier und Hübner vgl. Pöggeler: Philosophie und hermeneutische Theologie (s. Anm. 21). S. 146-156.

107 Vgl. Rudolf Bultmann / Martin Heidegger: Briefwechsel 1925-1975. Hrsg. von Andreas Großmann und Christof Landmesser. Frankfurt am Main und Tübingen 2009. S. 305-317.

108 Vgl. Pöggeler: Philosophie und hermeneutische Theologie (s. Anm. 21). S. 182 ff.

109 Vgl. Oliver Dürr: Der Engel Mächte. Systematisch theologische Untersuchung: Angelologie. Stuttgart 2009.

110 Vgl. Pöggeler: Philosophie und hermeneutische Theologie (s. Anm. 21). S. 212 ff.

111 Vgl. Otto Pöggeler. Hegel und der Zusammenprall der Kulturen. In: Historia et philosophia. Ante et post Hegelium. Festschrift für Karol Bal. Wroclaw / Dresden 2009. S. 15-23.

112 Vgl. Reinhard Mehring: Carl Schmitt. Aufstieg und Fall. Eine Biographie. München 2009. S. 577 f.

113 Vgl. Heinrich Meier. Die Lehre Carl Schmitts. Vier Kapitel zur Unterscheidung Politischer Theologie und Politischer Philosophie. Stuttgart 1994; zum folgenden vgl. die dritte Aufl. von 2009. S. 269 ff. Zum folgenden vgl. auch Otto Pöggeler: Westöstliche Todeserfahrungen. In: Zukünftiges Menschsein: Ethik zwischen Ost und West. Hrsg. von Ralf Elms, Mamoru Takayama. Baden-Baden 2003. S. 209 ff.

114 Vgl. zum Band Kunst-Welten im Dialog Otto Pöggeler: Bild und Technik. Heidegger, Klee und die moderne Kunst. München 2002. S. 243.

115 Vgl. Kunst und Geschichte im Zeitalter Hegels (s. Anm. 2). S. 257 ff., vor allem 272 f.

116 Vgl. Siebzig Jahre *Sein und Zeit.* Hrsg. von Helmuth Vetter. Frankfurt am Main 1999. S. 13 ff.; zum folgenden vgl. Nach Heidegger. Einblicke – Ausblicke. Hrsg. von Helmuth Vetter. Frankfurt am Main 2003. S. 15 ff.

117 Zagrebacka predavanjy o Heideggeru I suvremenicima. Zagreb 1999.

118 Vgl. Otto Pöggeler: Die Rezeption Schopenhauers in der bildenden Kunst des 20. Jahrhunderts. In: Schopenhauer und die Künste. Hrsg. von Günther Baum und Dieter Birnbacher. Göttingen 2005. S. 151 ff.

119 Vgl. „Voll Verdienst, doch dichterisch wohnet / Der Mensch auf dieser Erde." Heidegger und Hölderlin. Hrsg. von Peter Trawny. Frankfurt am Main. 2000. S. 80.

120 Vgl. Wolfgang Kienzler: Kuinzig – Heideggers Umgang mit einem Wort. In: Allgemeine Zeitschrift für Philosophie 33 (2008). S. 191 ff.

121 Vgl. Urania. Graz September-Dezember 2000. S. 16. – Zum folgenden vgl. Metaphysik als Wissenschaft. Festschrift für Klaus Düsing zum 65. Geburtstag. Hrsg. von Dirk Fonfara. Freiburg / München 2006. S. 311 ff.. Vgl. ferner Klaus Düsing und Edith Düsing in: Wege zur Wahrheit. Festschrift für Otto Pöggeler zum 80. Geburtstag. Hrsg. von Annemarie Gethmann-Siefert, Elisabeth Weisser-Lohmann. München 2009. S. 177 ff., 125 ff.

122 Vgl. Pöggeler: Die ‚Phänomenologie' – Konsequenz oder Krise in der Entwicklung Hegels? In: Die Eigenbedeutung… (s. Anm. 77). S. 257-267.

123 Vgl. Otto Pöggeler: Europa come destino e come compito. Correzioni nella filosofia ermeneutica. Napoli 2008.

124 Vgl. Heidegger-Jahrbuch 1: Heidegger und die Anfänge seines Denkens. Hrsg. von Alfred Denker, Hans-Helmuth Gander, Holger Zaborowski. Freiburg / München 2004. S. 185 ff.

125 Vgl. Heidegger und die christliche Tradition. Hrsg. von Norbert Fischer / Friedrich-Wilhelm von Herrmann. Hamburg 2007. S. 167 ff., vor allem 185. – Zum folgenden vgl. Pöggeler: Philosophie und hermeneutische Theologie (s. Anm. 21). S. 26 ff.

126 Vgl. Otto Pöggeler: Hermeneutik der technischen Welt. Lüneburger Universitätsreden 3. Lüneburg 2000.

127 Vgl. Otto Pöggeler: Leiblichkeit als Ende der Wege Gottes. In: Umlernen. Festschrift für Käte Meyer-Drawe. Hrsg. von Norbert Ricken u.a. München 2009. S. 69 ff.

128 Vgl. zu den Kontroversen Pöggeler: Der Stein hinterm Aug (s. Anm. 27). S. 55 ff.: Mit Eckhart und Hölderlin in Jerusalem.

Bildteil

1 Kriegsweihnacht 1939; O.P. als zweites von vier Kindern in der Mitte; links eine Tante, rechts ein einquartierter Unteroffizier.

2 Mit zwei Cousinen in einem Bombentrichter, Sommer 1940.

3 Die Hansestadt Attendorn prägte das Leben durch viele Gebräuche, so durch ein Segnen von Semmeln am Karsamstag; diese (oft Kümmelsemmel) wurden an Ausgewanderte in aller Welt geliefert. Auf Ostern selbst gab es dann Osterfeuer auf den nahen Bergen. Hier die drei älteren Kinder an der Tür des Hauses, das die Familie Mitte der dreißiger Jahre am Stadtrand baute; von dort führte der Weg zum Dorf Ennest und damit zu den Bauernhöfen, von denen die Eltern kamen.

4 Beschädigter Geschützstand in der Mitte des Sorpedamms Oktober 1944.

5 Mit einem Bonner Madrigalchor in Paris 1950.

6 Die Burg Bilstein, gut zwei Wegstunden von Attendorn entfernt, wurde in unterschiedlichen Konstellationionen wichtig. Hier bei einem Jugendtreffen in der Nachkriegszeit, am 16. 6. 1949. (aus dem Kriegsteilnehmer wurde wieder ein Jugendlicher; O.P. ganz links).

7 Mit dem wichtigsten Bonner Lehrer, dem Wirtschaftshistoriker Franz Steinbach und seiner Assistentin Ursula Lewald auf Exkursion.

8 Dieses Bild auf dem Nachttisch machte die Hotelzimmer in Asien, Amerika und Europa vertraut.

9 Mit Maria Hamacher (seit 1959 Pöggeler) 1952 auf dem Hausfest im Tillmannhaus, einem neugebauten Bonner Studentenwohnheim.

10 Haus in Thomasberg, Siebengebirge (im Wohnzimmer hielt Martin Heidegger 1964 einen Vortrag).

11 Am Heidelberger Schloss unter dem Kranz der Engel.

12 Innenhof des Hauses am Paracelsusweg in Bochum-Querenburg, bewohnt seit Dezember 1969 (einer der häufigsten Besucher war Hans-Georg Gadamer).

13 „Old Main", Verwaltungsgebäude der Pennsylvania State University; Gastsemester dort Ende 1973.

14 Auf der Rückreise: Miami Beach Dezember 1973.

15 Mit Werner Marx und Frau, Reiner Wiehl und anderen 1980 in Jerusalem.

16 Freitag, 15. März 1985, Enthüllung einer Tafel mit Hölderlins Bericht über seine Spaziergänge in Bad Homburg v. d. Höhe, mit dem Leiter der Werner-Reimers-Stiftung, Konrad von Krosigh. (Die Anlage wurde bald durch Blitzschlag zerstört.)

17 M.P. mit Walter Biemel 1988 bei der Feier des 60. Geburtstages von O.P. in der Ruhr-Universität Bochum.

18 Nach dem Vortrag an der Kaiserlichen Universität Tokyo am 30. 3. 1989.

19 Hiroshima, 1. 4. 1989.

20 Mit Taniguchi und Fujita im Daitokuji-Zen-Tempel in Kyoto.

21 Meditation.

22 Im Zen-Garten.

23 Bei Takeichi in Kyoto.

24 Seoul, Oktober 1991.

25 Messkirch 1999, am Heidegger-Haus.

26 Messkirch 1999, auf dem Feldweg (seit langem asphaltierte Straße).

27 Vor dem Haus, das eine Inschrift als Haus der „Pögeler“ ausweist, in Frielentrop bei Lenhausen, von links: O. P., Prof. Franz Pöggeler (Aachen), dessen Bruder Günther, Studiendirektor Konrad Pöggeler (Bruder); in der Mitte die zugehörigen Frauen.

28 M. und O. P. vor dem Landhaus Siebe (im viel besuchten Felderbachtal zwischen Essen und Wuppertal).